서울법대
법학총서
㉑

TRUST UND TREUHAND

신탁(TRUST)과
신탁행위(TREUHAND)

영미 신탁과 독일법상 유사한 기능을 가진 제도의 비교법적 해명

HEIN KÖTZ 저 / 이동진 역

박영사

저자 서문

이 책은 1962년 7월 함부르크(Hamburg) 대학교 법학부에 제출된 나의 박사학위 논문 거의 그대로이다. 이는 츠바이게르트(Zweigert) 교수의 제안으로 소급하는데, 나는 여기에서 그의 이해심 깊은 지도에 마음으로부터 감사드리고 싶다. 전문가라면 그의 비교법 방법론이 내 주제를 다루는 방식에 얼마나 본질적인 영향을 미치고 있는지 쉽게 알아차릴 수 있을 것이다.

될레(Dölle) 교수에게도 진심으로 감사드려야 하겠다. 작업을 마무리하는 동안 함부르크의 막스-플랑크 외국 및 국제사법 연구소(Max-Planck-Institut für ausländisches und internationales Privatrecht)에서 그의 지도 하에 조교로 일하였다. 연구소의 자극적이면서도 동시에 영감을 주는 공기와 훌륭한 도서관은 이 연구의 진행에 크게 도움이 되었다.

미국 미시건 주 앤 아버(Ann Arbor, Michigan, USA)에서

하인 쾨츠(Hein Kötz)

목차

서장　1

문헌 약어표

Assfalg = Assfalg, Die Behandlung von Treugut im Konkurs des Treuhänders (1960).

Bogert = Bogert, The Law of Trusts and Trustees (1956).

Enneccerus－Nipperdey = Enneccerus(－Nipperdey), Allgemeiner Teil des Bürgerlichen Rechts [15], 1. Halbband (1959), 2. Halbband (1960).

Hanbury = Hanbury, Modern Equity. The Principles of Equity [6] (1952).

Keeton = Keeton, The Law of Trusts [7] (1957).

Kipp－Coing = Kipp(－Coing), Erbrecht [11] (1960).

Lewin = Lewin's Practical Treatise on the Law of Trusts [15] (by Cozens－Hardy Horne) (1950).

Maitland = Maitland, Equity [2] (Revised by Brunyate) (1936).

Palandt = Palandt(－Danckelmann u.a.), Bürgerliches Gesetzbuch [21] (1962).

Ryan = Ryan, The Reception of the Trust in the Civil Law (Cambridge의 1959년 미공간 박사학위논문).

Scott = Scott, The Law of Trusts [2] (1956).

Siebert = Siebert, Das rechtsgeschäftliche Treuhandverhältnis (1933).

Snell = Snell's Principles of Equity [25] (by Megarry and Baker) (1960).

Staudinger = Staudinger(－Beitzke u.a.) Kommentar zum Bürgerlichen Gesetzbuch [11], 1. Band (1957), 3. Band (1. Teil 1956), 5. Band (1. Teil 1954, 2. Teil 1960).

Underhill = Underhill's Law Relating to Trusts and Trustees [11] (by White and Wells) (1959).

Weiser = Weiser, Trusts on the Continent of Europe (1936).

Westermann = Westermann, Sachenrecht [4] (1960).

Wolff－Raiser = Wolff(－Raiser), Sachenrecht [10] (1957).

서장

[11] 비교법학자는 외국 법형상(法形象)을 연구하면서 처음에는 자기 법에서 그와 명백히 비슷한 제도를 "찾지 못하"는 경험을 흔히 하곤 한다. *츠바이게르트(Zweigert)*가 처음으로 언급하였고 그 원인을 탐구 하였던[1] 이러한 현상은, *메이틀랜드(Maitland)*가 "영국인이 법(리)학의 분야에서 거둔 가장 위대하고 뚜렷한 성취"라고 칭송한 저 법제도[2], 즉 영미법상의 신탁(trust)을 염두에 둘 때에 특히 주목할 만한 사례를 만나게 된다.

유럽대륙의 법학은 오래 전부터 보통법(Common Law)의 특별한 "양 식(樣式)"을 가장 잘 알 수 있는 법제도들 중 하나가 신탁임을 알고 있 었다[3]. 물론 모든 사람이, 가령 – *메이틀랜드(Maitland)*의 보고에 따르 면 – "나는 당신들의 신탁을 이해할 수 없소"라고 솔직하게 고백하였 던[4] *오토 폰 기르케(Otto von Gierke)*처럼, 신탁법에서 특히 분명하게 드러난 영미 법사고의 고유성에 강한 인상을 받은 것은 아니었다. 무엇 보다 제1차 세계대전 후 유럽경제가 미국 자본 수입에 크게 의존하면 서 신탁법에 관한 비교법적 연구가 매우 현대화되었다. 물론 신탁이라

---

1) *Zweigert*, Mélanges Maury, Band I (1960), 579, 589 f.
2) *Maitland*, Selected Essays (1936), 129.
3) 특히 특징적인 법제도에서 인식될 수 있는, 법권(法圈)의 "양식(樣式)" 개념 을 도입한 것은 *츠바이게르트(Zweigert)*이다. Legal Essays in Honor of Hessel E. Yntema (1961) 42, 52 f. 참조. 신탁(trust) 또한 이러한 "양식(樣 式)을 주조(鑄造)하는" 제도들에 속한다는 데는 의문의 여지가 없다.
4) *Maitland*, Equity (1936), 23 참조.

는 제도에 대한 열광적인 숭배가 튼튼한 방법론적 기초를 대체하는 일
도 때때로 일어났다. 신탁의 다양한 활용가능성은 확실히 놀랄 만하고,
그 때문에 많은 이들이 일종의 경외심을 품게 되었다: « 신탁은 영미의
수호천사이다, 그것은 요람에서 무덤까지 어디에서나 흔들림 없이 그
와 함께 한다; … 그것은 마지막 날까지 그의 노년을 돕고나서 그의 무
덤 앞에서 그의 어린 자녀들을 지켜보며 그의 날개를 그 위로 뻗어 그
림자를 드리울 것이다. »5) 다른 사람들은 – 신탁의 기원과 역사적 발전
에 감명받아 – 다윈(Darwin), [12] 심지어 리하트르 바그너(Richard
Wagner)를 떠올릴 만한 표현을 취하여 그들의 열광을 드러냈다: "영국
의 법제도들은 자연의 숲 속의 나무들처럼 성장한다. 고향 땅에 견고하
게 뿌리내려 폭풍과 날씨를 견디며 생존투쟁을 한다. 그것이 부여잡고
있는 것이라면 무엇이든 생명의 시험을 견딘 것이라고 할 수 있다. 성
장은 고르지 아니하고 불규칙하며 껍질에는 힘든 투쟁의 흔적이 남아
있다. 그것은 극히 내적인 힘에 의하여 형성되고 유지되었다. 신탁도
그러하다. … 그것은 고목처럼 그곳에 서 있다."6) 끝으로 또 다른 많은
이들은 반대편 극단에서 신탁법이 이제는 무의미해진 법의 골동품들을
모아 놓은 것으로서, 일단 없애 버리면 더는 영국인들 자신을 제외한
그 누구도 그것에 대하여 감탄하지 아니할 것이라고 한다. 물론 – 인정
하는 바 – 그러한 일이 일어나려면 오래 기다려야 하겠지만 말이다7).
  마찬가지로 대륙법(Civil Law) 국가들에서 신탁을 계수하는 것이 합

---

5) *Lepaulle*, Traité théorique et pratique des trusts (1932) 114.
6) *Roth*, Der Trust in seinem Entwicklungsgang vom Feoffee to Uses zur
   amerikanischen Trust Company (1928) 44.
7) *Meijer*의 Weekblad voor Privaatrecht, Notaris – Ambt en Registratie 58
   (1927) 413, 414는 영국 물권법을, 그는 신탁법도 여기에 포함시키는데, 다
   음과 같이 설명한다: "그것은 낡은, 이제 구식이 된 개념들, 바보 같은 의제
   들을 모은 것으로, 일단 폐지하면 영국인들 자신을 제외하면 누구도 그처럼
   싫어하지 아니할 것이다… 물론 그 폐지에는 매우 긴 시간이 걸릴 것이다."
   (譯註: 본문과 같은 내용이나 각주에는 네덜란드어 원문이 인용되어 있다)

리적인지, 아니 가능하기는 한 것인지에 대하여도 견해가 크게 갈렸다. 르폴(*Lepaulle*)은 프랑스에서는 당사자의 합의로 신탁에 상응하는 법률관계를 설정하는 데 어떠한 어려움도 없다는 견해이다[8]. 반대로 *바이저*(*Weiser*)는 "현재 프랑스에는 우리가 영미 신탁이라고 부르는 재산관계의 특정한 묶음에 가까운 무엇인가를 만들어 내는 것을 뒷받침하거나 심지어는 그와 일관되는 성문법령, 판례법, 학설, 실무, 경향, 사고방식 또는 일반적 욕구가 존재하지 아니한다"고 하였다[9]. 리히텐슈타인과 몇몇 라틴아메리카 국가가 "신탁/트로이한트(Treuhand)" 또는 "신탁유증(fideicomiso)"이라는 이름 하에 신탁(trust) 유사 법률관계의 설정을 허용하는 법률을 제정하였지만[10], *누스바움*(*Nußbaum*)은 신탁보다 서구세계의 양대(兩大)법체계의 원칙적 차이를 잘 보여주는 법형상은 아마 거의 없을 것이라는 결론에 이르렀다[11].

제2차 세계대전 후에도 유럽 대륙에서 신탁의 계수를 고려하여야 하는지가 여전히 논의되었다. 고찰방식은 더 현실적이 되었고 비교법에서 [13] 어떤 법형상의 도그마틱적 외피와 그 체계 내의 위치보다는 법생활에서 실제 기능이 더 중요하다는 확신이 점차 관철되었으나[12], 지난 몇 년 동안 가장 중요한 두 논고는 이 문제에 대하여 서로 다른 결론에 이르렀다: *구블러*(*Gubler*)는 신탁을 스위스법에서 계수하는 것이 가능하리라는 주장을 단호하게 거부하였으나, *라이언*(*Ryan*)은 그의 박사학위논문에서 짧게 계수의 가능성과 필요성을 긍정하고 "법령초안"을 만들어, 대륙법(Civil Law) 국가들이 신탁법의 법전화(法典化)로 이를 받아들일 것을 권하고 있다.

---

8) *Lepaulle* (註 5) 354, 399.
9) *Weiser*, Trust on the Continent of Europe (1936) 60. 또한 그의 *Lepaulle* a.a.O., S. 59 ff.과의 근본적 대립도 참조.
10) 개별사항은 아래 § 79 참조.
11) *Nußbaum*, Col. L. Rev. 38 (1938) 408, 429.
12) 그에 대하여 훨씬 자세한 것은 아래 §§ 14, 15, 43 참조.

독일법에서는 신탁의 계수 문제가 여전히 논의되지 아니하고 있다[13]. 이 문제에는 신탁이 보통법(Common Law)에서 어떠한 기능을 수행하는지, 그리고 독일법에서 같은 과제가 독일법상 기능이 유사한 제도들에 의하여 어떻게 처리되는지를 분명히 한 뒤에야 답할 수 있을 것이다.

그리하여 아래에서 연구할 과제의 윤곽이 드러났다. 처음 두 장에서는 신탁(trust)의 역사적 발전 및 모든 신탁 형태에 공통된, 따라서 "공통항으로 묶"을 수 있는 규칙을 다룬다. 이어서 세번째 장에서는 신탁이 영미 법실무에서 이용되는 주요 기능을 설명하려고 시도할 것이다. 여기에서는 자료의 한계를 고려하여 전반적으로 기본적인 특징들로 그 설명을 제한한다. 이러한 기본적 특징들만으로도 제4장에서 독일법상 기능이 유사한 제도들을 찾아내고 그것을 신탁(trust)법과 비판적으로 비교하는 데 충분하다. 이러한 풍부한 사전작업을 거친 결과 우리는 짤막한 마지막 장에서 독일법에서 신탁(trust)을 계수할 필요가 있는지, 그리고 – 그것이 긍정되는 한 – 어떤 방식으로 계수하여야 하는지, 즉 법률제정인지, 신탁법의 해결의 비교법적 방법을 적용함으로써 자극되고 풍부해질 수 있는, 법관의 법형성인지 밝힐 수 있을 것이다.

---

13) 물론 30년대에 독일 신탁/트로이한트(Treuhand)법을 법률로 규율하는 것이 바람직한지 여부가 논의되었을 때 신탁/트러스트(trust)법이 비교대상으로 자주 끌어들여진 바는 있다; 아래 § 78 참조.

제1장
신탁의 기원과 역사

I. 법률행위에 의하여 설정된 신탁

§1. 유즈(uses)

[14] 오늘날에는 신탁(trust)이라고 부를 법률관계가 중세 영국에서는 "유즈(uses)"로 불렸다. 어떤 토지를 "B의 유즈(use)를 위하여 A에게" 양도하였다면, 이는 A가 그 토지를 취득하여 자기 권리의 대상으로 삼기는 하나, 오직 B, 즉 "유즈 수익자(cestui que use)"를 위하여 보유하여야 했음을 뜻하였다[1]. A는 B에게 그 토지에 대한 점유를 이전하고 그에게 그 수익과 과실수취를 허용하여야 했다. A는 또한 B를 위하여 그 토지를 제3자로부터 보호하거나 회복하는 데 필요한 모든 재판상 조치를 취하여야 했다.

영국에서 유즈(uses)는 아마도 노르만 정복 이전에 이미 이용되었을 것으로 보이지만, 그것이 더 널리 퍼진 것은 12, 13세기의 일이다. 가령 기사(騎士)가 십자군 원정을 떠나게 되면, 그는 그전에 그의 봉토권(Lehen)을 그가 믿는 사람에게 양도하면서, 그 토지를 그의 처와 자녀를 위하여 보유하게 하였다. 프란체스코 수도사들도 유즈(uses)를 자주

---

1) *Maitland* 24는 "유즈(use)라는 표현이 "usus"가 아니라 누군가를 "위하여"라는 의미의 "ad opus"(옛 프랑스어의 "al oes")에서 유래하였음을 보였다.

사용하였다. 그들은 청빈서약을 하였기에 스스로는 특히 수도원 부지의 소유자가 될 수 없었다: 그러나 다른 누군가가, 예컨대 도시공동체가, 그 토지를 "형제를 위하여(ad opus fratrum)" 보유한다면 이는 청빈서약에 부합한다고 보았다[2].

그러나 유즈(uses)의 주된 쓰임은 중세 봉토법상 토지 보유(Besitz)와 결부되어 있던 봉건적 부담의 회피에 있었다. 예를 들어 봉신(封臣)이 사망하고 그 상속인으로 미성년인 아들 하나를 남겼다면 영주에게는 그 상속인이 미성년인 동안 봉토를 보유하면서 자기 계산으로 관리할 권리(wardship)가 있었다. 영주는 미성년의 상속인의 배우자를 정해 줄 수도 있었다: 그 상속인이 그 제안에 따라 결혼하지 아니하면 그는 영주에게 돈을 지급하여야 했다(marriage). 봉신이 [15] 그의 영주를 배반하거나 그에 대하여 중범죄를 범하면, 봉토권은 소멸하였다(중죄를 이유로 한 몰수 escheat for felony, 반역을 이유로 한 몰수 forfeiture for treason).

이 모든 봉건적 부담을 봉신은 그의 봉토권을 믿고 있는 여러 친구들의 손에 넘기면서 그것을 그를 위하여 보유하고 그가 사망한 뒤에는 그의 상속인들에게 양도하게 함으로써 회피할 수 있었다. 이 친구들 중 어느 한 사람이 죽으면 보통법에 따라 나머지의 지분이 증가하였다. 영주가 봉건적 권리를 발동하기 위한 요건, 특히 상속에 의한 미성년 상속인에의 봉토권의 직접이전이 이러한 방식으로 회피되었다.

토지를 양도받은 수탁자들 전원이 영주에 대하여 범죄를 범하거나 반역을 하는 일도 매우 개연성이 없는 것이었다. 장미전쟁(1455-1485) 시기에 영국 토지의 대부분이 수탁자에 의하여 "유즈(use)로" 보유되었던 이유이다[3]. 특히 토지 소유자가 자기 토지를 몇몇 친구들에게 그를 위하여 "유즈(use)로" 보유하도록 양도하였다면, 그는 결국 자신이 그

---

2) *Maitland* 25 참조.
3) 전거(典據)는 *Megarry* and *Wade*, The Law of Real Property [2] (1959) 155.

시대의 혼란 속에서 진 쪽 편에 섰음이 드러났을 때에도 이 토지를 잃을 것을 두려워할 필요가 없었다. 그가 "유즈 수익자(cestui que use)"로서 그 토지를 보유하고 마치 그것이 자기 것인 것처럼 경작하였다 하더라도, 법적으로 그에 대한 권원(權原)은 그 싸움에서 어느 편도 들지 않았던 그의 친구들에게 속하였기 때문이다.

끝으로 유즈(use)의 도움으로 토지에 대한 유언상속을 인정하지 아니하였던 보통법의 규칙을 회피할 수 있었다. 봉신은 살아 있을 때 이미 봉토권을 몇몇 친구들에게 양도하였고, 그가 죽은 뒤 그것은 피상속인이 유언에서 상속인으로 지정한 사람들에게 양도될 것이었다! 그리하여 토지를 딸들이나 차남들에게 줄 수도 있었고, 영혼의 구제를 위하여 교회에 토지를 출연할 수도 있었다.

§ 2. 대법관(Chancellor)에 의한 유즈(uses)의 승인

유즈(uses)가 – 현대적으로 말한다면 – 법률회피를 위하여 이용되었다는 점은 전적으로 분명하다. 그러나 13, 14세기 영국 법원이 몇 차례 주저한 끝에 유즈(uses)의 승인을 거부하고 유즈 수익자(cestui que use)가 수탁자가 약속한 대로 토지이용을 허용하지 아니하였다면서 수탁자 유죄판결을 내려줄 것을 구하는 소(訴)를 기각한 주된 이유는 이것이 아니다. 법원(Courts of Law)이 유즈(uses)의 관[16]철을 거부한 것은, 오히려 법원절차가 너무 엄격하고 형식적으로 되어 있어서 유즈(use)의 합의에서 문제된 개별 약정들이 의문 없이 인정될 수 없었다는 이유 때문이었다[4]. 법원이 유즈(use)의 합의를 계약(contract)으로만 관철할 수 있었다는 점도 여기에 보태어진다: 그 당시는 아직 인수소송(action of assumpsit)이 발전하지 아니하여 단순한 계약(simple contract)

---

4) 법원에서의 절차와 대법관 앞에서의 절차의 비교는 *Jenks*, Short History of the English Law [6] (1949) 162 ff. 참조.

은 소구(訴求)할 수 없었던 것이다5). 그 이외에 피상속인이 사망한 뒤 유즈 수익자(cestui que use)로 예정되어 있었던 상속인이 자신이 체결에 직접 관여하지 아니한 계약(contract)으로부터 자기의 권리를 어떻게 취득할 수 있을지도 의문이었다.

이 단계에 이르러 대법관(Chancellor)이 법발전에 기여하였다. 대법관은 그 당시 국왕의 최고 행정관료, "모든 부문에서 왕의 국무대신"으로서6), 이미 사법(司法)과 밀접한 관련이 있었다: 그는 특히 법원에 소를 제기하기 위한 조건인 "영장(슈狀, writ)"을 발행하였다. 동시에 대법관은 항고, 청원 및 사면요청을 담당하는 관료였다; 그리고 이러한 최고 행정관청 겸 상급심으로서 대법관의 활동에서 형평(equity)-사법(司法)이 기원하였다. 법원에서 법원절차가 너무 번잡하고 적용할 법이 너무 엄격하거나 빈틈이 있거나 낡아 권리가 받아들여질 수 없었을 때 피해자는 국왕에게 항고할 수 있었다. 그는 그 사건을 다시 대법관에게 넘겼다. 그는 벌금을 부과하겠다고 경고하여 법위반의 혐의가 있는 자를 소환하고 그에 대하여 제기된 비난에 관하여 선서 하에 진술하도록 강제하였다. 이때 대법관이 신의(信義)에 반하거나, 기만적 또는 사기적이거나, 기타 윤리적으로 비난할 만한, 그러나 보통법의 조잡한 소송방식과 절차규정으로 대응할 수 없었던 혐의자의 행태를 확인하면, 그는 그 관계자에게 혐의를 제기한 자에 대하여 행하여진 불법을 복구하기 위한 특정 작위 또는 부작위를 명하였다.

대략 15세기 이래로 대법관은 이러한 방식으로 토지를 그의 신탁적 양도에서 합의된 바에 따라 처리할 것을 거부하는 수탁자로부터 유즈 수익자(cestui que use)를 법적으로 보호하였다. 첫 걸음을 떼자마자 곧 그에게 그가 유즈 수익자(cestui que use)의 이익을 수탁자의 승계인에 대하여도 보호할 것인가 하는 문제가 제기되었다. 그는 우선은 [17] 수

---

5) 그에 대하여는 *Maitland* 28.
6) *Maitland* 2.

탁자의 상속인에 대하여, 그리고 나서는 유즈(use)가 붙은 토지를 그로 부터 *무상*으로 취득한 자에 대하여 이를 긍정하였다. 이 사람들에게도 그들의 전자(前者)가 한 유즈(use)-약정에 따라 유즈 수익자(cestui que use)에게 그 토지를 수익하도록 인도하거나 특정 시점에게 그에게 양 도하는 등의 일이 강제되었다. 그럼 유상양도에서는 어떠한가? 토지를 수탁자로부터 취득하였고 그 당시 유즈(use)의 존재를 적극적으로 인 식한 (notice) 자는 신의와 성실에 비추어 보호가치가 없었다. 반면 대 법관은 *선의인* 취득자의 이익은 유즈 수익자(cestui que use)의 그것보 다 높게 평가하였다. 끝으로 그는, 수익자(cestui)는, 적극적으로 인식하 고 있지는 아니하였으나 요구되는 수준의 주의를 기울였더라면 유즈 (use)에 관하여 알았을 취득자들에 대하여도 보호된다고 결정하였다: 그러한 취득자들은 법적 구성[의제]을 통하여 적극적 인식을 갖고 있 었던 것과 같이 취급될 것이다; 그들은 "의제적 인식(constructive notice)"을 갖고 있다는 것이다.

여기에서 잊어서는 안 될 것은 이러한 발전이 수십 년을 요하였고 여기에서 정리하여 설명할 때 주는 인상과 같이 직선적이고 일관되게 진행된 것도 아니었다는 점이다. 그 당시 대법관이 유즈 수익자(cestui que use)의 권리의 법적 성질에 관한 어떤 이론적 전제에 기초한 견해 의 지도를 받은 것은 결코 아니었다. 그는 당해 사안에서 수탁자나 그 의 승계인이 그 토지를 자유로이 처분하는 것이 그에게 "선량한 양심 에 반하는" 것으로 보였기 때문에 그에게 유리하게 결정하였을 뿐이다. 이때 대법관이 보통법에 따를 때 수탁자만이 그 토지의 소유자임을 의 심하였다고 보기는 어렵다. 대법관은 수탁자가 그의 소유권을 형평과 도의(道義)가 요구하는 바에 따라, 유즈 수익자(cestui que use)를 위하 여 행사하도록 배려하였을 뿐이다. 점점 더 대법관이 승인하고 관철한 그의 유즈 수익자(cestui que use)의 권리에 대하여 하나의 집합표시가 통용되게 되었다. 즉, "[보통]법상으로" - 즉 보통법 법원(Common Law

Courts)에서 - 부여된 수탁자의 소유권과, "형평[법]상(in Equity)으로" - 즉 대법관과 그의 법원에서 - 원용할 수 있는 유즈 수익자(cestui que use)의 "소유권"을 대립시켰다. 영미법에서 두 사람에게 같은 물건에 대한 "소유권"이 병존적으로 귀속되는 것은, 영국 법원조직이 서로 다른 법규칙을 적용하는 두 독립적 법원 계열을 구성하였기 때문이다. 하나의 토지에 관하여 한 계열의 법원의 법에 따를 때에는 A에게, 다른 계열의 법원의 법을 따를 때에는 B에게 그때그때 하나의 집합개념으로 종합될 수 있는 특정 자격이 주어진다: "법적 소유권(legal ownership)"과 "형평[법]상의 소유권(equitable ownership)"이 그것이다. 대륙법체계를 배운 법률가가 [18] 영미 신탁법에서 나타나는 "소유권의 분열"을 이야기할 때에는 이를 염두에 두어야 한다7).

§ 3. 신탁(trust)과 부동산권(estate)개념

영국법상 그의 유즈 수익자(cestui que use)도 소유자라는 것이 그저 표현방법에 그치지는 아니한다. 보통법 법원(Common Law Courts)이 토지 소유권에 관하여 이미 초기에 발전시킨 법규칙의 총체를 대법관이 형평[법]상 소유권에 유추하였기 때문이다. 이 명제의 의미를 밝히려면 "부동산권(estate)"의 개념을 간단히 살펴보아야 한다.

---

7) *Weiser* 3은 타당하게도 다음과 같이 비교한다: "하나의 물건에 대하여, 서로 다른 법영역에서, 복수의 소유자가 존재할 수 있는가? 답은 광학(光學)상의 문제일 뿐이라는 것이다. 코를 충분히 오랫동안 내려다보면 코가 하나뿐임이 분명하다 하더라도 분명 코끝은 둘로 보이게 될 것이다. 그러나 이 실험을 위해서는 두 개의 눈-이 다소 가벼운 비유를 계속하면 같은 것을 각자 그 특유의 각도에서 보는 두 계열의 법원-을 갖고 있어야 한다. 눈 하나로는 충분하지 아니하다. 퀴클롭스(Polyphemus)는 곁눈질을 할 수 없다." 그리고 *바이저(Weiser)*는 그로부터 "그러므로 오늘날 대륙의 정신에게는 … 영미 신탁이라는 현상을 - 모방하기는커녕 - 파악할 능력조차도 애초에 결여되어 있는 것"이라는 결론을 내린다.

"영국 토지법의 기초는 영국의 모든 토지가 국왕의 소유라는 것이다."8) 이 명제는 오늘날에는 더는 어떠한 실천적 의미도 갖지 아니한다; 그러나 여기에서 사인(私人)에게 귀속될 수 있는 모든 부동산권리가 오늘날에도 여전히 이론적으로는 제한된 용익권, 토지에 대한 "부동산권(estate)"으로 파악되는 원인을 찾을 수 있다.

"부동산권(estate)"-개념의 특수성은 다음과 같은 점에 있다: 로마법에 기초한 대륙의 법질서들이 부동산권을 그때그때 권리자에게 부여되는 자격의 *내용*에 따라 구별하는 반면, 영국법은 원칙적으로 토지에 대한 하나의 단일한 용익권만을 인정하면서, 이를 그 권리자에게 부여된 *존속시간*에 따라 분류한다. 즉, 부동산권(estate)은 어떤 토지에 대한 시간적으로 특정된 제한 하에 개인에게 속한 용익권이다. 또는, *월싱험* 사건(*Walsingham's* Case)에서9) 말한 바와 같이:

"… 토지에 대한 부동산권은 토지에 대한 어떤 시간 또는 어떤 시간 동안의 토지이고, 부동산권의 다양성은 기간의 다양성에 다름 아니다. 토지에 대하여 단순/절대세습권(fee simple)을 가진 자는 그 토지에 대하여 끝없는 시간을 가진 것이다".

그 보유자, 그가 사망한 뒤에는 그의 상속인, 그 상속인의 상속인 등에게 귀속하는 부동산권을 "단순/절대세습부동산권(estate in fee simple)"이라고 한다. 이 권리는 실천적으로 소유권과 구별되지 아니한다; 그럼에도 불구하고 이론적으로는 (물론 무[19]제한적인) 일정 기간 동안 부여된 용익권일 뿐이다. 부동산권이 살아 있는 동안에 그 보유자에게 부여되는 경우에는 이를 "종신부동산권(life estate)"이라고 한다; 이 경우 "종신부동산권(life estate)"을 부여한 자의 그 토지에 대한 권

---

8) *Megarry* and *Wade* (註 3) 13.
9) *Walsingham's* Case (1957) 2 Plowd. 547, 555, *Cheshire*, Modern Real Property 8 (1958) 32에서 인용.

리가 "종신부동산권(life estate)" 소멸 후 다시 완전한 권리가 된다면, 그는 "복귀 단순/절대세습부동산권(estate in fee simple in reversion)"의 보유자이다. 반면 이 "종신부동산권(life estate)"이 소멸한 뒤 제3자가 그 토지에 대한 "단순/절대세습부동산권(estate in fee simple)"을 취득하게 되는 경우 그 제3자는 "잔여 단순/절대세습부동산권(estate in fee simple in remainder)"의 보유자이다. 그 존속기간이 장래의 불확실한 사태의 발생에 달려 있는 용익권을 부여할 수도 있다: 가령 피상속인이 그 배우자에게 "종신부동산권(life estate)"를 부여하면서 재혼하지 아니할 것을 조건으로 삼는 경우 그러하다. 이때에는 – 피상속인이 그렇게 처분할 수 있는데 – 그의 아들의 "종신부동산권(life estate)"이 개시되고, 그가 사망한 뒤에는 피상속인의 손자 중 최연장자가 다시 "단순/절대세습부동산권(estate in fee simple)"의 보유자가 될 것이다[10].

그러므로 대륙법상 토지 소유자가 그의 소유권을 다른 사람에게 양도하거나 그에 대하여 제한된 수의 물권만을 설정할 수 있는 반면, 영국에서 "단순/절대세습부동산권(estate in fee simple)" 보유자는 그의 토지를 일련의 사람들이 특정된 시간적 순서에 따라 그때그때 포괄적인 – 소유권과 거의 구별되지 아니하는 – 부동산 용익권을 취득하도록 처분할 수 있는 것이다.

여기에서 문제가 되는 것은 다음과 같다: 보통법에 알려진 모든 부동산권은 대법관도 "형평[법]상(in Equity)" 승인하였다: 형평[법]은 [보통]법을 따른다. 그렇게 함으로써 유즈(uses) 설정을 통하여 토지를 장기간 물권적으로 구속할 가능성이 열렸다. 동시에 보통법상 *토지*에서 발전한 부동산권개념이 이제는 유즈(use)가 붙은 재산이 동산으로 이루어져 있어도 그에 적용될 수 있게 되었다. 어떤 재산을 다른 사람을 위하여 그가 살아 있는 동안 관리하도록 수탁자에게 출연하였다면 그 다른 사람

---

10) 여기에서는 물론 영구[구속]금지의 원칙(Rule against Perpetuities)이 지켜져야 한다, 아래 § 24 참조.

은 그 재산에 대하여 "형평[법]상 종신부동산권(equitable life estate)"을 취득하였고, 마찬가지로 시간상 그 뒤 제3자가 유즈 수익자(cestui que use)가 되게 할 수도 있었다. 보통법이 "법적 부동산권(legal estates)"으로 설정하는 것을 허용한 모든 부동산권은, "유즈의 배후에 있는 형평[법]상(in Equity behind a use)" "형평[법]상 부동산권(equitable estates)"으로도 설정될 수 있었다11).

§ 4. 유즈[금지]법(Statutes of Uses)

[20] 대법관이 유즈(uses)를 승인하고 관철함에 따라 이 법제도의 그침 없는 확산에의 길이 열린 것처럼 보였다. 실제로 유즈(uses)의 설정은 15세기 중 및 16세기 초 봉토 피라미드의 모든 단계에서 일반적인 관습이었다. 그러나 이 제도는 왕에게는 눈에 가시 같은 것이었음에 틀림없다. 이것에 의하여 장기적으로 재산상 손해만을 입는 유일한 사람이 국왕이었기 때문이다: 중간계급(mesne lords)도 휘하 봉신에 대한 봉토관계상 수입을 잃기는 하였다; 그러나 그는 다시 그가 국왕으로부터 직접 받은 봉토를 "유즈 하에(in use)" 둠으로써 국왕의 부담으로 손실을 메울 수 있었다. "유즈(uses)를 폐지함으로써 얻을 것만 있고 잃을 것은 없는 유일한 사람이 국왕이었다."12)

---

11) 1925년 영국 재산권법은 심지어, "종신부동산권(life estate)" 외에, 권리자에게 일정 기간이 경과하거나 조건이 성취되면 완전권이 귀속하는 형태의 장래의 부동산권(estates)은, 신탁(trust)을 설정하고 수익자에게 "형평[법]상 부동산권(estate)"을 출연하는 방식으로 *만* 설정할 수 있다고 규정하였다. 1925년 재산권법(Law of Property Act, 1925 [15 Geo. 5, c. 20]) 참조. 반면 미국에서는 오늘날까지도 "종신부동산권(life estate)"이 "[보통]법상 부동산권(legal estate)"으로도, "형평[법]상 부동산권(equitable estate)"으로도 설정될 수 있다. 비록 전자는 흔하지 아니하게 되었지만 말이다 (*Scott* § 24.1 참조).

12) *Maitland* 34.

그러나 이러한 목적으로 - 그의 전임자들의 몇몇 성과 없는 시도가 있은 후에 - 의회의 강력한 저항을 물리치고 1535년 저 유명한 유즈[금지]법(Statute of Uses)을[13] 제정한 것은 헨리8세에 이르러서였다. 이 법은 형식적으로는 390년 간 효력을 유지한 뒤 1925년에야 폐지되었다. 그러나 법원이 지금까지도 그 입법목적(ratio legis)을 추구하였더라면, 아마도 신탁법이 오늘날 영미법에서 갖는 것과 비슷한 중요성을 가질 수는 없었을 것이다.

개별적인 - 물론 영국 토지법의 발전에는 매우 중요한 - 사항들을 무시한다면[14], 법률이 채택한 기법은 단순하였다. 그것은 간단히 지금까지 유즈(use)의 수익자에게 "형평[법]상(in Equity)" 귀속된 모든 권리는 이제부터 같은 "[보통]법상(at law)"의 내용의 권리로 그에게 귀속된다고 정하였던 것이다. 형평[법]상 부동산권은 그리하여 그 법(Statute)에 의하여 [보통]법상 부동산권(legal estate)으로 전환되었다. 어떤 토지가 "B의 유즈(use)를 위하여 A에게" 양도되었다면, 지금까지는 A가 [보통]법상 부동산권(legal estate)의 보유자이고, 그는 이를 형평[법]상 소유자(equitable owner) B를 위하여 행사하여야 했다. 유즈[금지]법(Statute of Uses) 제정 후에는 그러한 거래로 A는 아무것도 취득하지 못한 반면, 종래 형평[법]상 부동산권(equitable estate)의 보유자였던 B는 이제 [보통]법상 소유자(owner at law)가 되었다. 이러한 사실이 토지상 영주의 봉건적 권리 부담 문제 및 그의 유언에 의한 상속 가능성 문제에 대하여 가졌던 모든 결과들을 포함해서 말이다[15].

어쨌든 어떤 관점에서 그 법(Statute)은 성과가 있었다: 유즈(uses)는 법생활에서 100년 이상 널리 그 실천적 [21] 의미를 잃었다. 그러나 헨리8세가 유즈[금지]법(Statute of Uses)으로 추구하였던 법정책적 목표

---

13) 27 Hen. 8, c. 10.
14) 개별적인 것은 *Megarry* and *Wade* (註 3) 163 ff. 참조.
15) 그러나 *Megarry* Cambridge Law Journal 7 (1939/41) 354 ff. 참조.

는 부분적으로만 달성되었다. 이미 1540년 국왕은 유언법(Statute of Wills)을 제정하여[16] 토지에 대한 유언상속을 부분적으로 다시 허용하여야 했다. 점차 유즈[금지]법(Statute of Uses)의 빈틈이 발견되었고 이전처럼 봉건적 부담을 회피하는 데 이용되었다. 그러나 [보통]법적 부동산권(legal estate)의 보유자가 단지 허수아비에 불과하고 그 토지를 직접 보는 일조차 거의 없는 고전적 형태의 유즈(use)는 영국 법실무에서 한 세기만에 사라졌다.

17세기에 이르러서야 대법관은 다시 유즈(uses)를 관철시키기 시작한다. 그는 이를 위하여 이미 1535년 이전에 발전된, 그 근거가 좀 애매한 법명제를 집어 들었다. 바로 "유즈 위의 유즈(a use upon a use)"는 무효라는 법명제가 그것이다[17]. 예컨대 어떤 토지가 C의 유즈(use)를 위한 B의 유즈(use)를 위하여 A에게 양도되었다면, 1535년 이전에는 C가 아니라 B만이 "형평[법]상" 부동산권의 보유자였다: B가 그의 형평[법]상 부동산권을 다시 "형평[법]상" C를 위하여 행사할 수는 없다고 보았다. 유즈[금지]법(Statute of Uses)에 의하여 B의 형평[법]상 부동산권이 [보통]법상 부동산권으로 전환되었다; C를 위한 두번째 유즈(use)는 그 전처럼 "[보통]법상(at law)"으로 어떠한 효력도 발휘하지 못하였다. 그러나 17세기 중엽부터 대법관은 보통법이 전혀 주의하지 아니하였던 이 두번째 유즈(use)를, 기꺼이 C를 위하여 "형평[법]상" 승인하였다. 그렇게 함으로써 형평[법]상 부동산권의 설정이 다시 가능해졌다. 이를 위해서는 토지를 "X의 유즈(use)를 위한 B의 유즈(use)를 위하여 A에게" 양도하기만 하면 되었다. 그렇게 하면 유즈[금지]법(Statute of Uses)에 터 잡아 B가 단독으로 [보통]법상 부동산권의 보유자가 되었다. 그러나 "형평[법]상" 대법관은 그에게, 익숙한 방식으로

---

16) 32 Hen. 8, c. 1.
17) 이 법명제는 이후 "Rule in Jane Tyrrel's Case" ([1557] 2 Dyer 155 a)로 이름 붙여졌다.

그의 권리를 X를 위하여 행사하도록 강제하였다. 곧바로 편의를 위하여 양도문구에서 A의 이름이 빠졌다; 또 명확히 하기 위하여 두번째 유즈(use)를 "신탁(trust)"이라고 불렀다. 그리하여 B에게 "[보통]법상(at law)" 토지를 출연하고 그가 X를 위하여 "형평[법]상(in Equity)" 이를 보유하게 하기 위하여 이제부터는 그 토지를 "X를 위한 신탁(trust)으로 B에게, 그리고 B의 유즈(use)를 위하여" 양도하여야 했고, "이런 방식으로 많은 고려를 거쳐 마련되었고 엄숙하고 화려하게 도입된 한 법이 … 양도에 기껏해야 세 단어를 보태는 효과밖에 없게 되었다"[18]. 오늘날 그 공식은 통상 훨씬 더 단순화된다. 신탁을 설정하기 위해서는 토지(나 일체의 다른 재산객체)를 "X를 위한 신탁으로 B에게" 출연하면 족하다: 그러면 B가 수탁자(trustee)가 되고 X가 "신탁 수익자(cestui que trust)", 즉 "수익자(beneficiary)"가 된다.

§ 5. 영국 법발전에서 신탁의 의미

[22] 유즈(uses)를 신탁(trust)이라는 이름 하에 다시 승인하고 "형평[법]상" 관철하기로 한 대법관의 결정은 1660년 토지보유양태법(Tenure Abolition Act 1660)에[19] 의하여 쉬워졌다: 이 법률은 특히 모든 봉토법상의 토지부담을 철폐하였다. 그렇게 함으로써 그때까지 유즈(use)나 신탁을 설정함으로써 통상 추구하였던 전형적인 목적 중 하나가 없어졌다.

그러나 그렇게 함으로써 신탁이 가령 영국법사에서 사라진 것은 아니었다. 같은 대상에 대하여 두 사람 이상에게 특정 권리를 서로 다른 내용과 범위로, 특히 한 사람에게는 사용수익권을, 다른 사람에게는 외부에서 보아서는 무제한적인 소유자나 권리보유자처럼 나타날 자격을

---

18) *Hopkins v. Hopkins* (1738) 1 Atk. 581, 591 (per *Lord Hardwicke*).
19) 12 Car. 2, c. 24.

부여하는 것 - 이 문제는 영국법에서 신탁이라는 형태로 매우 다행스럽게 해결되어서, 신탁 내지 유즈(uses)가 그 기원을 두고 있는 중세 봉건체제가 소멸한 뒤에도, 일단 발견된 이 법기술적 해결은 다양한 목표와 목적의 달성에 쓰일 수 있었다. 신탁이 오늘날 현대 영미법에서도 수행하고 있는 기능들에 대하여는 아래에서 좀 더 자세하게 다룰 것이다; 여기에서는 단지 신탁이 오늘날에는 사소한 의미만 갖고 있지만 한때는 고통스러웠던 보통법의 약점과 빈틈을 메우고 법발전에 결정적으로 기여한 두 법분야만을 들기로 한다.

신탁은 부부재산법에서 중요한 역할을 하였다. 보통법의 저 낡은, "남편과 부인은 [보통]법상(in law) 하나이고 그 하나는 남편"이라는 준칙은[20] 예컨대 남편이 혼인으로 법에 의하여 당연히(ipso iure) 부인 동산의 자유소유권을 취득하는 결과를 낳았다. 형평-사법(司法)은 이를 신탁의 도움을 받아 현저하게 약화시켰다.[21] 대략 1630년부터 처는, 혼인 전이나 혼인 당시에 혼인 재산설정(marriage settlement)을 통하여 재산객체를 자신을 위하여 수탁자에게 이전하고 그 수익에 대하여는 "형평[법]상 별산(equitable separate estate)"의 보유자로서 남편과 독립하여 자유롭게 [23] 처분할 수 있게 되었다. 물론 남편이 그의 처를 "어르고 달래(by kicks or kisses)" 그의 형평[법]상 부동산권을 남편을 위하여 처분하게 할 우려가 있었다. 그러나 대법관은 이에 대한 대책도 생각해 냈다: 18세기 말 이래 그는 혼인 재산설정에서 처의 형평[법]상

---

20) *Blackstone*, Commentaries, Book I, Ch. 15 III (442) 참조: "혼인함으로써 부(夫)와 처는 [보통]법상(at law) 한 사람이 된다; 즉, 바로 여성의 존재 내지 법적 존재가 혼인 중 중지되거나 적어도 남편의 그것에 흡수되고 병합되어, 그의 날개와 보호 하에서 그녀는 모든 것을 수행하는 것이다."

21) 그에 대하여 자세한 것은 *Kenny*, The History of the Law of England as to the Effects of Marriage on Property (1879) 99 ff. 참조. 그 발전에 대한 간략한 설명은 *Keeton* 38 f.; *Kahn-Freund*, Zur Transformation des ehelichen Güterrechts in England, Festschrift Lewald (1953) 493 ff., *Maitland*, Selected Essays (1936) 175 f.에서 볼 수 있다.

부동산권을 양도할 수 없는 권리로 설정한 경우 이를 유효하다고 보았다. 그러나 이러한 형평-사법(司法)의 해결은 오직 상당한 혼인 재산설정을 할 수 있었던 부유한 계층에게나 실천적인 의미가 있었다. 1882년 마침내 입법자는 혼인 당시 처에게 속하였거나 그 후에 취득한 재산은 법률상[22] (형평[법]상 발전되고 검증된) "별산(separate estate)"으로 그에게 귀속하는 것으로 봄으로써 형평[법]상 법관법(judge made law)을 법정부부재산제로 도입하였다. 처의 부부재산법상의 처분제한이 모두 제거된 것은 1935년에 이르러서였다.

신탁은 나아가 영국 회사법의 발전에서도 "사회적 실험의 가장 강력한 도구"임을[23] 증명해 보였다[24]. 18세기를 거치면서 처음 온갖 종류의 사기업이 대규모로 설립되었을 때, 이러한 목적으로 자기의 법인격을 갖고 있는 회사를 설립하기란 여러 이유에서 비현실적이었다. 법인으로서의 지위는 의회의 법률 또는 국왕의 특허(Charter)로만 취득할 수 있었으므로 바람직하지 아니하게도 관청의 주목을 끄는 상당히 비용이 많이 들고 번잡한 절차를 거쳐야 했다. 게다가 그 당시 국왕과 의회는 법인격 부여에 우호적이지 아니하였고, 1720년 "South Sea Company"의 파산으로 인한 대규모의 금융위기로 법인 형태의 상기업의 설립에 부정적인 여론이 나타났으며, 그 결과 그에 대응하는 법률이 제정되었다[25]. 이러한 상황에서 법인격 없는 인적 조합을 설립할 가능성이 이용되었는 바, 그 재산은 수탁자(trustee)가 신탁증서(trust deed)가 정하는 바에 따라 보유하였다; 대법관은 이러한 처리를 승인하였다.

---

22) 12 Car. 2, c. 24.
23) *Maitland* (註 21) 134 f.
24) 아래에 대하여는 *Cooke*, Corporation, Trust and Company (1950) 86 ff.; *Gower*, Modern Company Law (1954) 27 ff.; 또한 *Heymann*, Trustee und Trustee — Company im deutschen Rechtsverkehr, Festschrift Brunner (1910) 473 ff., 474.
25) "Bubble Act", 1720 (6 Geo. 1, c. 18).

19세기 초부터는 심지어 조합원 책임을 신탁재산에 제한하는 것도 허용되었다. 그렇게 함으로써 비법인사단(unincorporated association)을 **[24]** 설립하여 실천적 결과에서는 법인과의 차이를 돋보기로 찾아야 할 정도에 이르렀다. 그리하여 *메이틀랜드(Maitland)*는 다음과 같이 말할 수 있었다: "… 사실상, 그리고 증서상으로도, 우리는 국왕이나 의회를 성가시게 하지 아니한 채 법인(corporations)을 만들었다. 아마 우리는 전혀 그러한 종류의 일을 하고 있는 것이 아니라고 말하였겠지만 말이다."26) 마침내 − 1844년에 이르러서야 − 입법이 뒤따랐다: 주식회사법(Joint Stock Company Act)에27) 의하여 우선은 법인격 취득(incorporation)이 현저하게 쉬워졌고, 1855년28) 마침내 유한책임이 전 범위에서 인정되었다.

§ 6. 미국에서 신탁

미국에서 신탁법의 발전은 우선은 몇몇 어려움에 봉착하였다. 미국에서는 심지어 그 헌법상 명시적으로 영국 보통법이 독립선언 당시의 상태대로 현행법이 된다고 정하는 주(州)도 여럿 있었다. 그러나 이는 형평법을 의도한 것은 아니었다. 그것은 공화주의적인 사고를 가진 미국인들에게 "자비를 베풀기 위하여" 보통법을 무시할 권리를 부여하는 국왕의 대권(大權)에 터 잡고 있음이 명백하여, 그 유래가 의심스러운 것처럼 보였던 것이다. 그러나 실천적 필요의 압력을 받아 점차 각 주에서는29) 그 법원이 형평법, 그리하여 신탁법도 적용하는 것을 허용하게 되었다.

---

26) *Maitland*, Collected Papers (1911) III 283.
27) 7 and 8 Vict., c. 110.
28) Limited Liability Act, 1855 (18 and 19 Vict., c. 133).
29) 루이지애나에 대하여는 아래 § 79 참조.

미국과 영국의 신탁법이 어느 범위에서 서로 다르게 발전하였는지를 묻는다면 기본적인 특징에서 본질적 차이는 산발적으로나 확인된다고 말해도 좋을 것이다30). 그에 대하여는 본문에서 그때그때 지적하기로 한다. 반면 몇몇 특수한 문제들에서는 그 차이가 종종 상당하다. 미국 신탁법이 결코 완결된 통일체가 아니라는 점도 보태어진다. 즉, 민법의 일부로서 연방의 입법관할에 속하지 아니하기 때문에 미국 각 주 대부분에서는 전체 신탁법 중 비교적 적은 일부를 법전화하려고 시도하는 법률을 제정하였고 – 그것은 보기처럼 좋은 경험은 아니었는데31) – 더 큰 부분은 개별 문제들과 일부영역만 법률적으로 규율하였다.

[25] 미국 내의 법통일을 위하여 "통일주법위원회(National Confe-rence of Commissioners on Uniform State Laws)"가 이미 신탁법 영역에서 여러 법률안을 마련하였고, 여러 주에서 상당히 성공적으로 수용이 권고되었다32). 나아가 법통일에는 "미국법학원(American Law Institute)"이 기여하고 있는데, 그 위임을 받아 하버드 대학교 교수인 스콧(A. W. Scott)이 "신탁법 리스테이트먼트(Restatement of the Law – Trusts)"를 발간하였다33).

---

30) *Hanbury* L. Q. Rev. 56 (1940) 405 참조. 그 차이에 관한 설명은 *Scott* J. Comp. Leg. 31 (1949) Parts III & IV, 11 ff.을 보라. 또한 *Scott* Harv. L. Rev. 50 (1936/37) 60 ff.도 참조.
31) *Scott* § 1.10.
32) *Bogert* § 7 m. w. Anm. 참조.
33) Restatement of the Law – Trusts 2d (1959).

제2장
신탁의 법적 구조

§ 7. 법률행위에 의한 신탁설정

[26] 법률행위에 의한 신탁설정은 살아 있는 사람들 사이의 법률행위에 의할 수도 있고 사인처분(死因處分)에 의할 수도 있다.

어떤 물건의 소유자 또는 재산가치 있는 권리의 보유자가 살아 있는 사람들 사이의 법률행위로 이 대상에 관하여 신탁을 설정하려면, 그는 "설정자(settlor)"로서 그 물건 또는 권리를 다른 사람에게 양도하면서 그 다른 사람이 수탁자(trustee)로서 그 양도된 대상을 제3자를 위하여 특정 방식에 의하여 "신탁으로(upon trust)" 보유할 것이라고 선언(erklären)한다[1]. 그러한 선언은 원칙적으로 방식없이 할 수 있다[2]. 이

---

1) 신탁설정을 위해서는 [보통]법상 권원(legal title)의 양도와 설정자(settlor)의 일방적인 의사표백(einseitige Willenskundgebung)이 있으면 족하다; 수탁자(trustee)와 사이에 일치하는 계약적 합의가 필요한 것은 아니다. 예컨대 신탁재산에 대한 [보통]법상 권원이 수탁자(trustee)로 예정된 자에게 양도되었으나 그가 수탁자(trustee)가 되기를 거절하였다면 설정자(settlor)에 대한 재양도가 이루어지나, 이미 신탁수익자(cestui que trust)를 위한 형평[법]상 이익(equitable interest)은 발생하는 것이다: 이를 위해서는 [보통]법상 권원(legal title)의 양도가 우선 행해지고 그에 부합하는 설정자(settlor)에 의한 선언이 교부되면 족하다. 그러한 취지로 예컨대 *Mallot v. Wilson* [1903] 2 Ch. 494. 미국 재판례를 포함하여 *Scott* §§ 24.2 및 35 참조.

2) 서면이 필요한 것은 토지에 대한 형평[법]상 이익(equitable interest)이 설정될 때뿐이다, 1925년 재산권법(Law of Property Act, 1925) 제53조 제1항

러한 요건이 갖추어지면 신탁수익자(cestui que trust)는, 그의 쪽에서는 이를 위하여 어떠한 협력도 하지 아니하였어도, 그 신탁(trust)재산에 대하여 형평[법]상 부동산권(equitable estate) 내지는 - 이렇게 말하기도 하는데 - 형평[법]상 이익(equitable interest)을3) 취득한다.

수탁자와 설정자가 서로 다른 사람일 것이 절대적으로 요구되지는 아니한다. 어떤 물건의 소유자는 지금부터 *그 자신이* 그 물건을 수탁자(trustee)로서 특정한 신탁수익자(cestui que trust)를 위하여 보유하고자 한다고 선언할 수도 있다. 이러한 경우 신탁이 유효하게 설정되려면 외부적으로 인식 가능한 의사표백(Willenskundgebung; manifestation of intention)이 있으면 족하다.

끝으로 심지어는 설정자가 수탁자이기만 한 것이 아니라 수익자 중 한 사람이 되는 것도 생각할 수 있다. 예컨대 [27] 어떤 특허권의 보유자라면, 그는 지금부터 그 특허권을 수탁자로서만 보유하면서, 자기 자신에게 신탁수익자(cestui que trust)로서 살아 있는 동안의 사용료 수익을 지급하고; 나아가 그가 사망한 뒤에는 그 특허권이 승계-수탁자에 의하여 그의 살아 있는 처 및/또는 자녀를 위하여 같은 방식으로 관리될 것이라고 선언할 수 있다. 그러한 신탁의 설정은 그 부(夫)에게, 그 자신 특허권의 관리와 수익을 포기할 필요 없이, 살아 있는 사람들 사이의 법률행위를 통하여, 그의 처에게 그 사망 이후의 기간에 대하여 형평[법]상 이익을 출연하는 것을 가능하게 한다.

신탁을 설정하는 법률행위는 종의처분(終意處分)일 수도 있다. 잘 알려진 바와 같이 보통법에서는 유언상속에서 상속재산이 직접 상속인들에게 이전하지 아니하고 우선은 유언집행자(executor)에게 이전한 다음

(b)(s. 53 (1) (b)) 참조. 미국에서는 1677년 사기[방지]법(Statute of Fraud, 1677) 제7조(s. 7)와 내용상 일치하는 주 제정법이 적용된다, *Scott* § 40 참조.

3) "형평[법]상 이익(equitable interest)"이라는 표현과 "형평[법]상 부동산권(equitable estate)"이라는 표현은 같은 의미로 쓰인다.

그로 하여금 상속채무를 규율하고 채권을 추심하게 하는데, 이때 그는 여러 점에서 수탁자(trustee)의 지위를 부여받는다[4]. 그러나 나아가 영미의 피상속인은 유언에서 유언집행자가 상속채무의 변제를 마친 뒤 잔액을 상속인들에게 분배하는 것이 아닌, (종종 유언집행자와 같은 사람인) 수탁자(trustee)가 장기간에 걸쳐 상속인들을 위하여 관리하는 것으로 정하는 일이 매우 흔하다.

그러한 유언신탁(testamentary trust)을 유효하게 설정하려면 단순한 의사표백(Willenskundgebung)으로는 족하지 아니하다; 오히려 여기에서는 유언방식이 준수되어야 한다. 신탁설정을 위해서 유언자가 지정한 수탁자가 상속개시 후 그의 직무를 인수할 뜻이 있음을 선언/표시할 필요는 없다. 그가 이를 거절하더라도 신탁은 발생한다: "신탁은 수탁자가 없다는 이유로는 결코 실효하지 아니한다." 이러한 경우에 그 유언집행자는 "신탁으로(upon trust)" 출연된 대상에 대한 [보통]법상 권원(legal title)을 새 수탁자가 – 급박한 경우에는 법원에 의하여 – 지명될 때까지 신탁수익자(cestui que trust)를 위하여 보유한다.

앞서 든 법률행위적 신탁설정의 사례들에서는 그때그때 설정자의 명시적 선언이 있었다; 때문에 이러한 신탁은 "명시신탁(express trust)"이라고 불린다. 반면 설정자가 – 특히 유언에 의하여 – 불명확하거나 불완전하게 표현하여 신탁을 설정하고자 한 것인지 의문이 생긴다면 법원이 전 사정을 고려하여 그러한 의도를 도출할 수 있다. 그러한 신탁은 "묵시신탁(implied trust)"이라고 불린다. 양자 사이에 실천적 차이는 존재하지 아니한다[5].

---

4) 아래 § 28 참조.
5) *Underhill* 11.

§ 8. "법의 작용에 의한(by operation of law)" 신탁설정

[28] 모든 신탁이 법률행위로 설정되는 것은 아니다. 신탁이 참여한 사람들의 의사 없이, 심지어는 종종 그들의 의사에 *반하여*, 법에 의하여 직접 발생하는 일도 흔하다.

이러한 "법의 작용에 의하여(by operation of law)" 발생하는 신탁은 대부분 결과신탁(resulting trust)과 의제신탁(constructive trust)으로 나뉜다. 두 그룹에 공통적인 것은 누군가가 어떤 재산대상과 관련하여 법에 의하여 어떤 다른 사람을 위한 수탁자로 간주된다는 점이다. 특정 사안에서 결과신탁을 발생시키는 법규칙은 대부분 수탁자에게 재산을 "신탁으로(upon trust)" 양도하였으나 누구에게 형평[법]상 이익이 귀속하여야 하는가 하는 문제를 규율하지 아니하였거나 규율에 흠이 있었던 자의 추정적 의사를 고려하고자 한다6). 예를 들어 피상속인이 그의 처가 살아 있는 동안 그녀를 위하여 그의 상속재산을 수탁자에게 "신탁으로(upon trust)" 양도하였는데, 그녀 사망 후 형평[법]상 이익이 누구에게 귀속하는지를 유언에서 명시적으로도 묵시적으로도 밝히지 아니하였다면, 이러한 흠은 보통법의 해석규칙에 의하여 충전될 수 있다. 이에 따르면 그러한 사안에서 피상속인의 추정적 의사는 처가 사망한 뒤에는 그의 무유언상속인들이 신탁수익자가 된다는 것이다. 따라서 결과신탁은 명시신탁을 설정할 때 규율되지 아니한 채 남은 흠을 설정자가 그러한 흠을 알았더라면 전형적으로 하였을 바에 따라 보충하고자 하는 것이다.

반면 의제신탁은 당사자 의사와, 단지 추정적 의사와도 무관하다: 그것은 누군가가 일정한 조건하에 재산대상의 보유자가 되었는데 그것이 신의성실에 비추어 다른 사람에게 속하여야 하는 것일 때에 법에 의하

---

6) 예컨대 *Keeton* 205 ff. 참조; 그러나 여기에서는 결과신탁의 가장 중요한 집합만 다룬다, *Keeton* 193 ff. 참조

여 직접 발생한다[7].

§ 9. 수익자(beneficiary)의 법적 지위

지금부터 신탁수익자(cestui que trust)가 어떤 법적 지위를 가지는지에 대하여 개별적으로 살펴봄에 있어 신탁의 법적 구조를 인식하는 데 특히 중요한 문제들 중 하나가 관계한다. 모든 법질서에는 어떤 대상에 관하여 누군가에게 귀속될 수 있는 권리의 총체를 둘 이상의 사람들에게 나누어 한 사람에게는 그 대상의 수익에 대한 권리가, 다른 사람에게는 그 완전한 권리에 붙은 나머지 모든 권능이 귀속되는 데 그 지도적 사상이 있는 제도들이 있다. 물론 이러한 사상이 [29] 개별 법질서에서 실천적으로 어떻게 관철되는지, 특히 수익권자의 권리의 범위가 어디까지이고 그것이 제3자에 대하여 어떻게 보호되는지는 그때그때 서로 다르게 규율되고 있다. 신탁에서는 이러한 규율이 특히 흥미로운 방식으로 이루어졌다. 이 법형상은 그리하여 심지어 보통법 법률가들에게도 "법(리)학적으로 변칙적인(anomalous) 제도"로[8] 보일 수 있는 것이다.

먼저 수익자(beneficiary)에게 수탁자에 대하여 [대]인적으로 귀속하는 손해배상청구권을 다룬다. 그 뒤에 수익자가 신탁재산에 대하여 어떤 권리를 갖는지, 그리고 그가 이 권리에 터 잡아 제3자에 대하여 어느 범위에서 권리를 주장할 수 있는지 검토한다. 그리고 나면 수익자의 형평[법]상 이익이 "대물권(ius in rem)"인지 아니면 "대인권(ius in personam)"인지, "물권"인지 "채권적 청구권"인지를 간단히 해명할 수 있을 것이다.

---

7) 그에 대하여 상세한 것은 아래 §§ 43 이하 참조.
8) *Scott* J. Comp. Leg. 31 (1949) Parts III and IV, 12.

§ 10. 신탁위반(breach of trust)에서 손해배상청구권

수탁자의 제1의무는 신탁재산을 신탁수익자(cestui que trust)를 위하여 적절하게 관리하는 것이다. 적절한 관리가 무엇인가 하는 점은 설정자가 정한 바와 문제된 신탁의 종류에 달려 있다. 이때 매우 다양한 가능성이 있다. 그것은 피상속인이 수탁자가 신탁재산을 어떻게 관리하고 그 수익을 어떻게 배분하여야 하는지와 같은 개별 사항까지 매우 세세하게 규율한 유언신탁에서부터 누군가가 "형평[법]상" 다른 사람에게 속하는 어떤 물건을 점유하고 있는 사안에까지 미친다: 사실관계가 그러하다면, 그 물건의 점유자는 (의제)수탁자로 간주될 수 있지만, 그의 "관리의무"는 실천적으로는 그 물건을 조속히 권리자에게 반환하는 데 그치게 될 것이다.

수탁자가 그의 적절한 관리의무를 위반한 경우를 "신탁위반(breach of trust)"이라고 한다. 수탁자가 신탁재산을 투기적 대상에 투자한 경우, 신탁수익을 부주의하게 무권리자에게 지급한 경우, 신탁목적물을 횡령한 경우, 그것을 불이익하게 양도하거나 필요한 수권 없이 양도한 경우, 신탁 대상인 토지를 사용할 수 있게 유지하거나 화재보험에 가입하는 것을 게을리한 경우, 신탁재산에 속하는 현금을 이자가 붙는 데 투자하지 아니하거나 자기를 위하여 쓴 경우, 신탁관리를 위임한 보조자를 충분히 감독하지 아니한 경우 – 이 모든 사례에 신탁위반이 있다. 수탁자가 당해 사안의 제반 사정에 비추어 **[30]** 그가 합리적이고 통상적인 사람의 주의를 기울였음을 주장할 수 없는 한 말이다[9].

신탁위반이 인정되면 수익자는 수탁자에 대하여 입은 손해의 배상을 구할 수 있다. 가령 수탁자가 상응하는 수권 없이 신탁재산을 가지고

---

9) 1925년 수탁자법(Trustee Act, 1925 (15 Ge. 5, c. 19)) 제30조 제1항 (s. 30 (1)) 및 그에 대한 *Re City Equitable Fire Insurance Co., Ltd.* [1925] Ch. 407, 434 참조. 미국에 대하여는: *Scott* § 174.

무담보 소비대차를 했고 그 채무자가 지급능력이 없음이 드러났다면, 수탁자는 신탁재산을 그가 그 소비대차를 하지 아니하였고 그에 쓴 금액을 적절하게 이자가 붙는 데 투자하였더라면 있었을 상태로 돌려놓아야 한다. 수탁자가 두번째 신탁위반을 하였는데 이번에는 신탁재산에 이익이 되었다 하더라도 그는 그 이익을 가령 손익상계의 방법으로 그의 손해배상의무에서 공제할 수 없다[10].

§ 11. 신탁재산(trust-property)의 추급[following (tracing)]

수익자(cestui)의 손해배상청구권은 수탁자가 파산한 경우 다른 채권자들과 파산재단에서 안분하여(pari pasu) 만족을 얻을 뿐이다; 그러나 수익자(cestui)에게 수탁자 파산에서도 관철될 수 있는 신탁재산 자체에 대한 권리가 귀속되는지 여부의 문제가 제기된다.

출발점은 1914년 파산법(Bankruptcy Act 1914) 제38조 제1항(s. 38 (1))이다[11]. 그에 따르면 "파산자가 다른 사람을 위하여 신탁으로 보유하고 있는 재산"은 파산재단에 편입되지 아니한다. 채무자는 계속하여 신탁목적물의 [보통]법상 소유자(legal owner)이다; 물론 수익자가 신청하면 법원은 통상 그를 해임하고 다른 사람을 수탁자로 지정할 것이다[12]. 그러나 새로 지정된 수탁자도 이전과 같은 조건에 따라 수익자(cestui)를 위하여 그 신탁목적물을 보유한다. 그러므로 수익자(cestui)의 법적 지위는 파산이 일어나도 흔들리지 아니한다; 개별집행에서 수

---

10) *Re Barker* (1898) 77 L. T. 712. 그러나 또한 *Fletcher v. Green* (1864) 33 Beav. 426도 참조: 여기에서 법원은 이익과 손실이 같은 신탁위반의 거래에서 발생하였다는 이유로 공제를 허용하였다. 또한 Restatement § 213도 참조.
11) 4 and 5 Ge. 5, c. 59.
12) 그러나 반드시 그러한 것은 아니다. *Re Barker's Trusts* (1875) 1 Ch. D, 43 참조.

탁자의 채권자가 신탁목적물을 공취할 수도 없다13).

수탁자가 그 권능의 범위 내에서 신탁재산에 속하는 대상들을 처분하고 그에 갈음하여 다른 재산가치를 취득하였을 때에도 같다. 예컨대 수탁자가 필요한 수권을 받아 신탁목적물에 속하는 토지를 양도하였다면, 신탁은 그 매매대금에 대하여, [31] 양도된 토지에 대하여 존재하였던 것과 같은 형태로, 존속한다. 그 매매대금이 곧바로 유가증권에 투자되었을 때에도 마찬가지이다: 유가증권의 수익도 수탁자는 당초에 토지의 임대수익과 관련하여 했었어야 했던 것과 같은 방식으로 신탁수익자에게 배분하여야 하는 것이다. 그러므로 수탁자가 신탁목적물에 속하는 대상을 그의 권능의 범위 내에서 처분한 경우, 신탁은 다수의 전환거래가 어떻게 이루어졌는지 묻지 아니하고 그 대상(代償)들에 대하여 계속된다. 이러한 점이 영미 문헌에서 명시적으로 언급되는 일은 드문데14), 이는 그것이 그들에게는 전적으로 당연해 보이기 때문이다. 신탁을 설정한 자는 많은 경우 이를 통하여 바로 신탁재산의 [다른 것으로의] 전환을 목적으로 한다. 가령 상속재산이 돈으로 바뀌고 그 관리대가가 유가증권에 투자되며 그 포트폴리오가 시장상황에 따라 지속적으로 상태가 변하는 식이다. 실무상 여기에서는 어떠한 어려움도 생기지 아니한다. 수탁자는 신탁목적물을 고유재산과 엄격하게 분리하여 보관할 의무가 있어 혼화가 일어날 수 없기 때문이다.

수탁자가 신탁재산에 속하는 대상을 마음대로 양도하고 그에 대한 대상(代償)을 취득하여 그의 권능을 유월한 경우에도, 원칙적으로 같다. 예컨대 그가 필요한 수권 없이 어떤 토지를 취득하는 데 신탁금전을 썼다면 수탁자는 신탁이 이제 그 토지에 미친다고 주장할 수 있다. 그 때 수탁자가 자신을 위하여 자유로운 소유권을 취득하고자 하였다는

---

13) *Bogert* § 146; *Assfalg* 9 f. 참조.
14) 그러나 그러한 것으로 *Re Hallet's Estate* (1880) 13 Ch. D. 696, 708 f.

점은 중요하지 아니하다: 형평[법]은 그의 의사를 고려하지 아니하고 그를 수탁자로 취급한다. 반면 수익자(cestui)에게 그 토지가 아무 이익이 없다면, 그는 수탁자에게 횡령한 돈을 신탁재산에 반환할 것을 청구할 수 있다. 이때에는 이 청구권을 담보하기 위하여 그에게 그 토지에 관하여 담보권(물적 부담 charge이나 우선특권 lien)이 부여된다15).

그러나 통상 수탁자가 신탁위반의 처분을 한 때에는 사태가 더 복합하다. 그러한 거래를 통하여 얻은 대상가치가 수탁자 자신의 재산과 합쳐지는 일이 특히 흔하다. 그리하여 예컨대 수탁자가 신탁목적물에 속하는 유가증권을 악의적으로 양도하고 그 대가를 자기 돈과 뒤섞어버리거나 자기 은행계좌에 입금하여 기장(記帳)까지 마치는 경우가 생길 수 있다. 지금까지 든 사례에서는 대상(代償)이 그때그때 수탁자의 재산에서 구분되어 있었던 반면 [32] 여기에서는 신탁목적물이 아닌 대상들과 뒤섞였고, 그리하여 이러한 상황에서도 수익자(cestui)가 다른 채권자들과 같은 순위에 있는지의 문제가 제기된다.

그러나 형평-사법(司法)은 이러한 사례에서도 수익자(cestui)를 위하여 그에게 수탁자가 파산하였을 때에도 우선적 지위를 부여할 일련의 자비로운 의제를 발전시켰다:

수탁자가 신탁목적물로부터 생기거나 신탁목적물의 신탁위반의 양도로 얻은 금액을 은행계좌에 입금하여 그곳에서 그것이 자기 돈과 뒤섞였다면, "형평[법]상" 수익자(cestui)에게 횡령한 금액만큼 수탁자의 총잔고에 대하여도 제1순위의 담보권(first charge)이 부여된 것으로 본다16).

---

15) "수익적 소유자(beneficial owner)는 매수한 재산을 취하거나 그것을 그 구매에 쓰인 신탁금전의 액을 위한 담보로 보유하는 것 사이에서 선택할 권리를 갖는다; 즉, 일반적으로 말하는 바와 같이, 그는 그의 선택에 따라 그 재산을 취하거나 신탁금액의 액을 위하여 그 재산에 물적 부담(charge)을 가질 권리를 갖는다." [*Re Hallet's Estate* (註 14) 709]; 나아가 *Maudsley* L. Q. Rev. 75 (1959) 234, 246 f. 참조.

16) *리딩 케이스*는 *Re Hallet's Estate (註 14)*, 미국에서는 *National Bank v.*

수탁자가 그 금액을 입금한 이후 한 인출에 대하여는, 수익자(cestui)를 위하여 그가 자기 돈을 처분하고자 한 것이고 따라서 담보권은 그 잔액에 대하여 전액 범위에서 존속하는 것으로 추정된다[17].

그러므로 혼화사례에서도 수탁자 파산시 신탁수익자(cestui que trust)에게는 단순한 파산채권만 부여되지 아니한다. 그는 심지어는 수탁자의 은행잔고가 횡령한 금액 밑으로 떨어지지 아니하는 한 완전한 만족을 기대할 수 있다. "형평법원(Court of Equity)은 … 신탁수익자(cestui que trust)를 매우 배려하고, 채권자는 훨씬 덜 배려한다."[18] 그러나 이로써 신탁수익자(cestui que trust)의 권리가 보호되는 한계지점에도 이르게 된다: 수탁자가 신탁목적물에 속하는 대상을 파괴하거나 소비하

---

16) 리딩 케이스는 *Re Hallet's Estate* (註 14), 미국에서는 *National Bank v. Insurance Company* 104 U.S. 54 (1881)이다. 수탁자가 신탁에 위반하여 취득한 돈을 토지를 매수하는 데 썼고 그리하여 자기 돈을 아꼈다면 수익자(cesqui)에게 영국의 이론상으로는 횡령금액의 범위에서 그 토지에 대한 담보권이 부여되고, 미국의 견해에 따르면 그 수익자(cesqui)에게 그 외에 수탁자가 취득한 토지를 안분비례하여(pro lata parte) 수익자(cesqui)를 위한 "의제신탁으로" 보유하는 것으로 볼 수도 있다: 이는 수익자(cesqui)가 그 토지의 가치증가에 참가할 수 있다는 장점을 갖는다, *Scott* § 516 및 그곳에 제시된, *Re Hallet's Estate* (註 14)을 언급하는 재판례 참조. 나아가 *Maudsley* (註 15) 234 ff. 참조.

17) *Re Hallet's Estate* (註 14). 그러므로 수탁자가 200파운드를 그의 은행계좌에 갖고 있었고, 그가 횡령한 신탁-금전 300파운드를 예치하였으며, 사적 목적으로 300파운드를 인출하였다면, 인출한 300파운드 중 100파운드만 신탁-금전이라고 추정된다. 200파운드의 잔고는 전액 범위에서 신탁수익자(cesqui que trust)에 대하여 책임을 진다. 이는 수탁자가 그 후 다른 돈을 입금하여도 바뀌지 아니한다, *Roscoe v. Winder* [1915] 1 Ch. 62, 수익자(cesqui)는 수탁자가 그 돈으로 신탁-재산을 다시 메우려는 의도였음을 증명할 수 있다는 점을 제외하면 말이다. 또한 *Berthold-Jennings Lumber Co. v. St. Louis, J. M. & S. R. Co*, 80 F 2d 32 (1935); *Re Kountze Bros.* 79 F 2d 98 (1935); *Federal Reserve Bank v. Peters* 123 S.E. 379 (1924); *Garst v. Canfield* 116 A 482 (1922)도 참조.

18) *Maitland* 220.

였다면 손해배상청구권에 그치는 것이다: "예컨대 [신탁] 자금이 저녁 식사에 쓰였다면, 형평[법]은 할 수 있는 것이 없다."[19]

§ 12. 계속

[33] 이제 어떤 조건하에 수익자(cesqui)의 형평[법]상 이익이 신탁 목적물이나 신탁목적물의 대상(代償)을 취득한 제3자에 대하여도 관철 될 수 있는지 살펴본다.

원칙은 다음과 같다: 수탁자가 신탁의 대상을 처분하고 이 처분이 신탁위반이라면, 그 취득자는 그 양도행위가 유상이고 그가 그 처분이 신탁위반임을 알지 못하였을 때에 한하여 완전한 권리를 취득한다. 신 탁재산에 속하는 대상에 대한 형평[법]상의 이익은 "가치 있는 대가를 지급한 선의의 매수인(bona fide purchaser for valuable consideration)" 이 그것을 취득한 경우에 한하여 소멸한다. 이는 형평[법]상의, 형평에 비추어 동등할 때에는 법이 우선한다(Where the equities are equal the law prevails)는 준칙으로 근거 지워진다. 신탁수익자(cesqui que trust) 와 반대급여를 한 선의 취득자 모두 같은 정도로 보호를 받을 자격이 있다. 이러한 경우에는 취득자가 우선하여야 한다. 그가 수탁자로부터 [보통]법상 권원(legal title)을 취득하였기 때문이다. "두 잘못 없는 당 사자들 중 한 사람이 손해를 보아야 한다면, 둘 중 어느 하나를 위하여 형평[법]을 원용할 수는 없다, [보통]법대로 하여야 한다."[20]

---

19) *Keeton* 383 f.
20) *Underhill* 605. 이는 원칙적으로 형평과 거래보호의 고려에 터 잡은 결정이 사후에 극히 기술적인 법준칙에 의하여 "정당화"된 예로 보인다. 반면 *Scott* § 284는 선의 매수인이 "부당하게 이득한 것"은 아닌지, 그리하여 이 보호를 받을 자격이 있는지에 대하여 전적으로 유보적이다. 또한 *Scott* Col. L. R. 17 (1917) 269, 280도 참조: 선의 매수의 법리는 오늘날 경험적으로 그것이 상업적으로 합리적이라는 점이 증명되었기에 살아 남았다." 또한 *Bogert* §

취득자는 현실적(actual) 인식도, 의제적 인식(constructive notice)도 없어야 선의(bona fide)이다. 현실적 인식은 양도행위가 신탁위반임의 적극적 인식을, 의제적 인식은 취득자의 과실(過失)로 인한 부지(不知)를 말한다; 그의 체약(締約)보조자의 인식이나 과실에 의한 부지도 그에 준한다. 그러나 의제적 인식의 법리는 영국에서는 토지취득에서만 적용된다[21]: 신탁재산에서 동산을 매수한다면 과실로 그 양도가 신탁위반임을 간과하였다 하더라도 "부담 없는" 소유권을 취득한다.

그 외의 모든 사람은 수탁자로부터 신탁 대상에 대한 [보통]법상 권원(legal title)은 취득하나, "수익자(cesqui)의 형평[법]상 이익에 좇는" 한에만 그러하다. 악의의 매수인을 제외하면, 이는 무엇보다도 수탁자의 상속인과 무상취득자에 대하여 그러하다. 신탁목적물이 수탁자에 의하여 증여되었든, 수탁자가 그가 신탁수익자(cesqui que trust)로서 받을 권리가 있다고 착오하여 그에게 **[34]** 출연한 것이든 말이다[22]. 이

882도 보라.

21) *Hanbury* 39 f.; *Keeton* 386 f. 미국 판례는 다르다, *Scott* § 297. 결과적으로 그러한 차이는 사소한데, 동산에서는 조사의무가 상응하여 완화되어 있기 때문이다.

22) 여기에 속하는 유명한 사례가 *Re Diplock, Diplock v. Wintle* [1948] Ch. 465이다: 상속재산관리인(executor)이, 그의 법적 지위는 여기에서 다루는 문제에 관하여는 수탁자의 그것과 일치하는데, 어느 한 *디플록(Diplock)*의 상속재산을 약 20만 파운드만큼 139개의 병원과 다른 공익단체들에게 나누어 주었다. 그러나 그 *디플록(Diplock)*의 무유언 상속인이 제기한 소(訴)에서 그 상속재산관리인(executor)이 그에 터 잡아 분배한 그 유언이 무효였음이 드러났다. 항소법원(Court of Appeal)은 법정상속인들이 "신탁재산을 추급할(tracing the trust – property)" 권리를 갖고 있다고 결정하였다 - 그와 함께 그 법원은 원고들에게 피고 병원들에 대한 *[대]인적* 청구권도 부여하였다. 17세기 후반 사건들까지 거슬러 올라간 영국 판례의 분석을 통하여 형평[법]상 상속인들에게 상속재산관리인에 의하여 상속재산으로부터 부당하게 출연된 것을 보유하고 있는 자에 대한 청구권이 부여된다는 결론이 도출되었다. *그러한 한* 출연된 돈이 병원 재산에 오래전부터 더는 구별할 수 없게 있었다는 점도 문제되지 아니하였다. 귀족원(House of Lords)은 이러한 [대]인적 청구권이 있음을 확인하였다, *Ministry of Health v. Simpson*

모든 사람들은 출연한 대상을 수익자(cesqui)를 위하여 "신탁으로(upon trust)" 보유하고, 이때 그의 의사지향은 문제되지 아니하는 것이다23).

복잡한 혼합사례는 여기에도 있다. 수탁자가 그의 은행계좌에서 신탁재산을 자기 돈과 뒤섞고 그것으로 토지를 사서 악의의 제3자에게 양도하였다면, 수익자(cesqui)를 위하여 혼합된 은행잔고에 대하여24), 그리고 취득자의 부담으로 그 토지에 대하여도 제1순위 담보권이 부여된다. 악의의 제3자가 신탁금전을 지급받고 이를 자기의 것과 뒤섞었을 때에도 결과는 같다25). 제3자가 선의이기는 하나 무상으로 취득하여 (innocent volunteer) 책임을 지는 경우에는 또 다르다: 수탁자가 신탁목적물에서 일정 금액을 오상(誤想) **[35]** 수령권한 있는 제3자에게 지급하고 그가 선의로 그 돈을 자기 것과 뒤섞었다면, 그 제3자와 수익자(cesqui)가 혼합된 금액 내지 그 대상(代償)을 안분하여(pari pasu) 나

[1951] A.C. 251, 그러나 이 사건은 *상속재산관리인*이 부당한 처분을 한 경우로 제한되었고 (a.a.O. S. 265 ff.), 그리하여 여기에서는 더 들어가지 아니한다. 이 판결에 매우 비판적인 것으로, *Chafee* Corn. L. Q. 26 (1950/ 51) 170, 173 ff.; *G. K. Scott* Harv. L. Rev. 62 (1949) 1002 ff.; *Jones* L. Q. Rev. 73 (1957) 48, 61 ff.

23) 이러한 신탁을 미국에서는 의제신탁이라고 하나, *Scott* § 510; 영국에서는 분명히 그렇게 말하지는 아니한다: "수령자는 신탁에 의하여 구속될 것이다" (*Keeton* 385). 어쨌든 결과적으로 취득자는 두 경우 모두 신탁 대상과 그 모든 대상(代償)을 즉시 수탁자에게 - 경우에 따라서는 그 사이에 법원이 새로운 수탁자를 지명한다 - 반환할 의무가 있다. 수탁자가 제3의 수령자를 위하여 신탁에 반하여 처분하였다면, 그 또한 이미 수익자(cesqui)에게 반환할 의무를 지므로, 수익자(cesqui)는 제3의 수령자에게 대상을 자신에게 직접 반환할 것을 청구할 수도 있다. 선의로 (그러나 무상으로) 수탁자로부터 취득한 자에게 미국 판례는 가액상환을 제공하여 의제신탁에서 벗어날 가능성을 부여한다; 취득자는 신탁 대상의 가치가 그 사이에 증가하였을 때에는 늘 이 가능성을 활용할 것이다. 그에 대하여는 *Scott* Harv. L. Rev. 66 (1953) 872 f. 참조; 마찬가지로 이 해결을 영국에 대하여도 권하는 *Maudsley* L. Q. Rev. 75 (1959) 234, 249 ff.

24) 위 註 16 참조.

25) *Nelson v. Larholt* [1948] 1 K.B. 339.

눈다; 가령 수익자(cesqui)는 그에 대한 제1순위 담보권을 취득하지 못한다[26]. 선의의 제3자가 신탁재산을 소비대차금의 상환, 저당채권의 변제 또는 건물의 증축이나 개축에 썼다면 일정한 요건 하에 추급(tracing)이 전적으로 부정된다[27].

§ 13. "대물권(ius in rem)" 또는 "대인권(ius in personam)"으로서 형평[법]상 이익

미국 법학이 법체계적 고려를 좋아하지 아니한다고 주장되고 있기는 하나, 신탁수익자(cesqui que trust)의 형평[법]상 이익을 "대인권(ius in personam)"으로 보아야 하는지 아니면 "대물권(ius in rem)"으로 보아야 하는지에 대하여는 격렬한 다툼이 전개되었다.

법질서가 어떤 권리의 보유자에게 어떤 제3자에 대하여도 그 권리를 존중해달라고 요구할 자격을 부여할 때, 그 권리는 대물권(iura in rem) 집합에 속한다; 반면 대인권(ius in personam)은 특정 개인(들)에 대한 청구권만을 부여한다. "대물권(right in rem)은 온 세상에 대하여 할 수 있으나, 대인권(right in personam)은 특정 인에 대하여만 할 수 있다."[28] 이러한 구별은 독일이론에서 물권과 채권적 청구권 사이에 이루어진

---

26) *Re Diplock* (註 22), 524, 539.
27) 그에 대하여는 *Re Diplock* (註 22), 545 ff.에서의 극히 복잡한 검토 참조. 여기에서는 이러한 사안에서 "지위변경[이득소멸]의 법리(doctrine of change of position)"를 적용하는 미국 판례가 훨씬 더 유연해 보인다. Restatement § 292 및 *Re Diplock*에 대하여 다음과 같이 지적한 *Scott* §§ 254.1, 292, 480 참조: "영국에서는 법원이 선의의(innocent) 수증자에 의한 지위변경[이득소멸]의 문제에 극히 기술적으로 접근하고 있다." 또한 *Scott* L. Q. Rev. 71 (1955) 39, 49; *Jones* L. Q. Rev. 73 (1957) 48 ff.; *Goff* Mod. L. Rev. 24 (1961) 85, 95 ff. 참조.
28) *Salmond*, On Jurisprudence [11] (1957) 284 ff.; 또한 *Hohfeld*, Funda-mental Legal Conceptions (1923) 67 ff., 72도 참조.

것과 일치한다[29].

수익자(cesqui)의 형평[법]상 이익이 단순한 대인권(ius in personam)이라는 견해를 주장한 이로 특히 *메이틀랜드*(*Maitland*)가 있다[30]. 반대 견해는 *스콧*(*Scott*)[31], *샐먼드*(*Salmond*)[32], *윈필드*(*Winfield*)[33], *로슨*(*Lawson*)[34] 및 최근의 *라이언*(*Ryan*)이[35] 있다. 많은 저자들이 절충적 [36] 해결을 주장한다: "우리는 형평[법]상 이익을 대물권(iura in rem)과 대인권(iura in personam) 사이의 합성물, 중간(midway)이라고 보는 데 만족해야 한다."[36]

이러한 다툼의 실천적 의미는 그리 크지 아니하다. 그것은 국제사법상 수익자를 위하여 유효하게 신탁재산에 대한 형평[법]상 이익이 발생하였는지 여부를 판단할 법질서를 조사하는 데 영향을 줄 수 있다: 형평[법]상 이익을 대물권(ius in rem)으로 성질결정하면 신탁설정 문제는 신탁목적물의 소재지의 법질서의 기준에 따라 결정되어야 하고, 그렇지 아니하다면 계약준거법(lex contractus)에 따라야 하는 것이

---

29) *Wolff-Raiser*, Sachenrecht [10] (1957) § 2 I 참조; *Salmond* (註 28) 284 f. 도 명시적으로 물권(dingliche Rechte)과 대물권(rights in rem)을 같다고 본다.
30) *Maitland* 106 ff.; 그러한 취지로 또한 *Stone* Col. L. Rev. 17 (1917) 467 ff. *Siebert* 95 ff.는 어쨌든 수익자(cesqui)의 권리가 "더 강한 효력을 갖춘 채권적 청구권"이라고 본다. 다른 견해로 *Heymann* (제1장 註 24) 500 f. 및 *Gottheiner*, RabelsZ 21 (1956) 36, 53. 또한 *Assfalg* (註 13) 12 ff.도 참조.
31) *Scott* Col. L. Rev. 17 (1917) 269 ff.
32) *Salmond* (註 28) 307 ff.
33) *Winfield*, The Province of the Law of Tort (1931) 112.
34) *Lawson*, The Law of Property (1958) 45. 또한 *Chafee* Harv. L. Rev. 48 (1934/35) 523, 529 f.도 참조.
35) *Ryan* 27 ff.
36) *Hanbury* 490. *Pollock* L. Q. Rev. 28 (1912) 297은 형평[법]상 이익을 "독자적(sui generis)" 권리로 보는 반면, *Keeton*, The Elementary Principles of Jurisprudence 2 (1949) 145은 "어떤 권리를 대물권과 대인권으로 분류하는 것은 영국의 체계에 대하여는 프로크루테스의 침대 같은 것임이 드러났다"는 결론에 이른다.

다37). 영국에서는 이러한 문제의 결정이 세법분야에 대하여도 중요해졌다38).

*메이틀랜드(Maitland)*는 그의 견해를 본질적으로 다음과 같이 근거지운다: 대법관이 당초 수익자(cesqui)에게 오직 수탁자에 대하여 [대]인적으로만 소구(訴求)할 수 있는 청구권을 부여하였다는 점은 확실하다; 점차 수탁자의 상속인에 대한 소, 그의 채권자에 대한 소, 그 뒤에 신탁목적물의 무상의 선의 취득자에 대한 소, 마침내는 그 악의 취득자에 대한 소가 허용되었다. 이러한 제3자에 대한 소의 확장의 내적 근거는 신탁목적물에 대한 대물권(ius in rem)이 아니라, 특정인이 신탁목적물을 방해받지 아니하고 점유하게 두는 것이 신탁/신의에 반한다(treuwidrig)는 대법관의 고려였다: 형평[법]은 대인적으로(in personam) 작용한다. 오늘날 발전의 끝에 이르러 가치 있는 대가를 지급한 선의의 매수인이 그에 대하여 형평[법]상 이익이 관철될 수 없는 유일한 이가 되기는 하였다. 그러나 그것으로도 수익자(cesqui)의 권리가 대물권(ius in rem)이 되지 못하게 하는 데 충분하다: 그것은 *모든 사람*에 대하여 효력이 미치지는 아니하는 것이다. "그렇다면 형평[법]상의 권리가 물권(iura in rem)이라고 할 수 있는가? 아니다, … 여전히 [보통]법상 부동산권을 선의 유상으로 매수한 자가 화염검을 든 천사로서 그들을 에덴에서 쫓아내기 때문이다."39)

이러한 논변은 독일 법률가에게는 일견 전혀 설득력이 없어 보인다. 왜 선의 매수인에 의한 취득에서 형평[법]상 이익의 소멸이 당연히 대

---

37) *Scott* (註 31) 287 ff. 참조. 그러나 판례는 전혀 통일되어 있지 아니하다. 더 많은 전거(典據)를 포함하여, *Knauer* RabelsZ 25 (1960) 335 f. 참조.
38) *Baker v. Archer-Shee* [1927] A.C. 844; *Archer-Shee v. Garland* [1931] A.C. 212 및 그에 대하여는 *Goodhart* L. Q. Rev. 44 (1928) 8; *Hanbury*, Essays in Equity (1934) 18 ff. 또한 *Latham* Can. Bar Rev. 32 (1954) 520 및 *Ryan* 36 ff.도 참조.
39) *Hanbury* (前註) 26.

물권(ius in rem)을 이야기하는 것을 배제하여야 하는가? 도대체 – 독일 법에서 그와 평행한 것을 끌어들이자면 – [37] 어떤 물건에 대한 용익권이 그 물건에 대한 소유권이 선의자에 의하여 취득되었을 때 소멸한다는 이유만으로 (독일민법 제936조) 그것이 물권이 아니라고 주장할 수는 없는 것이다. 심지어는 가장 강한 대물권(ius in rem)의 보유자, 즉 소유자도 독일민법 제932조 이하에 따라 선의 취득자에게 그의 권리를 잃어버릴 수 있다.

여기에 우리가 상기하여야 할 것은 영미법이 누구도 자기가 가진 것보다 더 많은 권리를 양도할 수 없다(Nemo plus iuris transferre potest quam ipse habet)는 준칙에서[40] 출발한다는 점이다. 동산의 선의 취득이 – 특히 상인의 거래에서 – 비슷하게 허용되나, 이는 어디까지나 예외로 파악된다. 따라서 원칙적으로 보통법에서 물권은 독일법과 비교할 때 훨씬 더 큰 존속력을 부여받는다; 이는 원칙적으로는 선의의 취득자에 대하여도 효력이 미치기에 실로 "온 세상에 대한 것"이다. 이러한 입장에서는 물론 *메이틀랜드*(*Maitland*)가 원칙적으로 선의 매수인에 의한 취득에서 소멸하는 권리는 어떤 것이든 대물권(ius in rem)의 범위에 넣지 아니하려 한 것도 이해할 수 있어 보인다.

이에 대하여는 지적되는 바는[41], 가령 "공개된 시장(in market overt)"에서의 매수와 같이, 무권리자가 "선의로 대가를 지급하고(in good faith against value)" 취득할 수 있는 대물권(iura in rem)도 있다는 점이다[42]. 이에 대하여 *핸배리*(*Hanbury*)는, 이러한 사안에서는 거래안전을 이유로 매수인이 보호되는 것인 반면, 신탁재산의 선의취득자의 보호는 "형평[법]의 전 이론의 논리적 귀결"로 보인다고 반론한다[43]. 그러

---

40) 이에 대하여 상세한 것은 *Zweigert* RabelZ 23 (1958) 1 ff.
41) *Winfield* (註 33) 111; *Scott* (註 31) 278 f.
42) *Zweigert* (註 40) 참조.
43) *Hanbury* L. Q. Rev. 63 (1947) 118.

나 대법관이 수익자(cesqui)에게 선의 매수인에 대한 소(訴)를 허용하지 아니할 때 그는 덜 논리적이었다기보다는 오히려 선의의 거래의 보호를 고려하였다고 보인다[44]. 우리의 문제를 어떻게 결정하여야 하는지는 결국 법적 취향의 문제이다. 대물권(ius in rem)의 개념에 권리가 원칙적으로 선의 취득자에 대하여도 효력이 있어야 한다는 관념을 결부시키는 자는, 수익자(cesqui)의 형평[법]상 이익은 — 물론 제3자효를 부여받은 — 대인권(ius in personam)이라는 추론에 기울게 될 것이다. 대륙법의 법질서에서 주장되는 반대견해는 대물권(ius in rem)을 인정할 것이다. 국제사법은 물론 신탁—설정의 준거법 문제에 있어서 그러한 도그마틱적 고려의 영향을 너무 많이 받아서는 안 될 것이다.

---

44) 註 20 참조.

제3장
신탁의 주요기능

§ 14. 방법에 관한 예비적 고찰

[38] 신탁법은 극히 포괄적이고 다기(多岐)한 법분야이다. 이미 이러한 사실 때문에 어떠한 방법적 관점에 따라 보고의 재료를 선별하고 정리할지를 숙고하여야 한다.

비교법적 작업의 목표는, 서로 다른 법질서의 제도들이, - 체계에 의하여 조건 지워진 도그마틱적 외피를 무시할 때 - 어떤 식으로 같은 기능을 수행하는 데 쓰이는지에 비추어 검토하는 것이다[1]. 따라서 아래에서는 영미 신탁법을 보통법에서 신탁이 수행하는 가장 중요한 기능에 따라 나누어 설명하려고 한다. 법률행위에 의하여 설정된 신탁의 기능들이란 당사자들이 그들의 법률관계를 법률행위적으로 형성할 때 신탁설정을 통하여 통상 추구하는 전형적인 목적들을 의미한다. 신탁이 당사자의 의사와 관계없이 법에 의하여 발생하는 한[2], 그의 기능을

---

1) 기능적 비교법[법비교]의 개념에 대하여는 *Rabel*, Die Fachgebiete des Kaiser−Wilhelm−Institutes für ausländisches und internationales Privatrechts, in: 25 Jahre Kaiser−Wilhem−Gesellschaft, Band III (1937) 77 ff.; *ders*, Aufgabe und Notwendigkeit der Rechtsvergleichung (1925) 77 ff.; *Zweigert*, Mélanges Maury, Band I (196), 579 ff.; *Esser*, Grundsatz und Norm in der richterlichen Fortbildung des Privatrechts (1956) 346 ff. 또한 *Ficker*, Rev. Int. Dr. Comp. 10 (1958) 701, 716 ff.을 보라.
2) 위 § 8 참조.

조사함에 있어서는 법질서가 그러한 신탁을 명함으로써 달성하고자 하는 규율목표(Ordnungsziel)를 고려한다[3].

이러한 방식으로 신탁의 가장 중요한 기능들을 확인하는 데 성공한다면, 이로써 두 가지를 얻을 수 있다: 신탁법의 설명을 엄격하게 **[39]** 신탁의 기능을 해명하는 데 특히 적합한 법적 소재(素材)들로 제한할 수 있다. 다른 한편 신탁법을 기능적 관점에서 처리하여 독일법에서 기능이 유사한 제도들을 찾기 쉬워진다.

이러한 방법상의 원칙, 특히 검토의 대상인 제도의 가장 중요한 기능들에 따른 국가보고의 체계화는 신탁법에 관한 비교법 문헌에서는 지금까지 - 보이는 범위에서는 - 적용된 바 없다. *르폴(Lepaulle)*과[4] *레이몽(Reymond)*[5]이 그들의 연구에서 각각 프랑스 내지 스위스법의 어떤 제도들이 보통법상 신탁이 하는 것과 같은 과제를 처리하는가 하는 문제에 대하여 따로 장을 할애하기는 하였다. 그러나 이들 저자도 그들의 국가보고에서 본질적으로 영미 신탁 교과서의 구조를 따른다; 그들은 처음부터 보통법에서는 신탁으로, 외국법에서는 그 나름의 법형상으로 대응하려고 시도한 기능의 체계를 발전시키려는 노력은 하지 아니한다.

---

3) *Zweigert* (註 1), 589 f.는 그 법제도가 충족시키는 "법적 필요(besoin jurique)"를 어떤 법제도의 기능으로 규정한다. *Esser* (註 1), 349, 351, 354, 357 f.은 어떤 법형상에 있는 "법적 필요", "규율과제", "규율목표"를 이야기한다. *Rabel* (註 1), 82는 비교법의 대상은 "한 국가와 다른 한 국가에서 같은 삶의 문제에 대하여 법생활의 총체로부터 도출된" 법적 해결을 검토하는 것이라고 적고 있다.

4) *Lepaulle*, Traité théorique et pratique des trusts (1932) 53 ff.; *ders*, Yale L. J. 36 (1926/27) 1126 ff.

5) *Reymond* 141 a ff. 또한 *Ryan* 177 ff.는 독일법과 프랑스법의 어떤 형상들이 가족신탁(family trust), 자선신탁(charitable trust) 및 상사신탁(commercial trust)에 상응하는지를 상세히 검토한다. *보통법*을 이러한 기능적 관점에서 설명하는 일에 - 그것이 여기에서 시도하려는 것인데 - *라이언(Ryan)*은 관심이 없었다.

I. 법률행위에 의하여 설정된 신탁

§ 15. 법률행위에 의하여 설정된 신탁의 기능들

"신탁을 만들어 내는 목적을 일일이 열거하려는 어떠한 시도도 무의미할 수밖에 없다."[6] "신탁은 불법적이지 아니한 목적이라면 무엇을 위하여든 만들 수 있다."[7] 이러한 언명들은 법률행위에 의하여 설정된 신탁의 기능들을 다루고자 하는 비교법학자에게 딱히 고무적이지 아니하다. 그러나 이는 이 문제에 대하여 일반적인 언명을 한 것이다.

가령 *누스바움*(*Nußbaum*)의 견해에[8] 따르면 모든 신탁설정의 전형적인 목적은 재산의 수익과 그 관리를 그에 결부된 위험과 함께 서로 다른 사람들에게 분배하는 데 있다. 보통은 어떤 물건의 소유자로서 그 수익을 누리는 자가 동시에 그 물건을 관리할 책임과 그리할 능력도 갖는다; 그는 부적절한 관리로 손실이 발생하는 경우 그에 대하여 스스로 책임져야 한다. 이에 대하여 신탁의 사회적 기능은 수익과 관리책임을 분리하는 데 있다: "수익자가 … **[40]** 이익을 얻는 반면, 책임은 수탁자에게 남는다, 그만이 신탁 관리에서 발생한 계약이나 불법행위에 대하여 제3자에게 책임을 지는 것이다."[9] 그렇다면 *누스바움*(*Nußbaum*)에 따라 법률행위에 의하여 설정된 신탁은 보통법이 당사자들에게 그들이 특정 재산의 수익과 수입을 한 사람에게 출연하고 동시에 그 재산의 보유에 결부된 의무와 위험은 다른 사람에게 "떠넘기고" 싶을 때 쓸 수

---

6) *Scott* § 59.
7) Restatement § 59.
8) *Nußbaum*, Col. L. Rev. 38 (1938) 408 ff.
9) *Nußbaum* (前註) 410. 또한 같은 곳 참조: "한편으로는 책임을 제거하고 다른 한편으로는 이익을 집중시키는 것이 신탁 제도의 기초이자 그 뚜렷한 표식이다. 그것은 재산의 법적 활용을 배가할 잠재력을 가지고 있고 따라서 사회적 조건 내에서 자본의 동태적 힘을 강화한다."

있는 법형상이라고 할 수 있는 것일까?

누스바움(Nußbaum)의 이러한 설명은 옳고, 실제로 법률행위에 의하여 설정된 신탁에서 설정자가 수익자에게서 재산관리의 부담을 덜어주는 것을 의도하는 일도 빈번하나 - 우리의 검토의 목적에 이러한 사상은 별 쓸모가 없다. 그 큰 이점, 법률행위에 의하여 설정된 신탁 전체의 기능에 관한 일반적으로 타당한 무엇인가를 이야기하는 것은 생생하고 파악하기 쉬우며 삶과 가까운 설명을 희생하여 가능해진 것이다. 신탁기능들을 서술함에 있어서 국가별로 주조(鑄造)된 법형상을 포괄하기에 충분하도록 넓고 비기술적인 개념들을 쓸 필요가 있다는 점은 분명하다.10) 그러나 이러한 제한 하에 그것은 그렇게 함으로써 독일법상 기능이 유사한 제도들을 발견하는 것을 가급적 용이하게 할 수 있도록 윤곽 지워져야 할 것이다11):

a) 피상속인은 종종 종의처분(終意處分)으로 그의 사후(死後) 가능한 한 장기간에 걸쳐 상속재산의 승계가 그가 정한 바에 따라 특정한 방식으로 진행되게 하는 데 관심을 갖는다. 여기에서 신탁은 일정 범위에서 그러한 *장기간의 재산구속*의 필요를 고려할 수 있는 법제도가 된다12).

[41] b) 법생활에서 재산이 어떤 *목적*을 위하여 출연되고 따라서 최후에 그 재산의 수익이 가야 할 사람의 범위가 전혀 특정되어 있지 아니한 상황이 드물지 아니하게 생긴다. 가령 특정 기념물을 관리하는 데

---

10) *Zweigert* (註 1) 595: « [비교의] 체계개념은, 비교법의 기능적 목적이 그것이 종종 국내 체계의 개념들에서는 빠져나가고 가리워지곤 하는 삶의 현실에 따라 구성될 것을 요구하기에, 국내 체계의 그것보다 더 커진다. »
11) *Salmond* (제2장 註 28) 369가 다음과 같이 기술할 때 그는 분명 비슷한 생각을 하고 있다: "일반적으로는, 그러나 [수탁자의 지위(trusteeship)는] 그 재산이 속하는 자의 무능, 불확실성 또는 복수성으로 인한 어려움을 극복하는 하나의 방법으로 쓰이고 있는 것이다." 또한 *ders*, a.a.O. 308.
12) 그에 대하여는 아래 §§ 16-31 참조.

어떤 재산을 바치는 경우를 생각할 수 있다. 여기에서 신탁은 보통법에서 *재산의 목적출연(Zweckwidmung)*시 제기되는 문제를 법적으로 처리하는 도그마틱적 형상(形象)이 된다[13].

c) 하나의 재산이 여러 사람에게 공동으로 귀속되는 경우 모든 권리 보유자가 참여한다면 그 재산을 원활하고 정당하게 관리하는 데 어려움에 부딪힐 수 있다. 보통법 법률가에게 신탁은 그러한 상황에서 *다수를 위한* 소수에 의한 *재산관리*를 법적으로 조직하는 법기술적 수단이 된다[14].

1. 상속재산의 장기간 구속의 수단으로서 신탁

§ 16. 재산구속기능

이전부터 사람들은 자기 재산이 사후(死後)에 가족구성원들에게 가도록 배려하려는 욕망을 갖고 있었다. 이는 통상은 해당하는 사람들에게 사인처분(死因處分)으로 유증을 함으로써 이루어진다. 그러나 살아 있는 사람들 사이의 무상출연도 같은 목적을 추구하는 일이 흔하다. 그리하여 통상 그의 미성년의 자녀를 그의 상사회사의 조합원으로 가입시키거나 토지를 그의 이름으로 등기하는 경우 이를 선취(先取)된 상속이라고 할 수 있다. 이들 사례에서는 이익을 얻는 사람이 – 상속개시이든, 증여의 이행이든 – 출연된 재산권의 무제한적 보유자가 된다는 점에서 공통적이다. 이러한 결과는 처분자에게 주로 두 이유에서 바람직해 보이지 아니할 수 있다:

---

13) 그에 대하여는 아래 §§ 32-36 참조.
14) 그에 대하여는 아래 §§ 37-42 참조.

a) 이익을 얻는 사람들이 출연된 재산권의 수익 및 수입에 대한 청구권만 취득하는 것이 아니라 이 권리의 보유자가 된다. 피상속인 또는 증여자는 그리하여 이익을 얻는 사람이 성년이 되었을 때 출연된 재산권의 사실상의 관리를 행사하고 그것을 살아 있는 사람들 사이에(inter vivos) 처분하는 것을 막을 수 없다. 이것은 이익을 얻는 사람의 재산에 속하게 되어 그의 채권자의 집행 공취의 대상이 된다.

b) 그러나 이익을 얻는 사람은 사망을 원인으로도 출연된 재산을 자유롭게 처분할 수 있다: 그러므로 피상속인이나 증여자는 최초의 수익자가 사망한 뒤 특정한 다른 가족 구성원이 재산권을 향유하게 할 수 없다.

[42] 영미 신탁의 주 기능들 중 하나는 – 살아 있는 사람들 사이의 법률행위에 의한 것이든, 종의처분(終意處分)에 의한 것이든 – 복수의 사람들에게 동시에/또는 시간순에 따라 특정 재산대상에 대하여 그때그때 수익권을 부여하지만 그렇게 함으로써 이 사람들이 이 대상에 대한 처분권 또는 관리권까지 부여하지는 아니하는 것을 가능하게 한다는 데 있다.

§ 17. 살아 있는 사람들 사이의(inter vivos) 신탁설정

살아 있는 사람들 사이의 법률행위에 의한 신탁 설정은[15] 통상 설정자가 목적재산을 수탁자에게 양도하면서 그것을 우선은 설정자와/또는 그 배우자를 위하여, 그 다음에는 생존 배우자를 위하여, 끝으로 공동의 자녀 또는 그들의 직계비속을 위하여 관리하되, 자녀들 내지 그 직계비속이 성년이 되면 수탁자가 그 목적재산을 종국적으로 그들에게 양도하도록 정함으로써 이루어진다. 여기에서 개별적으로는 설정자에

---

15) 이러한 법률행위를 영국에서는 일반적으로 "settlement (inter vivo)"라고 하고, 살아 있는 사람들 사이의 법률행위에 의하여 설정된 신탁을 미국에서는 흔히 "living trust"라고 한다.

게 여러 형성가능성이 주어진다. 예컨대 그는 어떤 직계비속이 신탁목적물의 수익을 받고 성년이 되었을 때 수탁자에 대하여 [보통]법상 권원(legal title)의 양도청구권을 가질지를 생존 배우자가 추후 지정하게 할 수 있다. 설정자는 수탁자가 그 자유재량에 따라 수입의 일부만 수익자에게 지급하고 나머지는 원본에 보태도록 정할 수도 있다. 반대로 수탁자가 일정 조건하에 신탁목적물의 원본을 손대 수탁자에게 대여하거나 선급(先給)하는 것을 허용하는 경우도 생각할 수 있다. 설정자에게 철회권을 유보할 수도 있다. 끝으로 신탁목적물의 관리에 관하여 설정자가 수탁자에게 할 수 있는 정함도 다양하다16). 그 내용형성은 개별적으로도 매우 다양할 수 있지만, 설정자가 그러한 신탁을 설정함으로써 통상 실현하고자 하는 지도적 사상은, 그의 재산의 일부를 수탁자에게 양도하고, 그에게 "형평[법]상" 양도받은 재산을 여러 사람들―대개는 가족구성원들―을 위하여 관리할 의무를, 가장 가까운 구성원 또는 심지어는 한 세대를 건넌 다음 세대가 최종적으로 다시 완전한 권리의 보유자가 될 때까지, 지우는 데 있다17).

[43] 영국에서는 수 세기 전부터 혼인 전 약혼자의 부모나 근친 또는 약혼자 자신이 재산대상을 수탁자에게 양도하면서 살아 있는 동안은 그 배우자가 될 사람을 위하여, 그 뒤에는 그들의 공동의 자녀를 위하여 그 [보통]법상 권원(legal title)을 보유하게 하는 관행(marriage settlement)이 있다. 이러한 관행은 미국에서는 일반적으로 관철되지는 아니하였다18).

---

16) *Bogert* §§ 1042 ff.가 "living trusts"에 대하여 제안하는 서식들 참조.
17) 영구[구속]금지의 원칙(Rule against Perpetuities) (아래 § 24)은 재산구속을 일정한 시간적 제한 하에서만 할 수 있게 한다.
18) *Scott* § 17.

§ 18. 사인처분(死因處分)에 의한 신탁설정

설정자는 살아 있는 동안 이미 재산일부를 수탁자에게 양도하고 형평[법]상 소유권으로 만족하는 데는 일반적으로 별 관심이 없다. 이는 그가 어떤 이유에서 그의 재산의 적정한 관리를 맡을 수 없거나 그와 결부된 노력과 위험을 벗어버리고자 할 때 또는 그가 살아 있는 사람들 사이의 재산양도로 소득세나 상속세를 절약하고자 할 때에나 일어나는 일이다. 그러한 사유가 존재하지 아니하는 경우 설정자는 통상 사인처분(死因處分)으로 신탁을 설정할 것이다. 유언신탁(testamentary trust)의 설정은 가족구성권을 위한 재산구속의 수단으로서 오늘날 영국에서나 미국에서나 특히 흔하다. 미국 법원의 신탁 판례도 압도적으로 유언신탁을 다루고 있다. 따라서 아래 설명은 주로 그 설정과 청산에 관한 법규칙들에 관한 것이다.

§ 19. 해석문제와 효력문제

유언신탁의 유효한 설정은 두 장애물에 부딪힐 수 있다:

a) 유언자의 표현방식이 불분명하여 신탁을 설정하고자 한 것인지 의심스럽다 (해석문제).
b) 신탁을 설정하고자 하는 의도는 분명하게 표현되었으나, 그 신탁이 다른 사유로 무효이다 (효력문제).

*해석문제*가 가장 흔히 생기는 것은 피상속인이 누군가에게 무엇인가를 출연하면서 수유자(受遺者)가 제3자를 위하여 특정 방식으로 출연된 대상을 처리하였으면 하는 그의 희망을 밝힌 경우이다. 법원은 여기에서 수유자에게 구속적 (이른바 precatory) 신탁이 부과되어 그 결과 제3자에게 형평[법]상 이익이 부여된 것인지, 아니면 그것은 단지 피상속

인의 비구속적 제언 내지 권고일 뿐인지를 거듭 반복하여 결정하여야 했다. 비슷한 문제는 유언에 신탁목적물의 범위나 누가 수익자인지에 대하여 불분명한 점이 있을 때에도 제기된다. **[44]** 그러나 여기에서는 이러한 사안의 해결을 위하여 발전된 원칙들을 더 자세히 설명하지는 아니한다[19]. 그때에는 종의처분(終意處分) 일반에서 발생하는 바와 같은 유언해석의 문제가 제기되는 것이고 유언신탁에 특별히 전형적인 무엇인가가 존재하지는 아니하기 때문이다.

*효력문제*가 발생하는 사안유형은 매우 다양하다. 신탁의 설정도 다른 모든 종의처분(終意處分)이 그러한 것처럼 선량한 풍속에 반하거나 착오, 사기, 강박에 의하여 이루어질 수 있다[20]. 이러한, 그리고 다른 무효사유들은 독일법에도 잘 알려져 있고 그 효과도 비슷하다. 따라서 유언신탁에 전형적인 무효사유가 문제되고 부분적으로는 어떤 한계 내에서 신탁이 여기에서 다루는 장기간의 재산구속기능을 수행할 수 있는지를 보이기에 좋은 세 사안유형만이 특히 언급할 만하다:

  a) "비밀신탁(Secret trusts)"과 "반비밀신탁(half－secret trusts)", 유언방식의 흠결로 인하여 무효인지 여부의 문제가 제기된다.
  b) "보호신탁(Protective trusts)"과 "낭비자신탁(spendthrift trusts)", 신탁수익자(cesqui que trust)의 형평[법]상 이익이 그의 채권자의 집행 공취로부터 막아주는지가 문제된다.
  c) "영구[구속]금지 위반의 신탁(Trust contravening the Rule against Perpetuities)", 유언자가 상속재산을 장기간 구속시키고자 하여 무효이다.

---

19) 이에 대하여는 예컨대 *Keeton* 83 ff.; *Bogert* §§ 48 ff.; Restatement § 25 참조.
20) *Keeton* 83 ff. (Trusts voidable through mistake, misrepresentation, duress, fraud or undue influence), Restatement §§ 60 ff.; *Bogert* §§ 43 ff. 참조.

§ 20. 비밀신탁(secret trusts)

영국의 1937년 유언법(Will Act, 1937) 제9조(s. 9)에 따르면 – 미국에서도 대체로 같다 – 종의처분(終意處分)에 의하여 유효하게 신탁을 설정하기 위해서는 유언방식이 준수되어야 한다. 피상속인이 방식에 맞는 종의처분(終意處分)으로 다른 사람에게 유증을 하고 수유자와 사이에 – 유언 전 또는 후에 – 그가 출연받은 재산을 수탁자로서 수익자를 위하여 보유하겠다고 *구두로* 합의하거나 그에게 그러한 지시를 하는 경우 수익자를 위한 유효한 (비밀) 신탁이 설정된 것인지 여부에 대하여 풍부한 판례가 발전하였다.

미국에서나[21] 영국에서나[22] 이러한 사안에서 수유자는 유언 문언상으로는 완전한 권리를 받는 것처럼 되어 있다 하여도 수익자를 위한 "신탁으로(upon trust)" [보통]법상 권원(legal title)을 보유하는 것이라고 판결해왔다. 이는 형평-법원이 법률상 방식규정을 다루는 데 자유롭다는 점을 분명히 보여준다. 피상속인이 방식에 맞게 토지를 그 처에게 유증한 뒤 죽기 직전 그녀에게 구두로, 그녀는 그 토지를 수탁자로서 **[45]** 공동의 자녀와 그 직계비속을 위하여 보유하는 것이라고 알렸다면, 유언법(Will Act)의 방식규정은 증명책임전환의 의미를 가질 뿐이다: 자녀들이 피상속인의 발언을 증명할 수 있다면 – 증언도 허용된다! – 처는 수탁자로 간주되는 것이다. 그녀에게 유언에서 완전한 소유권이 출연되었다 하더라도 말이다.

이는 명시신탁(express trust)이 아니라 의제신탁(constructive trust)이다. 리스테이트먼트(Restatement)는 이 점을 명시적으로 언급하는 데 주저하지 아니한 반면[23], 영국 판례와 학설은 이러한 맥락에서는 대개

---

21) Restatement § 55, *Scott* §§ 55.1 (풍부한 판례 포함).
22) *McCormick v. Grogan* (1869) L.R. 4 H.L. 82.
23) §§ 55, 359.

언급을 피한다. 사실 여기에서 신탁은 피상속인의 표시된 의사에 터 잡고 있는 것이 아니다 - 이러한 의사는 그에 필요한 방식을 결하고 있다 - 형평[법]이 피상속인의, 그 재산을 자녀들을 위하여 구속시켜 두고자 하는 의사가 실현될 수 있도록 돕기 위하여 그 처에게 자녀를 위한 신탁을 "부과하고" 있는 것이다[24]. 그 처는 그러한 한 유언방식이 준수되지 아니하였다는 주장을 할 수 없다: 형평[법]은 제정법이 사기의 수단으로 쓰이는 것을 허락하지 아니한다.

§ 21. 반비밀신탁(half-secret trusts)

수유자가 방식에 맞는 종의처분(終意處分)으로 수탁자로 지정되고 피상속인이 수익자만 지정하면 되는데 이를 하지 아니하였고, 때문에 형평[법]상 이익을 아직 처분하지 아니한 사안은 이와 구별하여야 한다. 여기에서는 피상속인이 유언 전 또는 유언 당시에 수탁자에게 수익자를 지정하거나 (사안 1) 유언 후에 지정함으로써 (사안 2) 형평[법]상 이익을 유효하게 수익자에게 출연한 것이 되는지가 문제이다. 이를 긍정한다면 수탁자는 [보통]법상 권원(legal title)을 수익자를 위하여 보유하게 된다. 반면 수익자 지정이 무효라면 피상속인이 그의 나머지 재산을 받을 사람으로 지정한 사람(잔여 수유자 residuary legatees)을 위한 결과신탁(resulting trust)이 발생한다. 피상속인이 그의 나머지 재산에 대하여 그러한 처분을 한 바 없다면 수유자는 무유언 상속인을 위한 결과수탁자(resulting trustee)가 된다[25].

---

24) 법원의 표현방식이 특징적이다: "… 사기를 방지하기 위하여 … [법원은] 제정법 조항에서는 배제할 증거를 허용함으로써 신탁을 그에 끼워 넣는다" [*Lord Cairns* in *Jones v. Badley* (1868), 3. Ch.App. 362, 364]. 또는, "사기를 방지하기 위하여, 형평[법]은 수유자의 양심에 신탁을 묶어 놓는…" (*Lord Sumner* in *Blackwell v. Blackwell* [1929] A.C. 318, 334).

25) *Re Boyes* (1884) 26 Ch.D. 531; *Re Rees* [1950] Ch. 204; Restatement §

사안 1은 영국에서는 무방식으로 지정된 수익자를 위한 신탁이 발생하는 것으로 판결하였다[26]. **[46]** 영국 법원은 수익자 지정이 유언 후에야 비로소 이루어진 사안 2에 대하여는 달리 판결하였다: "유언자가 적정하게 작성된 유언장(will)이나 유언보충서(codicil)가 아닌 문서로 그의 재산을 처분할 권한을 그 자신에게 부여하는 것은 유언으로도 할 수 없다."[27] 문헌에서는 이 판례의 정당성에 대하여 의문이 제기되기도 하였다: 수익자를 구두로 지정하는 것은 그것이 수탁자에 대하여 유언 전에 행해졌든 후에 행해졌든 유효하다는 것이다[28].

사실, 피상속인이 유언 후 수유자에게 구두로 출연된 재산대상을 어떤 수익자를 위하여 보유할 것을 요청하는 경우 수유자가 애초에 완전

411; *Bogert* §§ 468, 500.

26) *Re Fleetwood* (1880) 15 Ch.D. 593; *Re Huxtable* [1902] 2 Ch. 793; In *Blackwell v. Blackwell* (註 24)에서 귀족원(House of Lords)은 심지어 (유언 전에 행해진) 다섯 수탁자들 중 한 사람에 대한 지정이 충분하다고 하였다.

27) *Parker*, V.C. in *Johnson v. Ball* (1851) 21 L.J.Ch. 210에 의하여. 마찬가지로 섬너 경(卿)(*Lord Sumner*)은 *Blackwell v. Blackwell* (註 24) 339의 방론(obiter)에서 다음과 같이 말한다: "그렇게 보지 아니하면 유언자가 유언법(Will Act)의 요건을 "무시할(give the "go-by") 수 있게 해줄 것이다." 또한 피상속인이 그 수탁자에게 1만파운드를 출연하면서 "내가 … 살아 있는 동안 … 그들에게 통지할 수도 있는 사람들 … 중에서 신탁으로 보유되고 처분될" 것을 정한 사안인 *Re Keen* [1937] Ch. 236도 참조.

28) 그러한 취지로 *Holdsworth* L. Q. Rev. 53 (1957) 501 ff.; *Hanbury* 133 f.; *Keeton* 69, *Marshall* Current Legal Problems 3 (1950) 39 ff.; *Delany* Mod. L. Rev. 24 (1961) 116, 120 f. 그러나 영국에는 반대주장도 있다, *Sheridan* L. Q. Rev. 67 (1951) 314, 326 ff. 참조. 그는 "반비밀신탁"의 사례에서 수익자의 지정이 유언적 처분이라고 보고 따라서 유언방식을 준수하여야만 유효하다고 한다 – 미국에서도 다툼이 있다. 리스테이트먼트(Restatement) 제55조(§ 55) 공식주석(comment) h (143)은 사안 1과 사안 2를 전혀 구별하지 아니한다, 또한 *Scott* §§ 55.8, 359도 참조. 반면 여러 주에서는 잔여 수유자나 무유언 상속인을 위한 결과신탁이 발생한다고 하였다. 리딩케이스는 *Oliffe v. Wells* (1881) 130 Mass. 221. 이 견해에 찬성하는 것으로 *Bogert* §§ 500 ff. 참조.

한 권리를 받은 것인지(비밀유언) 아니면 수탁자로서 받은 것인지(반비밀유언)에 따라 차이가 생겨야 하는 이유를 이해하기 어렵다. "… 신탁의 존재를 증명하는 증거를 허용하는 것과 신탁조항을 증명하는 증거를 허용하는 것 사이에는 원칙적으로 차이가 없는 것이다."29)

§ 22. 보호신탁(protective trusts)

신탁의 설정은 – 이미 본 바와 같이 – 설정자가 수익자를 신탁재산의 관리로부터 떼어놓고 그로부터 [보통]법상 권원(legal title)을 유보할 수 있게 해준다. 결과적으로 수익자에게는 신탁목적물에 대한 형평[법]상 이익이 부여된다. 설정자는 신탁수익자의 경제적 안정이 가능한 한 위태로워지지 아니하게 하는 데 관심이 있는 경우가 흔한데, 그가 신탁설정의 목적을 달성하려면 신탁재산에 대한 형평[법]상의 이익이 어떤 경우에도 신탁수익자(cesqui que trust)에게 보유된 상태가 유지되게 하여야 한다. 특히 **[47]** (대부분 유언에 의한) 신탁이 거래경험이 없거나 경솔하거나 낭비적이거나 지적장애가 있는 사람의 보호를 위하여 설정되는 드물지 아니한 사안에서 설정자는 다음과 같은 일을 막고 싶어 한다,

   a) 수익자가 형평[법]상 이익을 유효하게 양도하거나 그에 [물적] 부담을 설정할 수 있고,
   b) 수익자의 채권자가 형평[법]상 이익을 공취할 수 있다.

이러한 설정자의 노력은 권리 보유자로부터 그 권리의 처분권한을 빼앗는 법률행위는 무효라는 보통법의 원칙(양도제한금지의 원칙 Rule against Inalienability)에 부딪힌다. 이 원칙으로부터 다음이 도출된다: 설정자는 형평[법]상 이익이 양도될 수 없고 집행 공취의 대상도 되지

---

29) *Holdsworth* (前註) 506.

아니한다고 단순하게 정할 수는 없다. 그러나 이로부터 수익자가 형평[법]상 이익을 시간적 제한 하에, 즉, 수익자에게 처음부터 그가 처분을 하거나 집행행위가 이루어지는 시점까지 권리를 귀속시키는 방식으로 출연할 수 없다는 결론이 도출되지는 아니한다.

이러한, *Brandon v. Robinson* 사건 판결에서[30] 엘든 경(卿)(*Lord Eldon*)이 처음 발전시킨 미묘한 구분은 법률행위적 처분금지의 무효원칙의 엄격함을 상당부분 없애 버린다: 신탁수익자(cesqui que trust)와 그의 채권자는 형평[법]상 이익을 사실상 처분할 수 없다. 설정자가 처분시도가 일어나면 즉시 수익자의 권리를 종국적으로 소멸시키는 대가를 치러야 하지만 말이다.

재량신탁(discretionary trust)의 설정을 통하여 이러한 결과를 달성할 수도 있다: 여기에서 수익자는 어떤 관철 가능한 형평[법]상 이익도 보유하지 아니한다; 언제, 얼마 정도의 수익을 수익자에게 지급할지는 오히려 수탁자의 자유재량에 맡겨져 있다[31]. 신탁수익자(cesqui que trust)는 어떠한 재산가치 있는 권리를 취득하는 것이 아니라 단지 수익자가 그의 재량을 그를 위하여 행사하리라는 사실상의 전망 내지 희망을 가질 뿐이다: 그러한 희망이나 전망은 유효하게 양도되거나 채권자에 의하여 금전화될 수 없다.

[48] 시간적 제한 하의 형평[법]상 이익 출연과 재량신탁 – 이 두 형성

---

30) (1811) 18 Ves. 429. 또한 *Re Dugdale* (1888) 38 Ch.D. 176도 참조.
31) 재량신탁(discretionary trust)은, 수익자의 희망 또는 전망은 그가 사망하였을 때 재산가치 있고 따라서 과세의무 있는 상속재산의 구성부분이 되지 아니하기 때문에, 상속세(estate duty) 회피목적에 매우 애호되었다. *Lawson*, The Law of Property (1958) 130 참조. – 나아가 그로부터 다음과 같은 결론이 나온다: 재량신탁의 수익자가 독일에서 상속세납세의무자라 하더라도, 그는 사망을 원인으로 재산가치 있는 대상을 취득한 바 없으므로 상속세를 납부할 필요가 없다; 독일조세재정법원도 NJW 1958, 766 ff에서 타당하게도 그와 같이 판결하였다. 미국에서 재량신탁을 설정함으로써 추구되는 목표에 대하여는 *Halbach* Col. L. Rev. 61 (1961) 1425 ff. 참조.

의 장점을 결합한 보호신탁(protective trust)이 크게 확산되어 1925년 수탁자법(Trustee Act, 1925) 제33조(s. 33)에 설정자가 "보호신탁(protective trust)"을 설정하고 그와 다른 규정을 명시적으로 두지 아니할 때에는 늘 적용되는 법률상 정의가 포함되었다[32].

이 규정에 따르면 수탁자는 신탁재산을

"신탁기간 동안 또는 그가 … 무엇인가 [수입]이나 그 일부를 받을 권리를 박탈당할 일을 하거나 시도할 때까지 원본의 수익자를 위한 신탁으로(upon trust) 보유한다. 그러한 일이 생기는 경우 … 수입의 신탁은 소멸하거나 종료한다."[33]

이러한 방식으로 수익자의 형평[법]상 이익이 소멸하면 재량신탁이 발생하고 그에 따라 수탁자는 수익자에게 자유재량으로 그가 그 자신과 그의 가족을 위하여 단지 생계부양을 위하여 요구되는 바를 지급하면 되었다[34].

그 실천적인 귀결은 다음과 같다: 형평[법]상의 이익은 수익자의 처분과 그 채권자의 공취 모두를 불가능하게 한다. 이는 그러한 처분이나 집행의 시도가 행해지는 순간 형평[법]상의 이익이 소멸하게 함으로써 달성된다. 그러나 그때에도 여전히 수익자와 그의 가족은 그의 생계부양에 필요한 만큼은 받는 것이 보장되었고, 그리하여 그의 채권자의 공취를 피하였다 – 설정자로 하여금 신탁수익자인 가족구성원을 일정한 범위에서 위태롭지 아니하게 보장할 수 있게 해주는 극히 통찰력 있는 형상이다.

---

32) *Re Isaacs* [1948] Current Law Year Book 3914 참조.
33) 1925년 수탁자법(Trustee Act, 1925) 제33조 제1항(s. 33 (1)).
34) 1925년 수탁자법(Trustee Act, 1925) 제33조 제1항(s. 33 (1)) 말미.

§ 23. 낭비자신탁(spendthrift trusts)[35]

미국 법원은 설정자의 보장이익을 훨씬 더 높은 정도로 고려하였다.

미국 법원은 특히 설정자가 신탁을 설정하면서 형평[법]상 이익을 수익자가 양도할 수 없고 그의 채권자가 금전화할 수 없다고 정하는 것이 허용되고 유효하다고 보면서, - 영국법과는 반대로 - 그 경우 일체의 처분시도나 집행행위에도 불구하고 형평[법]상 이익이 수익자에게 전 범위에서 계속 남아 있다고 보았다. 이러한 신탁을 미국에서는 "낭비자신탁(spendthrift trusts)"이라 한다[36].

[49] 이미 19세기 미국에서 최초의 낭비자신탁이 나타났다. 법원은 대개 다음과 같은 방식으로 그것이 허용된다는 점을 근거 지웠다[37]: 신탁을 설정한 자는 그의 소유권을 그의 뜻대로 처리할 수 있어야 한다: 누구에게 줄지는 그가 정할 일이다(cuius est dare, eius est disponere). 다른 한편 수익자의 채권자에게 불이익도 없다. 그는 그 채무자의 재산이 그러한 한 집행 공취의 대상이 아니라는 점을 처음부터 확신할 수 있었을 것이기 때문이다[38].

---

35) 기본적인 연구서인 *Griswold*, Spendthrift Trusts (1936) 참조. 또한 낭비자신탁과 보호신탁의 비교가 포함된 *Scott* Harvard Legal Essays (1937) 419 ff.도 보라.

36) 이 표현에는 오해의 소지가 있다. 낭비자신탁의 수익자는 낭비자일 필요가 없다.

37) 리딩케이스는 *Nichols v. Eaton* 91 U.S. 716 (1876) 및 *Broadway National Bank v. Adams* 133 Mass. 170 (1882)이다.

38) 前註에서 인용한 두 재판례에서 명시적으로 그렇게 이야기하고 있다. 이러한 논변이 적어도 불법행위채권에서는 부당하다는 점은 분명하다. 이제 다시 법원은 피상속인은 그의 가족구성원의 절대적 보장을 배려할 수 있어야 한다는 사상에서도 유도하려고 하였다: "부모 또는 다른 사람을 사랑하고 그 자신의 재산을 그의 애정의 대상을 … 삶의 불운, 운명의 우여곡절, 그리고 심지어는 그 자신의 성급함이나 자기를 지킬 능력의 결여로부터 안전하게 보호하는 데 쓰고 싶은 사람이 그렇게 하는 것이 금지되어야 할 이유가 금방 떠오르지 아니한다"(*Nichols v. Eaton* [前註]). 이러한 가부장적-개인주

오늘날 매우 압도적인 다수의 미국 주에서 낭비자신탁의 허용성에 더는 의문이 없다[39]. 그러나 대부분의 주에서는 어느 범위에서 설정자가 형평[법]상 이익의 양도 및 수익자의 채권자에 의한 그 금전화를 배제할 수 있는지를 개별적으로 규율하는 법령(statutes)을 제정하였다. 이들 법령에서는 형평[법]상 이익에 터 잡아 수익자에게 갈 수입 중 수익자의 생계에 반드시 필요한 것을 넘는 것은 어쨌든 채권자가 공취할 수 있다고 정하는 일이 매우 흔하다. 신탁수입 중 강제집행의 대상이 되지 아니하는 상한을 정한 예도 많다. 나아가 판례는 일정 채권자집단을 위하여서는 신탁수익자(cesqui que trust)의 권리가 그 전 범위에서 그들의 채권에 대하여 책임을 진다고 하였다. 여기에 속하는 것으로는, 다른 것들과 함께, 다음이 있다.

[50] a) 수익자에 대하여 부양청구권을 갖고 있는 근친,
 b) 그의 수익자에 대한 채권이 생활물품, 의복 등을 공급하여 또는 의료나 요양간호 서비스를 제공하여 발생한 사람,
 c) 조세공과금채권자
 d) 그의 수익자에 대한 채권이 불법행위로 인한 것인 자.

의적 사고방식은 주목할 만한 판결로 이어졌다. *Congress Hotel Co., v. Martin* 143 N.E. 838 (1924)에서 피고는 6,700달러의 호텔숙박비를 지급하여야 했다. 법원은 원고 호텔회사가 피고의 수탁자에 대한 청구권에 공취하는 것을 금지하였다: "편안한 부양과 생계를 위한" 낭비자신탁이라는 것이다. 피고가 매년 17만1천달러(!)의, "편안한 부양과 생계"에 필요할 것보다 상당히 많은 신탁-수입을 받는다는 데는 다툼이 없었지만, "본 주의 법원들은 신탁의 선언된 목적에 필요한 것보다 많아 보일 수 있는 것을 빼앗아 채권자에게 줄 권한을 부여받지 아니하였다"는 것이다. 그러한 재판례에 대하여는 문헌상 격렬한 비판이 일었다; 여기에서는 특히 *Gray*, Restraints on the Alienation of Property (1895)를 들 수 있다.
39) 켄터키, 미시시피, 로드아일랜드에서만 달리 결정되었다. 몇몇 주에서는 그 허용성이 여전히 완전히 보장되어 있지는 아니하다; *Scott* § 152.1 참조.

따라서 전체적으로 미국 법원은 *Nichols v. Eaton* 사건 판례의[40] 극단적인 출발점에서 점점 더 멀어져서 오늘날은 - 특히 각 주의 현대적 제정법(statutes)에 터 잡아 - 일반적으로 독일 법률가들이 기껏해야 적당히 놀랄 정도의 결과에 이르고 있음이 확인된다.

§ 24. 영구[구속]금지의 원칙(Rule against Perpetuities)[41]

피상속인이 유언신탁을 설정하여 그의 재산을 수익자들이 시간순으로 형평[법]상 이익의 보유자가 되도록 구속하면서 신탁목적물의 [보통]법상 권원(legal title)과 관리는 수탁자에게 귀속시키고자 하는 경우, 그러한 재산구속이 일체의 시간적 제한 없이 허용되어 피상속인이 형평[법]상 이익을 처음에는 그의 처, 그 다음에는 그의 자녀들, 그리고 나서는 그의 최연장 손자, 증손자 등등에게 출연할 수 있는 것인가 하는 문제가 제기된다. 그 신탁재산이 수탁자의 손에서 거래될 수 없게 (res extra commercium) 된다는 이유로 이미 이것이 공공질서에 반한다고 할 수는 없다: 일반적으로 수탁자는 피상속인이 정한 바나 법률규정에 의하여 신탁목적물을 자유롭게 유통시키고 그 대상(代償)을 "신탁으로(upon trust)" 보유할 권한을 부여받는다. 보통법이 재산구속의 허용기간을 영구[구속]금지의 원칙(Rule against Perpetuities)에 의하여 제한하는 내적 근거는 오히려 [보통]법상 권원(legal title)과 형평[법]상 부동산권(equitable estate)의, 처분자격과 수익권의 지속적 분리대립이 바람직하지는 아니할 것이라는 데 있다. 어느 한 세대가 - 이타적 동기에서라도 - 그의 후손에게 무제한적인 시간 동안 그 수익을 귀속시킨 재

---

40) 註 37을 보라.

41) 그에 대하여는 *Moris* and *Leach*, The Rule against Perpetuities (1956) 참조. 극도로 복잡한 소재를 생생하게 설명하고 있다. 미국에서 기본적인 저술은 기본적인 연구서인 *Gray*, The Rule against Perpetuities [5] (1915).

산의 처분은 막을 수 있어야 할 이유가 무엇인가? 이는 영구[구속]금지의 원칙이 정하는 제한된 범위에서만 허용될 수 있다.

이 규칙의 내용은 다음과 같다: 누군가에게 그 자신에게 장래의 불확실한 사건이 일어날 때 비로소 발생할 권리(조건부 이익 contingent interest)가 출연된다면, 그 출연은 [51] 그것이 행해질 당시에 그 장래의 불확실한 사건이, 도대체 일어날 수 있다면, 영구[구속금지]기간(perpetuity period)이 경과하기 전에 발생할 것임이 확인되어야 유효하다. 영구[구속금지]기간은 출연 당시 살아 있는, 출연자가 자유로이 정하거나 기타 사정에서 도출되는 사람이 사망한 뒤 21년이 지나면 경과한다[42].

그러므로 그 규정은 신탁목적물에 대한 확정적 이익(vested interest), 즉 더는 불확실한 사건의 발생에 의존하지 아니하는 권리가 부여되는 시점을 뒤로 미루는 것을 일정한 시간한도 내에서만 허용하는 방식으로 작동한다. 피상속인이 누군가(예컨대 그의 손자)를 수익자로 지정하고자 한다면, 그가 상속개시 시에 아직 태어나지 아니한 이상, 그러한 지정은 상속개시 시에 *모든* 유증을 받을 사람이 늦어도 상속개시 시에 살아 있는 사람이 죽을 때에는 태어나 있을 것이어야만 유효하다. 영구[구속금지]기간(perpetuity period)이 21년으로 상향된 것은 피상속인으로 하여금 그 이익을 성년에 이르렀을 때 비로소 그의 후손에게 출연할 수 있도록 해주기 위함이다.

완전한 권리를 취득할 때까지 아직 언제인지 불확실한 날들(dies certus incertus quando)을 기다려야 하는 자도 확정적 이익을 갖는다[43]. 예컨대 피상속인이 그의 재산을 수탁자에게 출연하면서 A가 살

---

42) 예컨대 *Re Gaite* [1949] 1 All E.R. 459 참조.
43) 확정적 이익(vested interests)과 조건부 이익(contingent interests) 사이의 구별에 대하여 개별적인 것은 *Salmond* (제2장 註 28) 281 및 *Megarry* and *Wade* (제1항 註 3) 177ff. 참조.

아 있는 동안 A, A가 죽은 뒤 A의 딸들이 살아 있는 동안에는 A의 딸들, 가장 오래 산 사람이 죽은 뒤에는 A의 아들들을 위하여 보유하게 하는 경우, 그러한 정함은 도대체 영구[구속]금지의 원칙을 문제 삼을 필요가 없이 유효한 것이다. A의 아들들 각자는 아버지가 사망하였을 때 이미 확정적(vested) (즉, 장래의 *확실한* 사건, 다시 말하여 그의 여자형제의 사망의 발생에만 달려 있는) 이익을 취득하기 때문이다[44]. 가장 오래 산 여자형제가 사망하기 전 아들들 중 하나가 사망하는 경우 그 이익은 그의 상속인들에게 간다.

반면 유언해석상 가장 오래 산 여자형제가 사망할 때 A의 아들 자신이 살아 있어야 그 이익이 그에게 주어진다는 결론이 나오는 경우에는 (survival contingency) 조건부 이익(contingent interests)이 문제될 것이다. 여기에서는 가장 오래 산 여자형제가 사망할 때까지 아들들 중 누가 수익자인지가 확정되지 아니하기 때문이다; 이 시점부터 비로소 조건부 이익이 확정적 이익으로 변화한다; 여기에서 이제 영구[구속]금지의 원칙이 개입한다. 이는 이론적으로 확정적 이익이 부여되는 시점이 상속개시 당시 살아 있는 사람들 중 어느 한 사람이 사망한 뒤 21년이 지난 뒤에야 비로소 생길 수 있는지 묻는다. 여기에서 이 문제에 대하여는 **[52]** 긍정적으로 답하여야 한다. 가령 A가 피상속인이 사망한 뒤 비로소 딸을 하나 낳았고 이 딸이 자매들보다 22년 더 산다면, A와 그의 상속개시 당시 살아 있었던 딸들이 사망한 뒤 22년이 지나서야 어떤 아들에게 확정적 이익(vested interest)이 귀속되는지가 정해지게 된다. 그러므로 A가 상속개시 당시에 80세로 딸들을 낳을 가능성이 배제되었다 하더라도 아들들에 대한 출연은 무효이다.

피상속인이 확정적 이익을 설정하고자 하였는지 조건부 이익을 설정하고자 하였는지는 유언해석에 의하여 결정되어야 한다; 그러나 유언

---

44) *Moris* and *Leach* (註 41) 89 f., 238 ff. 참조.

우호(favor testament)의 관점에서 확정적 이익이 의도된 것으로 추정될 수 있다. 그렇게 하여야 그 처분이 영구[구속]금지의 원칙 위반으로 무효가 되는 것을 피할 수 있는 경우가 빈번하기 때문이다[45].

영구[구속]금지의 원칙이 법원 실무상 어떻게 작동하는지, 어떤 처분이 효력을 잃고 또 어떤 것이 살아남는지[46] 추적할 때, 비교법학자는 다시 한번 보통법에서 매우 전형적인 저 "고루함과 건전한 감각의 놀라운 뒤섞임"을[47] 마주하게 된다[48].

그러나 영국에서도 현행법의 상태가 완전히 만족스럽지는 아니하였던 것으로 보인다[49]. 법률개혁위원회(Law Reform Commission)는 1956년 영구[구속]금지의 원칙에 관한 보고서를 발간하였는데, 여기에 여러 변경제안이 있다[50]: 가령 영구[구속금지]기간은 80년으로 하여야 하고, 여성은 55세 이상, 자녀는 14세 이하부터 자녀를 낳거나 기를 수 없다고 법률상 추정하여야 한다고 한다[51].

---

45) *Moris* and *Leach* (註 41) 74 ff.

46) *Moris* and *Leach* (註 41) 68 ff. 참조.

47) *Zweigert* RabelsZ 23 (1958) 5. *Arminjon – Nolde – Wolff*, Traité de droit compare III (1951) 43은 영구[구속]금지의 원칙(Rule against Perpetuities)의 적용으로 이르게 되는 결과들 중 많은 것이 "실로 터무니없다"고 본다.

48) 예컨대 명목가액 300만파운드의 주식을 수탁자에게 이전하면서 상속개시 당시 살아 있던 빅토리아 여왕의 후손들 중 마지막 사람이 사망한 뒤 21년이 지나서 그 주식을 종국적으로 배분하게 한 *Re Leverhulem* [1943] 2 All. E.R. 274를 비교할 수 있다! 상속개시 당시(1925)에 약 130명의 후손이 유럽의 거의 모든 나라에 [흩어져] 살고 있었다. 법원은 그러한 정함이 유효하다고 보았다. 또한 *Re Villar* [1929] 1 Ch. 243도 참조.

49) 미국에서도 비슷하다. 이를 잘 보여주는 것이 *Leach* Harv. L. Rev. 65 (1952) 721 f.의 제목이다: "Perpetuities in Perspective – Ending the Rule's Reign of Terror". 또한 U. of Chi. L. Rev. 18 (1950/51) 92, 93 (노트) 및 현대 미국에서의 개혁입법에 관한 개관을 포함하는, 최근의 *Lynn* U. of Chi. L. Rev. 28 (1961) 488 ff.도 참조.

50) 그에 대하여는 *Keeton*, Social Change in the Law of Trusts (1958) 35 ff.; *Scamell*, Current Legal Problems 12 (1959) 154 ff. 참조.

51) 오늘날에도 특히 판례는 영구[구속금지]기간(perpetuity period)의 계산에

§ 25. Saunders v. Vautier 사건 판결의 규칙[52]

[53] 영국에서 Saunders v. Vautier 사건 판결에서 적용된 규칙은 영구[구속]금지의 원칙(Rule against Perpetuities)과 비슷한 효과를 갖고 있다[53]. 그것은 수익자가 완전히 행위능력이 있고 시간적으로 그보다 뒤에 그 형평[법]상 이익의 보유자가 될 사람이 없다면, 설정자가 그 재산의 최종적 분배가 이루어지는 시점을 그 이후로 정하였다 하더라도, 그 수익자는 수탁자에게 신탁의 해소와 신탁-재산의 반환을 청구할 수 있다는 것이다. 피상속인이 그의 상속재산을 수탁자에게 출연하고 우선 그의 처가 살아 있는 동안 그의 처가, 그 이후에는 그의 아들이 수익자가 되며, 그 아들이 30세가 되면 신탁재산에 대한 [보통]법상 권원(legal title)을 그에게 양도하여야 한다고 정한 경우, 그 아들은 그의 모(母)가 사망한 뒤 피상속인의 처분에 반하여 21세가 되면 신탁종료를 청구할 수 있다. 이는 물론 그 아들이 최후의 유일한 수익자일 때만 그러하다. 유언해석상 그 아들이 30세가 될 때까지 살아 있을 때에만 그 아들에게 상속재산이 넘어가는 것이고, 그가 그전에 사망하면 신탁목적물은 제3자에게 양도되어야 한다면[54], 그 아들에게는 종료권이 부여되지 아니한다.

복수의 수익자에게 형평[법]상 이익이 공동으로 귀속하는 경우 그들

있어서 여기에서 출발하고 있다, *Ward v. Van der Loeff* [1924] A.C. 653 참조: 66세 이상의 부부가 자녀들 갖게 되면 아마도 영구[구속금지]기간 (perpetuity period)을 넘게 될 것이라는 이유로 유언처분이 무효가 되었다! 또한 *Re Gaite* (註 42)도 보라.

52) (1841), 10 L.J.Ch. 354; 또한 *Keeton* 357 ff.도 참조.
53) 前註.
54) 제3자는 이 사안에서 "잔여(부동산)권"의 보유자가 된다. 이러한 부동산권이 장래의 불확실한 사건이 발생할 때에만 (즉 그 아들이 30세가 되기 전에 사망할 때에만) 그에게 부여되므로, "조건부 잔여권(contingent remainder)"이고, 이 권리가 "신탁의 배후에서" 그에게 부여되므로 (1925년 이래로 부여되어야 한다; 제1장 註 11 참조), "형평[법]상 조건부 잔여권"이다.

전부가 행위능력이 있는 한 다를 바 없다. 신탁재산에 대하여 *순차*로 권리를 갖는 복수의 수익자들도 신탁해소를 청구할 수 있다. 그리하여 "종신이익(life interest)"의 보유자가 그의 뒤의 사람—물론 일련의 신탁 수익자들 중 최후의 사람이어야 한다—과 함께 수탁자에게 신탁재산의 반환을 구할 수 있는 것이다. 이는 그 뒤의 사람이 "종신이익"을 취득 하였거나 "종신이익"의 보유자가 그 뒤의 사람의 권리를 취득하여 전체 형평[법]상 이익이 한 사람에게 합쳐졌을 때에 그러하다.

미국법은 이 문제에 관하여 영국법과 근본적으로 다르다[55]. 영국법에 따를 때 필요한 요건들 전부가 충족되었을 때에도 신탁의 조기 해소는 [54] 그렇게 하여도 피상속인이 최종분배시점을 미룸으로써 달성하고자 했던 목적이 좌절되지 아니할 때에 한하여 허용된다. 그러나 그러한 경우가 매우 많다. 특히 피상속인이 신탁재산의 최종분배가 수익자가 성년이 된 뒤에야 비로소 이루어질 것이라고 정하였다면, 그가 그렇게 한 것은 통상 수익자가 그 이전에는 신탁재산을 합리적으로 관리할 수 없을 것이라고 생각하였기 때문이다. 수탁자가 이를 증명한다면, 신탁의 조기 해소는 배제된다. 이는 수익자가 그의 이익을 제3자에게 양도함으로써 우회할 수도 없다.

이미 낭비자신탁에서 관찰한 바와 비슷하게 여기에서도, 미국법이 영국법보다 피상속인의 상속인을 "준-능력박탈/후견" 하에 두려는 의사를 더 존중한다: 처분제한을 더 넓은 범위에서 허용하고 성년이 된 수익자의 신탁종료를 더 어렵게 하는 것이다.

§ 26. 상호유언

영미 상속법에는 철회할 수 없는 사인처분(死因處分)이 알려져 있지

---

55) *Scott* § 337 및 Restatement § 337 참조.

아니하다. 피상속인이 첫번째 유언과 다른 내용의 두번째 유언을 하지 아니할 의무를 질 수 있기는 하다. 피상속인이 이 의무를 준수하지 아니하면 손해배상의무를 지게 된다; 그러나 두번째 유언은 완전히 유효하다[56].

그런데 이미 한 종의처분(終意處分)에 대한 구속이 영미법에서도 매우 바람직함에 틀림없을 사안들이 존재한다. 부부가 서로에게 그 재산을 살아 있는 동안 출연하면서 생존 배우자가 사망한 뒤 그들의 공동의 자녀가 부모의 재산을 갖게 되는 유언을 공동으로 하는 경우 그 부부는 여기에서 생존 배우자가 제3자를 위하여 다른 처분을 할 수는 없다고 명시적으로 합의하거나 묵시적으로 전제할 것이다[57]. 그럼에도 생존 배우자가, 가령 재혼 후 새 배우자를 위하여 유증을 하는 등으로, 이러한 일을 한다면, 이 새 유언은 그 자체 [보통]법상(at law) 유효하다: "철회할 수 없는 유언은 영국 상속법에 알려져 있지 아니한 것이다."[58] 그러나 "형평[법]상" 생존 배우자(와 그가 사망한 뒤에는 그의 인격대표자 personal representative)는 먼저 사망한 사람이 그에게 출연한 재산[59] 및 – [55] 그렇게 해석되는 경우에는 – 그 자신의 재산도[60] "(묵시적) 신탁으로" 당초 유증을 받은 공동의 자녀를 위하여 보유하게 되고, 그 결과 신탁수익자의 매우 유리한 법적 지위가 그들에게 주어진다[61]. 여기에서 신탁의 기능이 뚜렷하게 드러난다: 배우자의 의도는 먼저 사망한 사람의 재산이 우선은 더 산 사람에게, 그가 죽은 뒤에는 공

---

56) 그에 대하여는 *Ferid* RabelsZ 25 (1960) 763 참조.
57) 보통법에서 공동유언에 대하여는 *Gündisch* RabelsZ 21 (1956) 569 ff. m. w. Amn.
58) *Hanbury* 184.
59) 그러한 취지로 Re Green [1951] 1 Ch. 148. 그에 대하여는 *Megarry* L. Q. Rev. 67 (1951) 23을 보라.
60) 생존 배우자가 그의 남편이 사망할 당시에 가진 재산에 관한 *Re Hagger* [1930] 2 Ch. 190에서.
61) 그에 대하여는 *Mitchell* Mod. L. Rev. 14 (1951) 136, 139 f. 참조.

동의 자녀에게 가게 하는 것이었다. 그러한 권리자의 시간적 연속에 재산을 구속시키는 것을 가능하게 하기 위하여, 독일법은 이러한 사례에서 철회할 수 없는 종의처분(終意處分)이라는 형성을 마련하고 있다[62]. 형평-사법(司法)은 신탁을 활용한다[63].

§ 27. 신탁의 관리와 청산

앞서 피상속인이 그의 상속재산을 그가 사망한 뒤 일정 기간 구속할 수 있는 한계와 관련된 신탁-*설정*의 몇몇 문제들을 살펴보았으므로, 이제부터는 신탁-*관리*의 몇몇 문제들을 살펴본다.

우선 강조할 점은 보통법상 타인의 이익을 위한 재산관리의 법은, 그것이 신탁재산에 대한 규칙의 가장 중요한 부분을 이루는데, 독일법에는 없는 섬세함을 갖고 있다는 사실이다. 수탁자에게 합리적인 사람의 주의를 기울일 의무를 지우는 신탁관리법의 일반조항은 형평(Equity)-사법(司法)에 의하여 지엽말단에 이르기까지 생생한 규칙으로 구체화되어 있다. 그와 밀접하게 연결된 것이 유언해석의 원칙인데, 유언신탁 청산의 종류와 방법은 우선은 피상속인의 종의(終意)의 정함으로부터 도출되기 때문이다. 바로 이 영역에서 영미 판례가 생활에 밀착되어 있다는 점이 특히 잘 드러난다; 그리고 형평법원의 지도적 명제들은 그것이 수탁자실무의 필요로부터 생겼음을 분명히 보여준다: 오늘날에도 각 수탁자는 의심스러운 문제가 있을 때에는 법원에 신탁-관리

---

62) 그에 대하여는 아래 § 60 참조.
63) 미국에서도 같은 법명제가 타당하다. 예컨대 *Notten v. Mensing* 45 P. 2d 198 (1935); *Watkins v. Covington Trust & Banking Co.* 198 S.W. 2d 964 (1947) 참조: "공동유언(joint will)이 계약에 터 잡고 있을 때 그 재산은 상호유언의 수유자를 위한 신탁의 특성을 띠고, 그리하여 생존자가 공동유언을 철회할지라도 수유자는 형평법원에 가서 신탁을 강제할 수 있을 것으로 보인다."

에 관하여 정확한 지시를 구하여야 한다[64].

[56] 여기에서도 완전한 설명을 목표로 할 수는 없다. 따라서 여기에서 다루는 기능을 하는 신탁에서 특히 나타나는 문제로 제한한다. 우선 수탁자와 유언집행자(executor)가 어떻게 서로 다른가를, 그리고 나서 수탁자가 신탁재산을 투자할 때에 어떠한 규칙을 준수하여야 하는가를 검토한다. 나아가 수탁자는 서로 다른 신탁수익자들의 이익을 어떤 관점에 따라 조정하여야 하는가를 설명한다. 끝으로 영국과 미국에서 신탁법의 현대적 발전에 관하여 간단히 보기로 한다.

§ 28. 수탁자와 유언집행자(executor)

영미 상속법상 유언상속의 경우 상속재산이 피상속인이 유증한 사람에게 직접 이전하지 아니하고 우선 유언집행자(executor)에게 이전한 다음 그가 상속채무를 변제하고 남은 것을 권리자에게 배분한다는 점은 잘 알려져 있다[65]. 따라서 수탁자와 유언집행자가 어떻게 서로 구별되는가 하는 문제가 생긴다. 통상 유언에서 같은 사람이 지정된다 하더라도 말이다.

우선 확인할 점은 유언집행자의 법적 지위가 수탁자의 그것과 많은 점에서 일치한다는 사실이다. 특히 유언집행자와 수탁자가 그의 이익을 위하여 상속재산 내지 신탁목적물을 보유하는 그 사람들의 보호가 문제되는 한 사소한 차이가 있을 뿐이다. 그리하여 유언집행자가 신탁 위반의 처분을 한 경우 "상속인들"은 신탁수익자와 마찬가지로 "신탁재산을 추급할(tracing the trust-property)" 권리를 가진다. 법원도 유언

---

64) 영국에서는: Rules of the Supreme Court, Order LV, Rules 3 및 4 참조.
65) 무유언 상속에서도 상속재산은 법정상속인에게 바로 이전하지 아니하고 우선은 상속재산관리인(administrator)에게 이전한다. 상속재산관리인과 유언집행자는 모두 인격대표자로 불린다.

집행자에게 수탁자와 비슷한 넓은 주의를 요구한다. 끝으로 영국에서는 1925년 수탁자법(Trustee Act, 1925)이 그 제68조 (17)에 따라, 그의 전 범위에서 인격대표자(personal representative), 즉 유언집행자에게 준용됨으로써 광범위한 근접이 이루어졌다.

그럼에도 불구하고 그 구별에 용어상의 또는 역사적 의미만 있는 것은 아니다[66]. 영국에서 수탁자에 대한 신탁위반으로 인한 청구권은 6년의 소멸시효에 걸리는 반면, 유언집행자에 대한 유언상 출연의 이행청구권 또는 그의 의무의 불완전이행으로 인한 청구권은 12년의 소멸시효에 걸린다[67]. 나아가 누군가 유언집행자로 지명되고 동시에 상속재산이 특정 수익자를 위하여 "신탁으로" 출연된 경우, 그가 분할되지 아니한 전체 상속재산을 유언집행자로 보유하는지 이미 특정 상속재산을 수탁자로 보유하는지를 아는 것이 중요하다. 그에 따라 특히 [57] 상속재산의 가치변동이 누구의 이익 또는 부담이 되는지가 달라지기 때문이다: 아직 분할되지 아니한 상속재산의 경우에는 모든 수유자가 같은 정도로 영향을 받는다; 후자의 경우 신탁수익자가 신탁목적물의 가치변동을, 유언상의 수유자가 나머지 상속재산의 가치변동을 각각 부담한다.

유언집행자와 수탁자의 구별이 어려운 것은 두 사람이 동일인일 때뿐이다. 확고한 규칙은 없다. "상속재산관리(administration)에서 수탁자 역할(trusteeship)로 이행하는 시점은 상황에 따라 다르다."[68] 채무의 변제, 채권의 추심, 유언으로 수유한 자에 대한 잔여재산의 분배가 문제되는 한, 줄여서 상속재산의 *청산*이 문제되는 한 유언집행자로서의 역할을 수행하는 것이다. 반면 이를 넘어서 그가 인식할 수 있게 피상

---

66) 그에 대하여는 *Maitland* 48 f. 참조.
67) 1939년 제소기간법(Limitation Act, 1939) (2 and 3 Geo. 6, c. 21) 제19조 (2), 제20조(s. 19(2), 20).
68) *Snell* 99. 또한 *Attenborough v. Solomon* [1913] A.C. 76, 83도 참조.

속인이 특정한 "상속으로" 출연된 재산의 계속관리를 위한 조치를 하는 경우 유언집행자는 이미 수탁자로서 활동하는 것이다. 통상은 유언집행자가 상속재산의 청산을 종료하고 그에 관한 계산을 제출한 때 비로소 그렇게 된다[69].

§ 29. 투자권한

피상속인이 신탁을 설정하였다면 그는 이를 통하여 신탁재산을 처분하고 관리할 자격을 일정기간동안 수탁자에게 귀속시키되 신탁 대상이 된 재산의 수익은 시간적으로 연속하는 복수의 수익자들에게 가게 하기를 의도한 것이다. 이러한 피상속인의 의도는 신탁재산이 수익자에게 분배해 줄 수익을 내야 달성될 수 있다. 이로부터 수탁자가 그 임무를 개시할 때 있었던 신탁목적물이 수익을 낼 수 없거나 충분한 수익을 낼 수 없거나 다른 이유로 장기간의 자본투자에 적합하지 아니함을 알게 된 경우 그가 그것들을 양도하고 매매대금을 가치를 유지하고 이자를 받을 수 있는 곳에 투자할 책임이 있음이 도출된다. 어떤 방법으로 이러한 투자를 하여야 할지는 우선은 피상속인이 정한 바로부터 끌어내야 한다; 그러한 것이 없다면 영국의 수탁자는 투자대상으로 얼마 전까지만 해도 1925년 수탁자법(Trustee Act, 1925) 제1조(s. 1)에서 든 유가증권만을 택할 수 있었다: 이자부 국채, 국가가 감독하는 철도회사의 사채, 지방채 등.

이러한 규율에 대하여는 비판이 있었다. 이는 무엇보다도 지난 수십 년 간 바로 국채와 유사한 "우량채권(gilt－edged－securities)"이 **[58]** 화폐가치하락의 영향을 특히 크게 받았다는 사정 때문이다[70]. 때문에

---

69) 그러나 예컨대 *Scott* § 6 참조: 그에 따르면 상속분과 관련하여서는 수탁자, 나머지와 관련하여서는 여전히 유언집행자일 수 있다.

70) 이에 대하여는 *Keeton* (註 50) 11 ff.; Report of the Nathan Committee

수탁자에게 투자하여야 할 신탁-재산의 절반을 공개시장에서 유통되는 유가증권에 투자할 수 있게 하는 법률이 최근 시행되었다[71].

미국에서 이러한 문제는 개별 주 입법에 의하여 규율된다. 따라서 그 해결도 다양하다[72]. 여러 주에서 헌법이 수탁자가 신탁재산을 상인적 기업에 투자하는 것을 허용하는 법률을 제정하는 것을 금하고 있다. 다른 주에서는 종래의 영국식 체제를 따라 투자할 수 있는 유가증권을 열거한다(numerus clausus). 그러나 오늘날 이미 30개 이상의 주에서 적용되고 리스테이트먼트(Restatement)도 받아들인 "신중한 사람 규칙(prudent man rule)"이 대두하고 있는 중이다[73]. 이는 수탁자가 합리적인 사람의 의무합치적 재량에 따라 투자대상을 자유롭게 선택할 수 있다고 한다. 그러나 의무합치적 재량이 무엇인지, 특히 합리적인 사람이라면 여전히 어떤 유가증권이 허용되는 자본투자라고 볼 것인지에 대하여는 견해가 일치하지 아니한다[74].

§ 30. 연속적 수익자들(successive beneficiaries)

유언신탁을 설정함에 있어, 앞서 본 바와 같이, 피상속인은, 복수의 사람들에게 하나의 재산에 대하여 특정한 권리들을 나란히 부여할 수 있다. 이러한 사람들에 속하는 것으로 특정 시간 동안 또는 살아 있는 동안 신탁목적물에 대한 형평[법]상의 이익을 부여받은 사람들을 들 수 있다. 이 이익이 권리자에게 살아 있는 동안 부여된다면 - 이것이 가장

---

on Charitable Trusts, Cmd. 8710 참조.

71) 1961년 수탁자투자법(Trustee Investments Act, 1961) (9 and 10 Eliz. 2, ch. 62).

72) 이에 대하여 더 자세한 것은 Law and Contemporary Problems 5 (1938) 339−429에 수록된 여러 논고들 참조.

73) § 227.

74) *Scott* § 227; U. of Chi. L. Rev. 18 (1950/51) 92, 97 ff. (노트) 참조.

흔한 경우인데 - 이를 "종신이익(life interest)"이라고 한다; 권리자는 종신수익자(life beneficiary)라고 부른다. 그러나 그와 함께 이른바 "잔여권자(remaindermen)"나 "잔여권 수익자(beneficiaries in remainder)"도 신탁재산에 대한 권리를 가질 수 있다: 이들은 상속개시로 우선 기대권을 취득하며, 이 권리는 그에 앞서는 "종신이익"이 소멸한 뒤 비로소 수탁자에 대하여 신탁-수입의 지급 또는 신탁-재산의 반환을 청구할 권리로 고양된다. 이러한 상황에서 서로 충돌하는 일이 자주 생기는 종신 수익자와 잔여권자의 이익을 어떻게 조정할지를 규율하는 법규범이 있어야 함은 분명하다. 이러한 법규범의 준수는 수탁자의 과제이다.

[59] 예컨대 피상속인이 유언에서 수탁자에게 상속재산 중 토지를 매도하고 그 대가를 자유재량에 따라 유가증권에 투자하여 이를 그 처가 살아 있는 동안은 그 처를 위하여 보유하되, 그 처가 사망한 뒤에는 전체 신탁 대상 재산을 그 아들에게 반환하여야 한다고 정하였다면, 남겨진 처는 "종신이익"을 받으므로 수탁자가 매매대금을 수익성 좋은 유가증권에 투자하는 것이 이익이다. 반면 그 아들은 잔여권자로서 우선은 원본손실 위험이 적은 유가증권에 투자하는 것이 더 좋은데, 이는 종종 더 낮은 수익을 대가로 한다. 여기에서 수탁자는 정당한 이익형량을 수행하여야 한다. 이에 대하여는 판례상 이미 많은 선례가 있다[75].

비슷한 문제는 특허권이나 광업권이 상속재산에 포함되어 있을 때에도 제기된다. 이러한 권리가 "종신이익"의 보유자를 위하여 우선은 높은 수익을 제공할 수는 있다. 그러나 몇 년 뒤 또는 몇 십년 뒤 기술발전이나 광산의 매장량 고갈로 이 권리의 가치가 현저하게 하락한 결과 잔여권자가 빈 손이 될 수 있다. 유언에서 달리 정하지 아니하는 이상, 그러한 경우 수탁자는 이 권리를 매도하고 그 대가를 권한을 부여받은 범위 내의 유가증권에[76] 투자할 의무가 있다(*Howe v. Dartmouth* 사건

---

75) *Lewin* 358 ff. 참조.
76) 위 註 71 참조.

판결의 규칙77)).

신탁재산에 장래 어떤 사건이 발생하거나 일정한 기간이 경과하여야 비로소 완전한 권리가 되고 이 시점부터 비로소 수익을 내는 기대권이 포함된 경우도 마찬가지로 판단되어야 한다. 여기에서 수탁자는, 유언에서 피상속인의 반대의사를 끌어낼 수 없는 한, 신탁목적물에 대하여 "종신이익"을 가진 자의 이익을 위하여 그 기대권을 매도하고 그 대가를 투자할 의무를 진다.

Howe v. Dartmouth 사건 판결의 규칙78) 또는 피상속인의 명시적 지시에 따라 목적물을 매도하여야 한다면, 그 매도를 미루는 것이 바람직할 때에도, "종신이익" 보유자에게는 수탁자가 매도를 즉시 수행하고 그 대가를 권한을 부여받은 범위 내의 유가증권에 투자하였을 때 지급되었을 바를 신탁소득으로 즉시 지급하여야 한다.

끝으로 신탁재산의 관리, 보유 및 개선을 위하여 필요한 비용지출을 재산의 원본, 그리하여 **[60]** 잔여권자의 부담으로 할지, 신탁소득, 그리하여 "종신이익"의 보유자의 부담으로 할지 정하여야 할 때에는 어려운 문제가 발생한다. 예컨대 사채를 액면(pari) 미달로 발생하는 것이 잔여권자에게 유리한지, 할인액을 소득으로 분배할지, 신주인수권과 이른바 주식배당(stock dividend)이 신탁재산인지 아니면 신탁소득인지, 배당금이 후에 피상속인의 채무를 변제하는 데 쓰인 주식에서 나온 것인 이상 그것도 "종신이익"의 보유자에게 지급되어야 하는 것인지79) 등이 그것이다.

---

77) *Howe v. Earl of Darthmouth* (1802), 7 Ves. 137.
78) 前註 참조.
79) *Scott* § 233.1; *Keeton* 306 f. [Rule in *Allbusen v. Whittell* (1867) L.R. 4 Eq. 295].

§ 31. 신탁법의 현대적 발전

메이틀랜드(*Maitland*)는 19세기에는 "거의 모든 부유한(well‒to‒do) 사람은 수탁자가 되었다"고 보고한다[80]; 그리고 사실 빅토리아 시대의 피상속인은 그의 수탁자를 선택함에 있어 어떤 극복할 수 없는 어려움 에도 처하지 아니하였을 것이라고 상상해도 좋다. 그의 친구들 중에서 "19세기 영국의 공립학교 배경을 갖고 있는 중상층에 속한 사업가의 뚜렷한 특징인 상당한 수준의 훌륭하고 냉정한 판단력을 갖추고 있을" 명망 있는 사업가를 찾기가 쉬웠다.[81]

오늘날의 상황은 근본적으로 다르다. 영국 신탁법의 최고 전문가 중 하나인 *키튼*(*Keeton*)은 지난 수십 년간 영국 사회구조의 변화가 이 영 역에도 영향을 주었다고 한다[82]. 그 결과 "현재의 경향이 별다른 견제 없이 계속된다면 신탁법이 과부산권(寡婦産權 widow's dower)처럼 시대 에 뒤떨어진 법이 되는 것을 예상할 수도 있다"는 결론에 이르렀다.[83]

신탁법의 현대적 전개를 특징짓는 것은 법인수탁자의 대두이다[84]. 영국 판례가 법인은 "살아 있는 것이 아니고 … 죽은 몸에 신뢰 (confidence)가 부여될 수 없기에" 수탁자가 될 수 없다고 한 시기는 오래 전에 지났다.[85]

오늘날에는 과거 법인이 수탁자로서 활동하는 것을 막았던 법적 불 이익이 제거되었을 뿐 아니라 특히 "법인수탁자(corporate trustee)"-은 행이나 이 목적을 위하여 따로 설립된 신탁회사(trust companies)-가 많 은 점에서 심지어 "개인수탁자(individual trustees)"보다 더 유리한 위치

---

80) *Maitland* (제1장 註 21) 175.
81) *Keeton* (註 50) 8.
82) 위 註 70 참조.
83) *Keeton* (註 50) 11.
84) 이에 대하여는 흥미로운 책인 *Marsch,* Corporate Trustees (1952) 참조.
85) *Dillon v. Fraine* (1595), Popham 70, 72 (*Scott* § 96에서 인용).

에 있다[86]. 오늘날 **[61]** 고마워하지도 아니하고 어려우며 위험한 수탁자의 직무를 맡을 생각이 있는 사람을 찾기는 힘든 반면[87], 법인수탁자를 선택하는 데는 특별한 이익이 있다: 법인수탁자는 무한한 수명을 갖고 있고 절대적 지급능력을 제공하며 신탁에 결부된 거래들, 특히 토지관리와 자본투자를 오늘날의 입법과 경제상황의 복잡성에 비추어 개인은 더는 거의 할 수 없을 정도로 전문적이고 신중하게 수행할 수 있는 것이다. 영미 판례가 자연인보다 법인에게 수탁자의 주의와 관련하여 더 높은 수준을 요구하는 경향이 있다는 점도 이에 부합한다[88].

법인수탁자의 발전은 - 몇몇 선례를 제외하면 - 1906년 영국에서 법률에 의하여 공공수탁자(Public Trustee)청이 신설됨으로써 시작되었다. 이 제도는 이를 위한 국가관청을 만들어 피상속인이 지정하면 신탁관리에 있어서 임의적인 사적 수탁자와 같은 권리와 의무를 지게 함으로써 소규모 신탁재산을 맡을 수탁자의 부족을 구제하는 데 그 목적이 있었다[89].

공공수탁자청은 오늘날에도 영국에 존재한다; 그럼에도 불구하고 신탁거래는 점점 더 - 소규모의 재산의 경우에도 - 대규모 은행에 넘어갔다[90]. 이는 한탄할 일일 수도 있고 아닐 수도 있다: 이전에는 "링컨즈인필즈(Lincoln's Inn Fields)에서 그의 증서상자에 둘러싸여 있는, 거드름 피우는 가족사무변호사(family solicitor)"의 신인(信認, Vertrauens-)행위였던 것이[90a], 오늘날에는 점점 더 큰 은행의 신탁 담당 부서에 의하여 처리되고 있다; 유서 깊은 학교 출신의 수탁자의 고귀한 의무

---

86) 어쨌든 영국에서는 그러하였다; *Phillips* and *Jenkins*, Executorship and Trusts ² (1948) 289 f. 참조.

87) 그 이유는 키튼(*Keeton*)이 그의 탁월한 저서, "The Selection of Trustees" (註 50) 1 ff.에서 설명하고 있다.

88) *Keeton* (註 50) 7 ff.; *Lowndes*, Journal of Business Law 1958, 339 참조.

89) 그에 대하여 상세한 것은 *Phillips* and *Jenkins* (註 86) 321 ff.

90) *Marsch* (註 84) 283 및 Appendix IV (302) 참조.

90a) *Weiser* 14.

(nobile officium)가 이제는 주식회사의 신탁 사업이 된 것이다.

미국에서 법인수탁자로 이행하는 경향은 아마도 영국에서보다 훨씬 더 뚜렷할 것이다: "개인수탁자를 여전히 볼 수 있기는 하나, 그들은 점점 더 드물어지고 있다."91) 나아가 두 관점에서 특별한 발전을 관찰할 수 있다.

여기에서는 먼저 공동신탁펀드(common trust fund)의 설정을 들 수 있다. 법인수탁자들은 종종 작은 규모의 신탁재산 수천 개를 관리한다. 여기에서 이들 재산 각각을 따로따로 유가증권에 투자하고 분리하여 관리하여야 한다면 이는 매우 수고스럽고 비용이 많이 드는 일이 될 것이다. 그리하여 법인수탁자는 개개의 신탁재산을 하나의 펀드, [62] 즉 공동신탁펀드로 합치고, 특별재산으로 독립하여 관리하며 유가증권이나 기타 담보에 투자하게 되었다. 특별재산의 수익은 수익자에게 전체 펀드의 가치에 대한 그의 지분비율에 따른 금액만큼 배분된다92). 이는 수익자에 대하여 (투자신탁 investment trust의 원칙에 따른) 위험분산의, 법인수탁자에 대하여 다수의 신탁재산의 저렴한 관리의 이점을 갖는다.

미국에서의 발전의 또 하나의 특징은 한편으로는 광범위한 "생명보험수익권 신탁(trusteeing of life insurance policies)" 실무에, 다른 한편으로는 "생명보험신탁(life insurance trusts)"의 설정에 있다. 두 경우 모두 생명보험금은 보험계약자의 가족구성권의 보장을 위하여 쓰인다93).

---

91) *Lowndes* (註 88) 322. 또한 *Scott* Harv. L. Rev. 50 (1936) 61 ff. 참조.
92) 이 체제는 신탁법의 규칙과 그 자체 모순된다. 신탁법의 규칙에 따르면 수탁자는 그가 관리하는 복수의 신탁-재산을 서로 분리하여 보관할 의무가 있기 때문이다. 이는 수탁자가 설정자로부터 이에 필요한 수권을 받음으로써 회피될 수 있다. 게다가 미국 대부분의 주에서는 공동신탁펀드의 설정에 관한 개별사항을 규율하는 법률이 제정되어 있다. 그에 대하여는 *Scott* § 227.9; *Marsch* (註 84) 232 ff.; *Lowndes* (註 88) 333 ff. 및 Law and Contemporary Problems 5 (1938) 430–461에 실린 여러 논고들 참조.
93) 그에 대하여 개별적인 것은 *Scott* § 57.3; *Bogert* § 235 ff.

"생명보험수익권 신탁(trusteeing of life insurance policies)"의 경우 보험계약에서 보험금이 보험계약자의 가족구성원이나 수탁자에게 지급되는 것이 아니라 보험자에게 유보되어 그 자신이 일정 금액의 정기금을 우선은 보험계약자의 처가 살아 있는 동안은 그 처에게, 그가 사망한 뒤에는 미성년의 자녀에게 지급하고, 그가 성년이 되면 가령 남은 보험금을 배분해주는 것으로 정한다[94].

사실 후자의 경우 그러한 합의를 통하여 널리 신탁과 같은 결과를 만들어 내기는 하나, 법기술적 의미에서는 더는 신탁설정이라고 할 수 없다[95]. 따라서 이 경우에는 신탁이 존재하지 아니한다. 보험금을 보험자가 별도의 신탁재산으로 [63] 관리하는 것도 아니고, 별도의 공동신탁펀드의 틀 안에서 관리하는 것도 아니기 때문이다. 보험계약자의 근친(近親)과 보험자 사이에는 오히려 단순한 채권자-채무자-관계가 있는 것이다. 그럼에도 미국 판례는 여러 신탁규칙을 이러한 법률관계에 유추하고 있다[96].

그렇게 함으로써 신탁과 채권관계 사이의 경계가 유동적이 되기 시작하였다는 점은, 더 자세히 살펴보면, 전혀 놀랄 일이 아니다. 신탁법의 현대적 발전과 관련하여서는 비교법학자에게 다음과 같은 질문이 강하게 떠오르기 때문이다: 신탁-관리가 점점 더 무한한 지급능력을 가진 대기업의 손에 넘어간다면, 수탁자가 신탁위반의 처분을 한 경우 신탁수익자에게 특히 강력한, 제3자에 대하여도 효력이 있는 법적 보호를 부여하는 신탁법의 저 규범들이 의미를 잃게 되지 않을까? 해당

---

94) *Scott* § 87.1; Yale L. Rev.36 (1926/27) 394 ff. (Anm.).
95) 두 형상의 비교는 *Lowndes* (註 88) 336 ff 및 *Bogert* § 237.
96) *Scott* § 87.1: "보험회사가 기술적으로 수탁자라기보다는 채무자라 하더라도, 그것은 결코 채무에 적용되는 통상적인 규칙을 따르지 아니한다. 또한 신탁에 적용되는 통상적인 규칙이 적용될 수 없는 것도 아니다 … 제기된 질문을 정확하게 고려하고 통상의 채무를 유추할지 통상의 신탁을 유추할지를 정할 필요가 있다." 또한 *Bogert* § 240도 참조.

수탁자-대규모은행이 신탁위반에 대하여 사실상 무제한적 책임을 질 때에는, 신탁수익자에게 그의 법적 지위가 형평[법]상 소유자로서 준-물권적으로 형성되었는지 여부가 중요하지 아니할 수 있지 않을까? 그리하여 법현실상, 저 유명한, 많은 비교법학자들이 이 제도를 대륙법에 계수하는 것이 그토록 바람직한 것으로 보게 한, 신탁/트러스트(trust)와 피두키아(fiducia)의 구별의 의미가 감소하게 되지 않을까?

2. 공익목적의 재산출연의 수단으로서 신탁

§ 32. 목적출연의 기능

유언시 피상속인이 반드시 그가 사망한 뒤에 상속재산을 가족구성원이나 다른 개인에게 주려는 희망을 가질 이유는 없다. 그가 그 대신 그의 재산의 전부 또는 일부를 특정 *목적*을 위하여 출연하고자 할 수도 있다. 이러한 경우에도 목적규정은 끝에 이르면 개인의 이익이 되는 일이 흔하다: 가령 피상속인이 그의 상속재산을 그가 태어난 곳에 학교를 짓는 데 헌납할 때 그러하다. 그러나 여기에서 수익자의 범위는 특정되어 있지 아니하고 기껏해야 특정 가능할 뿐이다; 그리고 많은 경우 그조차도 할 수 없다: 예컨대 **[64]** 피상속인이 그의 상속재산이 "그의 사랑하는 조국, 대영제국을 위하여"[97] 쓰여야 한다고 정한 경우에 그러하다.

이처럼 피상속인이[98] 그의 상속재산을 특정 목적에 헌납한 사안에

---

97) *Nightingale v. Goulborn* (1848), 2 Ph. 594 (*Keeton* 149에서 인용).
98) 그러한 신탁은 살아 있는 사람들 사이의 법률행위에 의해서도 사인처분(死因處分)에 의해서도 설정될 수 있다. 단순화를 위하여 설정자가 *피상속인*이라고 전제한다.

서도 보통법은 신탁이라는 법적 형식을 이용한다. 피상속인은 여기에서 재산대상을 여러 수탁자에게 출연하면서 그들이 이 재산을 주어진 헌납목적에 따라 사용할 의무를 지게 한다. 피상속인은 이 사용이 어떻게 이루어져야 할지 개별적으로 정할 수 있다. 그는 예컨대 수탁자가 일정 금액을 그 재량에 따라 특정 종류의 자선 조직에 나누어 주도록 정할 수 있다. 수탁자가 돈 내지 유가증권이나 다른 재산대상을 오랜 기간 관리하고 그때그때 수익만을 특정 목적에 쓰거나, 신탁재산으로 시설, 가령 운동경기장이나 학교, 병원 등을 건축한 다음 이를 신탁적으로 관리하는 사례가 흔하다.

이러한 신탁은 신탁목적물이 특정한, 피상속인에 의하여 유증을 받은 개개인을 위하여 관리되는 것이 아니라 – 이에 대하여는 앞 절에서 이야기하였다 – 그 재단이 피상속인이 정한 목적의 달성 또는 촉진을 위하여 쓰이는 것으로, 그 신탁목적물이 공익적 목적에 쓰일 때에는, 일련의 특별한 규칙의 적용을 받는다 (자선신탁 charitable trust).

이러한 특별규칙은 무엇보다도 다음과 같다:

a) 영구[구속]금지의 원칙이 자선신탁에서는 일정한 범위에서 완화된다[99]. 특히 자산신탁의 재산을 수탁자가 공익목적을 위하여 무한한 시간에 걸쳐 관리할 수 있다. 오늘날 영국에 존재하는 약 10만 개의 자선신탁 중 약 1/4이 100년 이상 된 이유이다[100].

b) 그러한 신탁재산의 수익은 소득세납세의무가 없다[101]. "자선(charitable)" 개념의 정의가 다투어진 대부분의 사안의 소송당사자가 과세관청인 이유이다.

c) 자선신탁에만 적용되는 특별한 해석규칙과 법관의 형성가능성이 존재한

---

99) 그에 대하여는 *Keeton* 174 f. 및 상세하게는 *Nathan*, Equity through the Cases 3 (1955) 251 ff. 참조.
100) *Logan* Mod. L. Rev. 16 (1953) 343, 344.
101) 영국: 1952년 소득세법(Income Tax Act, 1952) (15 and 16 Geo. 6, c. 10) 제447조, 제448조(ss. 447 f.); 미국: *Scott* § 348.4 (註 1).

다. 이에 대하여는 § 34에서 설명한다.

§ 33. 자선신탁(charitable trust)의 정의

[65] 어떤 요건이 갖추어지면 자선신탁(charitable trust)이 인정되는가 하는 점은 그 실천적 의미를 무시하고서는 – 보이는 것처럼 – 보통법 법률가에게도 쉽게 답할 수 없는 문제이다. 영국의 저술가도 그러한 한 신탁법을 "입성할 수 없는 정글"[102], "황야"로[103), "자선의 혼란상태"[104]라고 표현하였다.

판례의 출발점은 1601년의 자선유즈법(Statute of Charitable Uses)의[105] 전문(前文)이었다. *맥노튼 경(卿)*(*Lord Macnaghten*)은 *Commissioners of Income Tax v. Pemsel* 사건 판결에서[106) 이에 구속력을 부여하였다. 본질적으로 리스테이트먼트(Restatement)의 기초이기도 한 그 정의에 따르면[107], 자선신탁에는 네 집단이 존재한다:

  a) 빈곤의 부담을 덜어주기 위한 신탁,
  b) 양육과 교육을 진흥하기 위한 신탁,
  c) 종교적 목적의 신탁,
  d) 기타 일반적 복리를 촉진하기 위한 신탁.

영국과 미국 법원은 수백 개의 선례에서 "빈곤", "공익" 등의 개념에 구체적인 내용을 충전하려고 시도하였다. "자선" 개념이 실무상 어떻게 해석되는지를 보이기 위해서는[108) 판례를 간단히 개관할 필요가 있

---

102) *Logan* (註 100) 344.
103) *Bentwich* L. Q. Rev. 49 (1933) 520.
104) *Keeton* (註 50) 80 ff.
105) 43 Eliz., c. 4.
106) [1891] A.C. 531, 583.
107) §§ 368 ff.
108) 미국 법원이 – 보는 바와 같이 – 영국 법원보다 더 대담하다; 그에 대하여

어 보인다; 이를 자세히 살피다 보면 비교법학자는, "이리저리 채이면서도 앞으로 나가는 우리의 경험적 방법"이라는 *메이틀랜드(Maitland)*의 유명한 언명이 떠오르는, 저 영국 법원 판결의 문체/양식의 아름다운 예를 만날 수 있다. 비록 이 사안의 경우 그 결과는 명백히 "지혜를 향한 시행착오"라기보다는 "뒤죽박죽"이었지만 말이다.

첫번째 집단에 속하는 사례는 피상속인이 신탁목적물의 수익을 고아원, 노숙자수용시설, 사회복지협회 등에 출연한 경우이다. 그러나 여기에서 유효한 자선신탁은 늘 최종적으로 그 출연이 가게 될 사람이 실제로 가난하게 살고 있을 것을 전제한다. 양로원과 맹인시설의 경우 이는 통상 제반 사정으로부터 도출된다. 신탁재산이 "60세 이상의 노동자 계급 여성 노인을 위한 무료 숙박시설"을 건립하는 데 쓰인 사안에서는 이것이 긍정되는 반면[109], 수탁자가 "노동자 계급과 그 가족을 위한 주거시설"을 세워야 했던 사안에서는, "노동자 계급 중 많은 사람은, 우리가 아는 바와 같이, 가난하지 아니하다"는 이유로, 이것이 부정되었다[110].

[66] 자선신탁의 두번째 집단은 통상 대학의 교수직, 장학금, 무료급식, 연구기금, 사립학교, 학교수영장 및 학교 크리켓 경기장을 목적으로 한다. 신탁의 수입이 매년 포츠머스(Portsmouth) 청소년을 위한 체스 토너먼트를 개최하는 데 쓰이는 경우[111] 양육을 진흥하는 것이고,

---

는 *Hanbury* U. of Toronto L. J. 2 (1936/37) 50, 64 참조.

109) *Re Glyn Will Trusts* [1950] 66 T.L.R. (Pt. 2) 510.

110) *Re Saunders' Will Trusts* [1954] Ch. 265 – "Knicker-bocker-Trust"도 여기에 해당한다: In *Re Gwyon* [1930] 1 Ch. 255에서 피상속인은 신탁-수입으로 매년 신청을 받아 어떤 지역의 14세 이상의 청소년에게 Knickerbocker 한 짝을 보내주도록 정하였다. Knickerbocker와 관련하여 부유한 부모를 둔 아들들도 수령자격이 있었기 때문에 그 신탁은 자선신탁이 아니었고 따라서 영구[구속]금지의 원칙 위반으로 무효가 되었다.

111) *Re Dupre's Trusts* [1945] Ch. 16 – 그러나 일정 금액을 수탁자에게 출연하여 영어사용인구가 그가 제안한 40자 알파벳 대신 26자를 사용함으로써

신탁재산의 수입으로 동물원을 계속하여 후원하는 경우 교육신탁 (educational trust)이 있는 것이다: "코끼리를 타는 것은 교육적일 수 있다. 어쨌든 그것은 그저 책을 읽고 배우는 것 대신 아이들의 마음에 코끼리의 실재와 그 쓰임을 전해 준다. 그것은 그의 마음을 넓혀준다. 그것은 그러한 넓은 의미에서 교육적이다."112)

종교적 목표 촉진을 위한 자선신탁의 경우 판례상 어려움이 비교적 적은 편이다. 카톨릭 교회와 그 고위직, 모든 종류의 종파, 구세군, 유대교 신앙공동체 및 심지어는 루돌프 슈타이너(Rudolf Steiner)의 신봉자에 대한 출연도 자선이라고 본다. 반면 가르멜수녀회수도원에 대한 증여는 그러하지 아니하다.113)

마지막 집단은, 그것이 유언자의 환상, 많은 경우 그의 독특함을 보여준다는 점을 제외하면, 하나의 이름을 붙이기가 거의 불가능한 다양한 카주이스틱을 포함한다. 채식주의자협회, 동물보호소, 퇴역군인클럽에의 출연, 도로나 공익서비스시설의 건립, 박물관, 도서관, 묘지, 병원, 소방서, 주차시설 등의 설치가 그 예이다. 주목할 점은 판례는 신탁재산이 [67] 정치적 목표, 특히 특정 입법을 추진하는 데 쓰일 가능성이 있을 때에는 통상 자선신탁을 인정하지 아니한다는 것이다114).

얼마나 많은 시간과 돈을 잃는 것인지를 확인하게 한 *조지 버나드 쇼* (*George Bernard Shaw*)의 종의(終意)명령은 무효가 되었다. 단지 법적인 의미에서 흥미로운 것만은 아닌 *Re Shaw* [1957] 1 W.L.R. 729 판결 참조.

112) *Re Lopes* [1931] 2 Ch. 130, 136.

113) 수녀는 질병간호, 포교활동, 교육임무는 하지 아니하고 기도와 묵상을 통하여 신을 경배하며 혼자 살았으므로 귀족원(House of Lords)은 일치하여 모든 자선신탁의 본질(essentiale)로서 공동체에 대한 이익이 존재하지 아니한다고 보았다: 카톨릭 교리에 따르더라도 중보기도는 영혼 일반의 치유를 촉진하는 것이었지만, 이 교리는 "명백히 증명될 수 없는 것"이라고 한다 (*Gilmour v. Coats* [1949] A.C. 426, 446).

114) "정치적 목적을 달성하기 위한 신탁은 늘 무효가 되어왔다 … 법원은 제안된 법의 변화가 공익에 도움이 될지 여부를 판단할 수단을 갖고 있지 아니하기 때문이다" (*Bowman v. Secular Society* [1917] A.C. 406, 442). 또

§ 34. 가급적 가깝게 법리(Doctrine of cy-près)

이미 본 바와 같이 자선신탁의 재산은 수탁자가 피상속인이 정한 자선목적을 위하여 시간적 제약 없이 보유할 수 있다. 그 결과 피상속인이 정한 신탁수입의 사용방법이 시간이 지나면서 점점 더 낡고 비현실적이 될 수 있다. 가령 1643년의 한 유언에서는 신탁재산의 수입이 교회문턱에 있는 켄싱턴 지역의 빈민을 위하여 자선금으로 분배되어야 한다고 정하고 있었다. 그런데 이와 같은 정함은 신탁목적물로부터 나오는 수입이 그 사이 백 배가 되고 켄싱턴이 런던에서 가장 잘 사는 주거지역들 중 하나가 되자 더는 그대로 관철될 수 없게 되었다[115]. 비슷한 문제는 신탁수입이 피상속인이 염두에 둔 자선목적을 달성하기에 처음부터 충분하지 아니하거나 나중에 충분하지 아니하게 된 경우, 상속개시 전이나 후에 수익할 자선시설이 소멸하거나 아예 존재하지 아니한 경우, 신탁목적물의 수익이 목적을 달성하는 데 충분할 뿐 아니라 나아가 심지어 남는 것이 있는데 그 관리에 대하여 피상속인이 정한 바가 없는 경우에도 제기된다.

이러한 사안의 해결을 위하여 영미 판례는 가급적 가깝게 법리(doctrine of cy-près)를 발전시켰다[116]. 그에 따르면 피상속인이 특정

한 귀족원(House of Lords)이, 다른 사정과 함께, 의회의 법률변경을 목표로 하였다는 점을 이유로 사단이 자선 목적이 아니라고 본 *National Antivivisection Society v. Inland Revenue Commissioners* [1948] A.C. 31, 50도 참조. 변화 자체가 대중에게 도움이 되리라고 가정한다면 법질서 자체가 바보스럽게 여겨질 것이기 때문이라고 한다: "… 법은 법 자체가 변하는 것이 공익에 도움이 된다는 입장을 취함으로써 스스로를 변명할 수 없다" (!).

115) 그것이 *Re Campden Charities* [1881] 18 Ch.D. 310의 사실관계였다.
116) 이는 여기에서는 개요만 설명할 수 있다. 그에 대하여는 *Sheridan-Delany*, The Cy-Près Doctrine (1959); *Scott* §§ 395 ff. 및 짧은 개요로는 *Marshall* Mod. L. Rev. 24 (1961) 444, 453.

자선시설에 유증하였으나 그 출연이 위에서 든 이유들 중 하나로 인하여 수행될 수 없거나 더는 수행될 수 없는 경우 법원이 신탁-재산을 이제 피상속인이 당초에 의도하였던 것에 가급적 가깝게, 즉, cy‑près (que possible), 사용하도록 명할 수 있다. **[68]** 그러나 이는 유언해석상 피상속인이 자선목적의 촉진 일반에 관심이 있었다고 보이는 경우에만 타당하다. 반면 피상속인에게 신탁재산으로 저 목적을 그가 정한 방식으로, 그리고 오직 그렇게 달성하는 것이 중요하였다면, 피상속인에게는 "일반적인(general) 자선의 의도"는 없는 것이고, 그리하여 그의 종의처분(終意處分)은 수행할 수 없어 그러한 한 무효가 된다: 수탁자는 신탁-재산을 유언자의 상속인들을 위한 "결과신탁으로" 보유한다.

§ 35. 공동체신탁(community trusts)

미국에서 신탁법의 현대적 발전은 피상속인이 설정한 자선신탁의 관리에 관한 그의 정함이 시간이 지나면서 점점 낡은 것이 되어 생기는 불이익을 피하고자 한다. 가급적 가깝게 법리(cy‑près‑Rule)도 피상속인의 정함이 수행될 수 없거나 완전히 비현실적이 되어야 비로소 개입할 수 있기 때문이다.

이러한 이유에서 미국 여러 도시에는 이른바 "공동체신탁(community trusts)"이[117] 설립되었다. 그 재산은 대부분 복수의 은행과 신탁회사가 공동으로 보유한다. 대중은 – 사인출연(死因出捐)이든 살아 있는 사람들 사이의 출연이든 – 온갖 종류의 출연을 통하여 공동체신탁의 재산에 기여할 것이 권장된다. 이때 기부자는 그의 기여금이 어떤 영역의 공익적 요청에 사용될지 – 가령 스포츠 또는 학교교육의 진흥과 같이 – 정할 수 있다. 신탁재산의 수입은 수탁자와 독립하여 그 시(市)의

---

117) *Bogert* § 330; *Scott* § 358 및 Harv. L. Rev. 50 (1936), 73 참조.

명망 있는 시민들로서 일부는 시장이나 공동체대표가, 일부는 수탁자가 선정한 위원으로 구성된 분배위원회(distribution committee)가 정한다. 이러한 체계에 터 잡아 피상속인은 그가 기부한 돈이 그가 사망한 뒤에 믿을 만한 사람들의 견해에 따를 때 그때그때 우선할 만한 사용목적에 출연될 것임을 기대할 수 있는 것이다. 공동체신탁은 재산이 많지 아니하여 자선신탁을 설정할 수 없는 피상속인에게도 그의 너그러운 성향을 실현할 가능성을 제공한다.

영국에서는 자선신탁 관련 법과 실무에 대한 네이선 위원회(Nathan Committee on the Law and Practice relating to Charitable Trusts)가[118] 비슷한 방향의 제안을 한 바 있다[119].

§ 36. 자선신탁에 대한 국가감독

[69] 자선신탁의 적정한 관리, 특히 피상속인이 정한 바의 정확한 수행은 일반의 이익이다. 그리하여 영국에서는 국왕이 – 그의 최고위 법률조언자인 법무부장관(Attorney General)이 대리하여 – 가부(家父, parens patriae)로서 소(訴)를 제기하여 자선신탁의 적정한 청산을 강제할 수 있다. 미국에서는 마찬가지로 대개 각 주의 법무부장관(Attorneys General)이 그러한 소를 제기할 권한을 갖고 있다[120].

나아가 영국에서는 일정한 예외를 제외하면 모든 자선신탁이 국가의 감독 하에 있다. 이 권한은 세 명의 독립적인 자선위원(Charity Commissioners)에 의하여 – 교육신탁(educational trusts)에 관한 한 교육부장관에 의하여 – 행사된다[121]. 자선위원들은 내무부장관 휘하이다. 그들은

---

118) Cmd. 8710 (1952). 아울러 Current Legal Problems 13 (1960) 22 ff.의 자선에 관한 법 개혁문제에 관한 *Keeton*의 논고도 참조.
119) 그에 대하여는 *Logan* (註 100) 351; *Keeton* (註 50) 107 참조.
120) *Scott* § 391 참조.
121) 그에 대하여는 1960년 자선법(Charities Act, 1960) (8 and 9 Eliz., 2, C.

수탁자의 업무수행을 심사하고 그에 필요한 정보를 수집하며 조사를 지휘하고 경우에 따라서는 법무부장관에게 소 제기를 권고할 권한이 있다. 그들은 신탁재산 관리에 있어서 의무위반에 책임이 있는 수탁자를 해임하고 다른 사람으로 대체할 수 있다. 그들은 은행에게 신탁재산에 속하는 예탁유가증권 또는 은행잔고의 처분을 금하는 지시를 할 수 있다. 마지막으로 그들은 자선위원들에게 중요해 보이는 모든 사정이 포함된 공적인 "자선등록부(register of charities)"를 운영할 수 있다. 수탁자는 매년 자선위원들 내지는 교육부장관에게 신탁재산의 범위와 구성 및 신탁수입과 그 사용을 알 수 있도록 보고서를 제출할 의무를 진다[122].

미국에서는 지금까지 자선신탁에 대한 국가의 감독이 몇몇 주에서만 부분적으로 규율되어 왔다[123]. 그러나 이 문제는 격렬하게 다투어지고 있다[124]; National Conference of Commissioners on Uniform State Laws도 1954년 이미 "통일자선목적수탁자감독법(Uniform Supervision of Trustees for Charitable Purposes Act)"을 채택하였다[125].

3. 다수인을 위한 재산관리의 수단으로서 신탁

§ 37. 일반

[70] 지금까지 다룬 법률행위에 의하여 설정된 신탁의 두 기능과 관

---

58) 및 *Marshall* (註 116) 448 ff. 참조.
122) *Marshall* (註 116) 457 ff. 참조.
123) *Scott* § 391 참조.
124) *Bogert* Mich. L. Rev. 52 (1954) 633; *ders*, N. Y. U. L. Rev. 29 (1954) 1069 참조.
125) Handbook (1954) 100, 167.7.

련하여서는 신탁재산을 파악할 만한 수의 수익자(대부분 피상속인의 근친)를 위하여 관리하거나 특정한 공익목적을 위하여 관리하는 것이 수탁자의 과제였다. 그러나 신탁이라는 법제도는 여전히 제3의 중요한 기능으로 쓰일 수 있다.

현대 경제생활에서는 소수의 사람이 특정한 경제적 목적을 달성하기 위하여 여러 자본제공자들로부터 거둔 재산을 신탁적으로 관리하는 것이 바람직하고 합목적적인 경우가 많다. 예컨대 다수의 투자자들이 재산을 몇몇 경험 있고 전문성 있는 믿을 만한 사람들에게 출연하고 이로써 이 거둔 총액을 위험분산을 위하여 유가증권펀드에 투자하며 자본제공자는 그 출자금액에 비례하여 참여하는 경우를 생각할 수 있다. 이러한 종류의 사안에서 늘 자본제공자들의 공동으로 거둔 총재산에 대한 권리를 법적으로 어떻게 구성할 것인가 하는 문제가 제기된다.

총재산이 하나의 법인에 양도되어 자본제공자들이 (통상은 주식에 화체된) 사원권으로 참여할 수 있음은 당연하다(단체적 해결). 그러나 보통법은 그 이외에 또 다른 해결을 마련하고 있는데, 이것이 여기에서 특히 우리의 관심을 끈다: 신탁을 설정함으로써 자본제공자들이 그의 출연에 대한 [보통]법상 권원(legal title)을 몇몇 수탁자에게 양도하고 그들이 총재산을 신탁목적물로 특정 방식으로 관리하게 할 수 있는 것이다. 자본제공자들에게는 총재산에 대한 형평[법]상의 이익이 남아 있는데, 이는 유가증권에 화체되어 있어 유통될 수 있게 되어 있는 일이 흔하다. 그 내용은 사안마다 다르게 형성될 수 있다. 아래에서는 전형적으로 위에서 언급한 기능으로 신탁을 사용하는 상황 중 몇몇을 간단히 설명한다.

§ 38. 클럽(Clubs)등

앞서 신탁해결로 극복한 다수인을 위한 재산관리의 문제가 무엇보다도 경제생활에서 발생한다고 하였을 때, 이는 전적으로 옳은 말은 아니었다: [71] 예를 몇 개만 들자면, 종교, 학문 또는 예술적 목표를 둔 협회, 스포츠협회, 클럽 및 온갖 종류의 조합(Gesellschaften), 노동조합[126], 증권거래소로 합쳐진 증권거래중개인[127], 법정변호사회(Inns of Court)[128], 이 모든 인적 결사가 법인의 지위를 가지지는 아니하고 따라서 독자적 재산보유자가 될 수 없다. 오히려 그 재산은 수탁자들이 보유한다. 수탁자들은 업무집행자가 지명하거나 그 인적 결사의 이사회가 지명하고 어떤 이유로 제외되면 그때그때 새로운 수탁자로 대체된다. 그들은 이사회에서 정한 바나 사원총회의 결정에 따라 재산을 관리하여야 한다[129].

그러한 인적 결사의 사원 개개인이 단체재산에 대하여 갖는 형평[법]상 이익에는 법적으로 파악할 수 있는 내용이 없다[130]. 사원은 임의의 제3자에게 이를 양도할 수 없고 그의 채권자가 이를 압류할 수도 없으며, 사원이 탈퇴하면 이는 자동으로 소멸하고 어떠한 재산수익의 배분을 구할 권리도 부여하지 아니한다. 기껏해야 청산대금에 참여할 권리가 있을 뿐이다.

그러나 이 점을 불편하게 여기는 사람은 없다. *메이틀랜드(Maitland)* 는 그의 탁월한 저서 "Trust and Corporation"에서[131] 이러한 신탁해결의 어마어마한 실용성이 영국 법학이 이전부터 인적 결사의 개념과 본질에 관한 대륙의 도그마틱에 상당히 둔감했던 이유라고 지적하였다. 사실 누가 – 실천적으로 볼 때 – 다수인을 위하여 존재하는 그 재

---

126) *Handbury* (제2장 註 38) 101 ff. 참조.
127) *Lloyd*, The Law Relating to Unincorporated Association (1938) 22.
128) 그에 대하여는 *Maitland* (제1장 註 21) 189 ff.; *Lloyd* (前註) 51 f.; *Roth* (서문 註 6) 164 ff. 참조.
129) *Handbury*, Laws of England (Simonds Edition) V 266 f. [Clubs]; *Lloyd* (註 127) 165 ff.
130) *Maitland* (제1장 註 21) 196 f.; *Lloyd* (註 127) 20 f., 174 ff.
131) (제1장 註 21) 141 – 222.

산의 - 법적 관점에서의 - 보유자인가에 대한 의심을 배제한다면, 그 재산이 실은 "실재하는 단체인"에게 귀속하는지 아니면 "향유자의 총체"에 귀속하는지 아니면 그것 자체가 "목적재산"으로서 법인인지에 관하여 고민할 가치도 훨씬 더 적을 것이다[132]: "그리고 그러므로", 메이틀랜드(*Maitland*)는 말하기를[133], "[수탁자라는] 벽이 잘 수리되어 유지되는 한, 우리 영국 법 도그마틱은 뒤에서 벌어지고 있는 일에 대한 이론을 아예 갖지 못하거나 완전히 부적절한 이론을 가질지도 모른다. 이렇게 말하는 것이 부끄러운 일이기는 하나, 우리는 법이론의 석화(石化)활동을 우려하는 것이다."[134]

§ 39. 사업신탁(business trusts)

[72] 사업신탁(business trusts)은 자본제공자들이 재산을 수탁자에게 이전하면서 수탁자가 그 도움을 받아 자본제공자들(수익자들)을 위하여 특정 영업을 운영하게 하는 것을 말한다. 자본제공자들의 권리는 언제든지 양도할 수 있고 문서(신탁증서 trust certificates)에 화체되어 있다. 설립 문서(신탁선언서 declaration of trust)에는 수탁자의 선임과 해임 및 그의 업무수행에 대한 감독과 통제를 위하여 수익자들에게 어떤 권한이 부여되어 있는지에 관한 보다 구체적인 규정이 포함되어 있다. 수탁자가 업무수행의 범위 내에서 발생시킨 채무에 대한 수익자들의 책임은 신탁재산에 대한 그들의 지분으로 제한된다[135].

---

132) *Enneccerus – Nipperdey*, Allgemeiner Teil des Bürgerlichen Rechts [15] (1959) § 103 Anm. 2 참조.

133) *Maitland* (제1장 註 21) 189; 또한 *Friedman*, Legal Theory [4] (1960) 472 도 참조.

134) *Lloyd* (註 127) 19 ff.도 참조.

135) 개별적인 것은 *Dunn*, Trusts for Business Purposes (1922); *Thompson*, Business Trusts as Substitutes for Business Corporations (1920); *Borgert* §§ 291 ff.; *Magruder* Col. L. Rev. 23 1923) 423 ff.; *Roth* (서문

사업신탁은 제1차 세계대전 전 매사추세츠(Massachusetts)에서 처음으로 대규모로 설립되었다[136]. 이들은 처음에는 무엇보다도 토지거래에 전념하였는데, 매사추세츠 법률상 이러한 목적의 법인(corporation)의 설립이 허용되지 아니하였기 때문이었다. 그러나 그 뒤 사업신탁은 미국의 다른 주에서도 이용되었다. 이전처럼 그들은 주로 토지거래에 쓰였다. 전형적인 사례는 가령 자본제공자들의 재산으로 수탁자가 큰 규모의 토지를 취득하고 도로와 공공서비스에 투자하고 주택을 신축한 다음 개별 필지를 양도하는 것이다. 그러나 사업신탁은 온갖 종류의 상거래 및 제조기업에도 이용되고 있다.

사업신탁이 선호되는 것은 무엇보다도 그것이 법인의 설립과 결부된 몇몇 불이익을 피할 수 있게 해 준다는 사실 덕분이다. 특히 법인에 대하여 적용되는 대차대조표와 손익계산서의 공시에 관한 법률규정을 회피할 수 있다; 여러 주에서 이른바 "블루스카이법(blue sky laws)" (유가증권 발행에서 일반투자자가 보호를 위한 규정들)을 법인에만 적용하고 사업신탁에는 적용하지 아니한다. 끝으로 사업신탁에는 세제상의 이점도 있다.

그러나 사업신탁의 인기는 천천히 수그러들고 있는 것처럼 보인다. 이는 아마도 판례와 입법이 점점 더 사업신탁과 법인을 중요한 지점에서 서로 같이 다루어 사업신탁 설립에의 유인을 피하고 있다는 점에 기인할 것이다.

§ 40. 투자신탁(investment trusts)

註 6) 172 ff. 또한 *Ryan* 267 ff.; *Serick* RabelsZ 23 (1958) 624, 635 ff.도 참조.

136) 그 때문에 사업신탁을 종종 "매사추세츠 신탁(Massachusetts Trust)"이라고도 한다.

[73] 투자신탁(investment trusts)은 다수인을 위하여 재산의 총체를 관리하는 데 신탁을 이용하는 또 다른 중요한 사례이다.

잘 알려진 바와 같이 투자-저축(Investment-Sparen)이라는 발상은 다수의 자본제공자들이 재산을 모아 전문가적 관점에서 유가증권에 투자하고 자본제공자들을 위하여 관리하는 것이다. 그렇게 함으로써 가격위험과 수익기회의 분산을 달성할 수 있다: "투자자는 그의 달걀 전부를 한 바구니에 담지 아니한다. 그리고 그는 여러 바구니를 고를 때 정직한 조언의 … 도움을 받는다."137) 여기에서 중요한 점은 자본제공자의 권리가 양도 가능하고 문서(투자증서 investment certificate)에 화체되어 있다는 것이다. 문제는 투자자를 위한 유가증권 포트폴리오의 관리를 법적으로 어떻게 조직하여야 하는가 하는 것인데, 실무에서는 여러 답이 있었다.

투자신탁의 역사적으로 가장 오래된 형태는 이미 19세기 말 영국과 스코틀랜드에 흔했고138) 오늘날에도 여전히 미국에서 흔한 것으로 수탁자가 유가증권 포트폴리오를 자본제공자를 위한 "신탁으로" 보유하는 것이다. 이때 자본제공자는 - 법적으로는 - 수익자가 된다. 투자할 돈을 어떻게 투자할지 및 시간이 지남에 따라 유가증권펀드의 구성을 어떻게 변경할지에 대하여는 수탁자가 스스로 결정한다. 여기에서 이는 수익자에 의한 일정한 통제를 받는다. 이때에는 기본적으로 앞서 언급한 사업신탁의 일종일 뿐이다.

미국에서 오늘날 지배적인 것은 다른 형태의 투자신탁이다. 여기에서는 유가증권 포트폴리오를 수탁자가 보유하지만, 오직 투자회사(investment corporation)을 위해서만 그러하다. 이는 그 기초가 되는 형평[법]상 이익을 시장에서 유통될 수 있을 만한 단위로 나누어 그것을 - 투자증서에 화체하여 - 자본투자자들에게 양도한다. 그러나 널리 유

---

137) *Borgert* § 249.
138) *Gower*, Modern Company Law (1954) 229 ff.; *Ryan* 274 ff. 참조.

가증권펀드의 관리는 투자회사가 한다. 수탁자에게 그 펀드의 유가증권의 매수와 매도를 지시할 수 있는 것도 그이다. 1932년 이래 영국에서도 "유닛 트러스트(unit trust)"라는 이름으로 이러한 형태의 투자신탁을 볼 수 있다[139].

끝으로 – 무엇보다도 영국에서 널리 퍼진 – 투자신탁의 형태가 하나 있는데, 이는 실은 더는 법기술적 의미에서의 신탁이라고 할 수 없는 것이다. [74] 여기에서는 말하자면 법인이 유가증권펀드의 보유자이고, 자본투자자들은 사원권으로 그에 참여한다. 따라서 여기에서는 다수인을 위하여 재산 관리를 조직하는 데 신탁해결이 아니라 단체해결이 쓰인 것이다

§ 41. 사채신탁(debenture trusts)

기업이 자본시장에서 자금조달을 위하여 무기명사채를 발생하는 경우 유가증권 보유자의 채권은 통상 사채채무자의 토지에 대한 물권으로 담보된다. 미국과 영국에서는 그러한 담보권(대부분은 양도저당 mortgage)을 개개의 유가증권 보유자에게 지분적으로 귀속시키지 아니하고 오히려 블록으로(en bloc) 수탁자에게 양도하여 그가 그때그때 유가증권 보유자 전원을 위하여 관리하게 하는 것이 확고한 실무이다. 이러한 경우에는 거의 예외 없이 법인, 통상은 은행과 신탁회사가 수탁자로 기능한다[140].

사채신탁(debenture trust)의 설정에 대하여는 증서가 발행되는데, 여기에는 수탁자가 어떤 조건 하에 사채채무자에 대한 담보권을 실현하고 그 처분대가로 채권자들을 만족시켜야 하는지에 관하여 구체적으로

---

139) *Gower*, a.a.O.; 상세한 것은 *Phillips* and *Jenkins* (註 86) 333 ff. 참조.
140) *Keeton* 37 f.; *Phillips* and *Jenkins* (註 86) 327 ff.; *Borgert* § 246; *Roth* (서문 註 6) 226 ff.; *Ryan* 280 ff. 참조.

기재되어 있다. 거기에는 그가 담보목적물의 교환을 승인할 수 있는 범위와 사채권자집회를 소집하여야 하는 경우도 정해져 있다. 수탁자는 나아가 담보목적물에 적정한 보험을 가입시키고 사채채무자가 이를 잘 보관하게 할 책임이 있다.

이러한 구성에 따를 때 수탁자는 물권적 담보권의 [보통]법상 권리자(legal owner)가 된다; 그러나 사채에 화체된 채권적 청구권은 사채권자에게만 귀속한다. 그러나 이 채권적 권리마저도 수탁자에게 양도되는 일이 종종 있다: 가령 사채채무자가 지급무능력이 되면 – 종종 은행의 지도 하에 – 채권자보호위원회(bondholders' protective committee)가 구성되고 나머지 유가증권 보유자들에게 그들의 권리를 위원회를 수탁자로 하여 양도해달라고 공개적으로 권유하는 일이 흔하다[141]. 그리고 나서 위원회는 지급무능력인 기업과 교섭에 들어가, 지급유예에 합의하고, 기업회생을 진행하거나 다른 적합한 조치를 취한다. 그러나 여기에서도 문서에서 사채채무자와 사이에 효력을 발생시키기 위하여 채권자집회의 동의가 필요한 합의가 무엇인지 미리 정확히 규율하고 있다.

§ 42. 의결권신탁(voting trusts)

[75] 일반적인 언어관용상 독일에서 신탁(trust)은 대부분 경쟁제한 또는 경제력 집중을 목적으로 서로 구속되어 있는 기업집단을 뜻한다.

실제로 미국에서 지난 세기 전환기 신탁이 그러한 목적의 의결권신탁(voting trust)의 형태로 쓰인 바 있다. 의결권신탁에서는 말하자면 하나 또는 여러 주식회사의 주주들이 그 주식을 수탁자에게 양도하고 그가 [보통]법상 권리자(legal owner)로서 그 주식에 화체된 권리의 전부, 특히 의결권을 행사하되, "형평[법]상" 배당금과 기타 수익을 신탁수익

---

141) *Borgert* § 247.

자에게 전달해줄 의무를 진다[142]. 수탁자가 이러한 방법으로 복수의 경쟁 회사 주식의 다수의 보유자가 되면, 그의 지도 하에 이제부터 판매지역, 생산량 및 생산프로그램의 배분이 이루어질 수 있다. 유명한 1882년 록펠러(*Rockefeller*)의 스탠다드오일 트러스트(Standard Oil Trust)가[143] 이러한 방식으로 작동하였고, 당시 다른 영역에서도 이를 빠르게 모방하였다.

그러나 그 제1조에서 "거래를 제한하는 모든 계약, 신탁(trust)이나 여타의 형태로 이루어진 결합(combination), 공모(conspiracy)"가 불법이라고 선언한 1890년 셔먼 법(Sherman Act)이 제정된 이래 독점형성이나 경쟁제한을 목적으로 법기술적 의미의 신탁을 사용하는 일은 퇴조하였다. 오늘날 이를 위해서는 회사형식을 택하거나[144], 즉, 지주회사를 설립하거나 경쟁기업을 합병하거나, 계약에 의하여 경쟁을 제한하려고 시도하고 있다. 이제는 대응하여야 할 기업결합이 본래의 의미의 신탁으로 설정되는 일은 드문 데도 불구하고 영어권 국가들에서는 "반-트러스트/신탁-법"이라는 표현이 계속 쓰이고 있다.

---

142) 의결권신탁에 대하여 상세한 것은 *Fletcher*, Cyclopedia of the Law of Private Corporation, Vol 16 (1942); *Borgert* § 251 참조.

143) 여기에서는 북아메리카 여러 주에 걸쳐 많은 수의 소규모의 석유회사들을 합쳐 그때그때 오하이오(Ohio) 스탠다드오일 사(Standard Oil Company), 뉴욕(New York) 스탠다드오일 사, 뉴저지(New Jersey) 스탠다드오일 사 등을 설립하고 그 주주들이 주식을 (신탁증서와 교환하여) 아홉 명의 수탁자로 구성된 위원회에 양도하였는데, 그 정점에 있었던 사람이 록펠러(*J. D. Rockefeller*)이다. 이 위원회는 그리하여 복수의 스탠다드오일 사들의 전체 영업 및 인사정책을 통일적으로 지도할 수 있었다. 그에 대하여는 *State ex rel. Attorney General v. Standard Oil Co.* 30 N.E. 279 (1892) 참조. 이 판결에서 오하이오 주 대법원은 이 신탁약정이 무효라고 선언하였다. 또한 *People v. North River Sugar Refining Co.* 24 N. E. 834 (1890) 참조.

144) *Fletcher* (註 142) Vol. 10 (1931) § 4967; *Raymond* Harv. L. Rev. 23 (1909/10) 353, 377; *Scott* Harv. L. Rev. 50 (1936) 60, 74 f.

[76] 그러나 의결권신탁은 주식회사에서 서로 다른 사람들이 갖고 있는 다수의 주식의 의결권을 통일적으로 행사하여야 하는 경우에도 흔하다. 판례는 그러한 의결권신탁을 과거 종종 무효라고 보았는데, 이는 경쟁이 침해되었기 때문이 아니라 여기에서 주식에 화체된 재산권과 관리권이 장기간 서로 분리되어 결과적으로 서로 다른 사람에게 귀속하기 때문이었다. 근래에는 견해를 변경하였다. 법원은 이제 개별 사안에서 의결권신탁의 설정이 회사에 이익이 되거나 주주의 합리적 이익으로 정당화되는지를 심사한다. 예컨대 회사가 판매 또는 재정상 위기에 처해 있는 동안 영업정책의 연속성을 보장하기 위한 의결권신탁은 허용되었다. 또한 일련의 주에서 일정한 요건 하에 의결권신탁이 유효임을 정한 법률이 제정되었다[145].

앞서 든 의결권신탁의 예들-그것들이 우리에게는 제일 중요한데-에서도 신탁의 기능은 다수인을 위한 재산집합의 관리를 법적으로 조직하는 법기술적 수단이라는 데 있다: 여기에서는 통일적인 의결권 행사를 위하여 수탁자에게 이전된 주식의 이전 주주를 위한 관리가 문제되는 것이다.

II. 의제신탁의 주요기능들

§ 43. 의제신탁의 기능들

지금까지 법률행위에 의하여 설정된 신탁의 주요기능을 다루었다. 이제부터는 법에 의하여 직접 - 명시적 또는 묵시적으로 표시된 당사자의사와 독립하여 - 발생하는 신탁(의제신탁 constructive trusts)을 본다. 여기에서는 이 신탁에서 특정 주요기능들이 구별될 수 있는지를 심

---

145) *Borgert* § 251 註 4.

사하여야 할 것이다.

"명시신탁과 의제신탁은 유사점보다 차이가 더 크다고 믿는다."146) 이러한 스콧(Scott)의 확인은 실은 충분한 이유가 있다. 이미 본 바와 같이 보통의 경우 명시신탁은 수탁자와 신탁수익자(cestui que trust) 사이의 장기간의 신인관계(信認關係)로 특징 지워진다. 여기에서는 재산 대상이 설정자의 구체적인 지시에 따라 종종은 수십 년간 수익자나 [77] 특정 목적을 위하여 관리된다. 의제신탁에서는 그러한 장기간에 걸친 법률관계를 말할 수 없다. 법원이 누군가가 특정 재산대상을 의제 수탁자로 다른 사람을 위하여 보유하고 있다고 결정할 때에는, 그 "수탁자"는 통상 즉시 그 대상을 신탁수익자(cestui que trust)에게 반환할 의무 이외에는 어떤 의무도 지지 아니하는 것이다.

그럼에도 두 신탁종류에는 결정적 공통점이 있다: 둘 다 신탁을 인정하는 데 개념 필수적인 [보통]법상 권원(legal title)과 형평[법]상 이익의 분리가 일어나는 것이다. 그로부터 수탁자(cestui)는 *의제*수탁자(*constructive* trustee)가 파산하였을 때에도 신탁목적물과 관련하여서는 명시수탁자(expressive trustee)가 [파산]채무자인 경우와 같은 환취권을 가진다는 결론이 도출된다147). 의제수탁자가 "의제신탁으로" 보유하는 대상을 제3자에게 처분하면 신탁은 그 대상(代償) 위에 계속된다; 그 대신에 수익자는 수탁자에게 횡령한 대상의 가치를 배상할 것을 청구할 수 있고, 이때에는 그 대상(代償)에 대하여 그 청구권을 위한 담보권(charge 또는 lien)이 부여된다148). 제3자가 "선의의 유상 매수인(bona

---

146) *Scott* § 461.
147) 위 § 11 및 *Dawson*, Unjust Enrichment (1951) 31 참조: "상당한 비율의 사건에서 의제신탁을 통한 특정적(specific) 원상회복의 목적은 도산한 채무자의 다른 채권자들에 대한 우선권을 확보하는 것이다. 이 목적이 미국 법원에 의하여 열정적으로 추구되어왔다는 점을 관찰하는 것은 매우 이상한 일이다."
148) 위 § 11 및 *Scott* § 202 참조.

fide purchaser for value)"이 아닌 경우 그는 의제수탁자로서 청구를 받을 수 있다149). 이러한 두 사정, 즉 의제수탁자가 파산한 경우 수익자를 우선하고 "의제신탁"으로 보유한 대상에 대하여 그 대상(代償) 및 경우에 따라서는 제3자에게까지 추급할 자격을 부여하는 점이, 반환청구권을 이러한 법적 기초에 터 잡게 할 수 있는 자에게 이 법제도를 극히 강력한 무기로 만들어준다.

이제 물어야 할 것은 여기에 – 명시신탁에서처럼 – 법원이 그 법적 처리에 의제신탁이라는 형상을 쓰고 있는 전형적인 질서과제가 있는가 하는 점이다. 이 문제를 다루는 사람은 "현대적 형태의 의제신탁은, 주로 부당이득을 방지하는 것을 목적으로 하는, 순수한 구제수단이"라고 지치지 아니하고 강조하고 있는 미국 학설과 대면하여야 한다150). *파운드*(*Pound*)의 견해에 따르면 의제신탁은 "부당이득 방지를 위한 받은 이익의 특정적(specific) 원상회복"을 가능하게 하는 것이다.151) 스콧(*Scott*)의 정식화는 아마도 훨씬 더 가는 것 같다: "어떤 사람이 **[78]** 다른 사람에게 양도하여야 할 의무를 지는 재산의 권원(title)을 보유하고 있고 그 의무가 단지 그가 자발적으로 인수하였다는 이유에서 발생한 것이 아닌 때에는, 그는 그 재산을 그 다른 사람을 위한 의제신탁으로 보유하고 있다고 하고, 그는 그 재산의 의제수탁자라고 한다."152) 이러한 견해가 반영되어 미국법학원(American Law Institute)은 의제신탁법의 대부분을 신탁법 리스테이트먼트(Restatement of the Law of Trusts)가 아닌 원상회복법 리스테이트먼트(Restatement of the Law of Restitution)에서 설명하기로 결정하였다153). 그렇다면 – 그렇게 물었을

---

149) *Scott* L. Q. Rev. 71 (1955) 39 ff.; *Metzger v. Metzger* 14 A. 2d 285 (1940).
150) *Dawson* (註 147) 32.
151) *Pound* Harv. L. Rev. 33 (1920) 420, 421.
152) *Scott* § 462.
153) Restatement of the Law of Restitution, Quasi Contracts and Con –

때 - 의제신탁을 미국 법원이 부당이득조정을 실현하고자 할 때 쓰는 법기술적 수단으로 보는 것이 좋을까?

그러나 비교법적 고찰을 위해서라면 이렇게 보는 것은 권할 만하지 아니하다. 그 결정적인 이유는 아니지만, 영국 판례는 의제신탁에 미국에서 그러한 정도로 넓은 적용영역을 전혀 부여하고 있지 아니하다: 어쨌든 이 영역에서는 영국법과 미국법을 구별하여야 할 것이다. 좀 더 중요한 것은, 독일의 독자에게 "부당이득"이라는 개념은 의식적으로든 무의식적으로든 독일민법전 제812조 이하의 규정들과 결부되는데, 이는 불가피하게 오해를 초래할 것이라는 점이다. 이러한 이유에서 "체계 중립적인" 개념을 수립하기 위하여 노력하고 "부당이득" 대신에 "원인 없는 보유(grundlosem Haben)"라고154) 부르더라도 이에 대하여는 이 개념이 지나치게 정확성과 엄밀성을 결하고 있다고 반론할 수 있다. *에써(Esser)*는 타당하게도 이득사고는 "어디에나 있다"고 하였고,155) *츠바이게르트(Zweigert)*는 《 [이득원칙은] 어디에나 이런저런 형태로 존재하지만 그 기능은 상당히 다르다 》고 지적한다156). *폰 캐머러(Von Caemmerer)*는 독일 부당이득법에 대하여 그것이 일련의 독립된, 명백히 근본적으로 다른 상황에 근거한, 청구권유형들로 나뉠 수 있음을 보였다157). 관련 영미 [79] 판례에서도 법원이 의제신탁을 인정하여 전

structive Trusts (1937) § 160: "재산에 대한 권원(title)을 갖고 있는 사람이 그가 그것을 보유하도록 허용된다면 부당하게 이득하게 될 것이라는 이유에서 그것을 다른 사람에게 양도할 형평[법]상 의무를 진다면, 의제신탁이 발생한다." 또는: "의제신탁은 법에 의하여 발생하고 부정의(injustice)를 막기 위하여 발생한다; 그것은 형평[법]상의 원칙에 근거하고 그렇게 하지 아니하면 불공평한 경우에 부과된다" (*Knight Newspapers v. Commissioner of Internal Revenue* 143 F. 2d 1007 [1944]).

154) *Zweigert* (註 1) 594 참조.
155) *Esser* (註 1) 357.
156) *Zweigert* (註 1) 594.
157) *v. Caemmerer*, Bereicherung und unerlaubte Handlung, Festschrift Rabel Bd. I (1954) 333 ff.

형적으로 특정한 질서목적을 추구하는 복수의 사안집합을 확인하는 데 성공한다면, 독일법에서 그 기능이 유사한 형상들을 발견하는 것이 훨씬 더 쉬워질 것이다.

　그러한 분류를 시도하기에 앞서, 수탁자의 신탁위반의 처분에서 대위물에 대하여 발생하는 의제신탁은 제외하여야 한다[158]. 그것은 내적으로는 명시신탁에 속한다. 거기에는 특히 신탁을 설정할 때 일단 표시된 법률행위적 의사가 당초의 신탁목적물에 갈음하여 다른 대상이 수탁자의 재산에 들어왔을 때에도 존중되어야 한다는 사상이 깔려 있다. 이는 이 사안에서 수탁자가 대상(代償)을 - 의제신탁에서 그러한 것처럼 - 즉시 수익자에게 반환할 필요가 없고 당초 받은 설정자의 지시에 따라 계속 관리하여야 한다는 점에서도[159] 드러난다. 미국 학설이 이러한 사안에서도 의제신탁의 내적 근거가 수탁자의, 말하자면 그가 대상(代償)을 자기 자신을 위하여 보유할 때에 발생할, 부당이득의 방지에 있다고 보는 것이 잘 된 것인가 하는 문제는 차치해도 좋을 것이다. 어쨌든 여기에서는 당초 설정된 명시신탁을 유지하기 위한 보조기능으로 의제신탁이 쓰인 것이라는 데서 출발하여야 한다[160]. 미국 학

---

158) 그에 대하여는 위 §§ 11 f. 참조.

159) *Lewin* 168도 같은 견해이다: "수탁자가 신탁재산(trust estate)을 한 종류의 재산에서 다른 종류로 바꾸었을 때에도 의제신탁이 발생한다고들 한다; 그리고 신탁재산(trust estate)이 무상취득자에게(volunteer)의 손에 또는 가치 있는 대가를 지급한 악의의 매수인(purchaser for valuable consideration with notice)의 손에 넘어갈 때에도 그러하다고 한다; 그러나 … 이들은 새로운 신탁이 만들어지는 경우라기보다는 오히려 현재 존재하는 신탁이 계속 유지되는 경우이다."

160) 물론 일단 발생한 의제신탁의 유지에 의제신탁이 이용될 수도 있다: 어떤 물건과 관련하여 의제수탁자인 자가 그 물건을 신탁에 위반하여 제3자에게 처분하면, 그는 그 대상(代償)을 다시 "의제신탁으로" 보유한다. 아래 설명의 틀에서 우리에게 관심이 가는 것은 어떤 사유로 인하여 최초의 의제신탁이 발생하였는가 하는 점뿐이다; 이것이 대상(代償)에 대하여 계속한다는 점은 당초 발생한 의제신탁이 유지되어야 한다는 사상에 터 잡고 있다.

설도 이러한 의제신탁의 예들을 예외적으로 신탁법 리스테이트먼트 (Restatement of the Law of Trusts)에서 다룬 것에 비추어보면 결국 이 점을 인정하는 수밖에 없을 것이다[161].

나머지 사안들에 관한 한, 법원이 의제신탁을 인정할 때 통상 염두에 두는 가장 중요한 질서과제들은 다음 둘임이 드러난다:

[80] a) 누군가가 타인을 위하여 사무를 처리하는 과정에서 재산대상을 자기 권리로 취득하였다면, 그 대상이 신의성실에 비추어 사무주체에게 돌려져야 하는 것인 한, 그는 그것을 사무주체를 위한 "의제신탁으로" 보유한다. 따라서 여기에서 의제신탁의 기능은 *타인 사무결과의 권리자에의 할당*에 있다[162].

b) 누군가가 다른 사람을 위하여 재산대상을 처분하였다면 그 수령자는, 그 급여행위에 흠(착오, 사기, 강박)이 있는 한, 그 대상을 처분자를 위한 "의제신탁"으로 보유한다. 여기에서는 의제신탁이라는 형상이 *흠 있는 재산처분의 청산*에 쓰인다[163].

이들로써 의제신탁의 가장 중요한 기능들만이 파악되었다는 점을 강조할 필요는 없을 것이다[164]. 법원이 의제신탁을 쓰는 모든 사례가 이

---

161) 한편으로는 Restatement of the Law of Trusts §§ 202, 284 ff., 다른 한편으로는 Restatement of the Law of Restitution §§ 168 (1), 202 (Illustration 1 and 6) 참조. 또한 *Scott* (註 149) 41도 보라.

162) 그에 대하여는 아래 §§ 44-46 참조.

163) 그에 대하여는 아래 §§ 47-50 참조.

164) 예컨대 영국에서 의제신탁은 "계약당사자관계(privity of contract)"의 원칙을 깨뜨리고 제3자가 계약관계에 편입되는 일련의 사례에서 쓰였다. 영국법은 원칙적으로 제3자에게는 계약에 의하여 소구(訴求)할 수 있는 권리가 성립될 수 없다는 입장에 서 있다. 리딩케이스는 *Tweddle v. Atkinson* [1861] 1 B & S. 393; 또한 *Dunlop v. Selfridge* [1915] A.C. 79도 참조: "우리 법은 계약으로 발생하는 제3자를 위한 권리(ius quaesitum tertio)를 알지 못한다." 미국법은 다르다; 우선 *Williston*, On Contracts [3] (1959) §§ 347 ff.만 참조. 영국 법원은 물론 이러한 원칙을 깨뜨리는 것을 허용하는 일련의 가능성들을 발전시켰다. 의제신탁을 인정하는 것도 이러한 가능성

두 집합에 포섭될 수는 없다는 점은 의심할 여지가 없다. 이를 위하여 우리는 "부당이득" 개념보다 더 구체적인 것을 다루어야 한다.

1. 타인의 거래결과의 권리자에의 귀속

§ 44. 일반

[81] 의제신탁을 타인의 거래결과를 권리자에게 귀속시킬 목적으로 이용하는 영미 법원의 광범위한 판례는 결국 저 유명한 럼포드 마켓(Rumfort Market) 사건으로165) 거슬러 올라간다. 그 사안에서 수탁자는 미성년 수익자를 위한 용익임차권(leasehold)의 보유자였다. 용익임대인(lessor)은 수탁자와 사이에서 그 미성년자를 위하여 용익임대차계약(Pachtvertrag)을 당초 합의한 시간을 넘어 연장하는 것을 거절하였다. 이에 수탁자는 자신을 위하여 그 용익임대인과 사이에 새

중 하나이다: 특히 법관에게 사안의 제반 사정에 비추어 계약 당사자가 계약상 취득한 청구권과 관련하여 제3자를 위한 수탁자로 보는 것이 적절해 보인다면, 그 제3자는 이 청구권에 대한 형평[법]상 이익을 취득하고 그리하여 수탁자와 함께 그 청구권을 행사할 수 있게 된다. 그에 대하여는 *Corbin* L. Q. Rev. 46 (1930) 12의 근본적인 논고 참조. 여기에서는 이 문제에 대하여 더 자세히 다루지 아니한다. 한편으로는 *캐저(Käser)*가 이 문제를 이미 상세하게 설명하였기 때문이다; *Käser*, Vertragliche Drittrechte im englischen Common Law (Tüb. Diss. 1952) (그 본질적인 부분은 RabelsZ 21 [1956] 418에 수록되어 있다). 다른 한편으로는 계약당사자규칙(privity-Rule)이 이미 극복되었다고 믿은 *코빈(Corbin)*의 낙관주의에 반하여, 신탁을 이러한 기능으로 쓰는 것이 뚜렷이 퇴조하는 경향이 보이고 있기 때문이다. *Williams* Mod. L. Rev. 7/8 (1943/45) 123, 130 ff.; *Cheshire-Fifoot*, Law of Contract 5 (1960) 371, 375, 377; *Hanbury* 155 참조.

165) *Keech v. Sandford* [1726] Sel.Cas.t.King 61; *Keeton*, Cases on Equity and Trusts (1959) 149에 수록.

로운 용익임대차계약을 체결하기 위하여 노력하였다. 이에 용익임대인이 동의하였다. 수탁자에게 악의가 있었던 것은 아님에도 법원은 그가 그 용익임차권을 그 미성년자를 위하여 "의제신탁으로" 보유한다고 결정하였다.

이러한 리딩케이스에 포함된 법사상의 적용영역은 두 방향으로 현저하게 확대되었다. 수탁자가 신탁목적물에 속하는 용익임대차계약을 그 기간종료 후 자신을 위하여 갱신하였을 때뿐 아니라 수탁자가 신탁-관리와 관련하여 한 거래로부터 스스로 재산상 이익을 얻은 모든 경우에도 그 법사상이 적용되었다: 이러한 재산상 이익이 수익자에게 돌려질 것이면, 수탁자는 그것을 그를 위한 "의제신탁으로" 보유하는 것이고, 이때 수탁자의 의사는 문제되지 아니하는 것이다.

이러한 의미에서 확대된 법규칙은 결국 수탁자뿐 아니라 다른 사람에 대한 신인관계(信認關係, fiduciary relationship)에 터 잡아 거래를 행하는 모든 사람에 대하여 적용되었다. 그러한 신인관계가 언제 존재하는지는 원칙적으로 개별 사안의 사정들에 달려 있다. 그러나 통상은 본인(principal)과 대리인(agent), 피후견인과 후견인, 유언집행자(executor) 내지 상속재산관리인(administrator)과 유언 또는 무유언 상속인, 변호사와 그 고객 및 지도적 피용자과 그 사용자, 나아가 인적 회사의 사원 상호간 및 자본회사의 이사와 회사 자체 사이의 법적 관계가 그러한 신인관계라고 보고 있다.

그러한 신인관계상 사무주체의 이익을 대변할 의무를 지는 자가 사무처리 과정에서 목적물을 그 자신을 위하여 취득하였고, [82] 그가 신인관계에 터 잡아 그것을 사무주체에게 반환하여야 한다면, 사무관리자는 취득한 재산대상과 관련하여 의제수탁자로 간주된다. 그러므로 의제신탁을 통하여 사무처리의 결과가 내부관계의 기준에 따를 때 귀속되어야 할 자에게 ("형평[법]상") 이전되는 것이다: 이러한 의미에서 여기에서 신탁의 기능은 타인 사무결과의 권리자에의 귀속인 것이다.

§ 45. 적용사례

리딩케이스인 *Keech v. Sandford* 사건 판결과[166] 비슷한 사안은 오늘날 영국과 미국 모두에서 자주 재판의 대상이 되고 있다. *Re Knowles' Will Trusts* 사건 판결에서[167] 피상속인은 그의 영업을 그 아들에게 출연하면서 그에게 수탁자로서 그것을 계속 운영하고 수익의 일부는 가지고 일부는 그의 여동생들에게 지급하게 하였다. 상속개시 38년 뒤 아들이 그 영업에 속하는 부동산임차권(leasehold interest)을 임대인(lessor)과 사이에서 자기 자신을 위하여 갱신, 보유하면서 그가 그러한 한 더는 수탁자가 아니고 그 권리를 지금부터 자기의 계산으로 보유하여도 된다고 주장하였다. 항소법원(Court of Appeal)은 수익자가 소를 제기한 데 대하여 유언해석상 아들의 주장을 받아들일 여지는 없음을 확인하였다: "원칙은, 수탁자는 그의 신탁수익자(cestui que trust)에게 할 수 있는 한 유리한 조건으로 갱신을 받아줄 의무가 있고, 법원은 그것을 그의 신탁수익자를 위하여 받아오는 것이 그의 의무인 경우에 그가 자신을 위하여 유리한 조건으로 갱신을 받는 것을 허용하지는 아니할 것이라는 사실이다."[168]

사무처리자가 취득한 목적물이 의제신탁의 부과에 의하여 사무주체에게 귀속되려면, 먼저 이것이 개별사안의 사정에 비추어 사무주체에게 돌려져야 할 것이라는 점이 확정되어야 한다. 물론 법원은 신임을 받은 사람의 품위와 충실에 대하여 놀랄 만큼 엄격한 기준을 설정하고

---

166) 前註를 보라.
167) *Re Knowles' Will Trusts* [1948] 1 All. E.R. 866. 또한 규칙을 상세하게 다루고 있는 *Re Biss* [1903] 2 Ch. 40 및 *Re Jarvis* [1958] 2 All. E.R. 336도 참조.
168) *Re Knowles' Will Trusts* (前註) 870.

있다.[169) *Meinhard v. Salmon* 사건 판결에서[170) 당사자들은 20년 간 용익[83]임차된 토지 위에서 호텔을 운영하였다. 외부적으로는 피고만 이 기업 보유자처럼 보였다. 용익임대차계약도 그가 자기 이름으로 체결하였다. 원고는 금전 투자자로서 내부관계에서 이익의 1/2에 참여하였다. 용익임대차기간이 만료되기 얼마 전 피고가 새로운 용익임대차계약을 체결하였는데, 이 계약은 호텔 부지 이외에 다른 토지를 포함하고 있었고, 용익임차인에게 (이전의 5만 5천 달러 대신) 35만 달러를 지급할 의무를 지웠으며 기간도 80년에 이르렀다. 새로운 계약은 피고가 그의 이름으로 체결한 것이었고 구 계약과는 근본적으로 달랐으나, (당시에는 *카도조(Cardozo)*가 담당하였던) 뉴욕(New York) 주 항소법원 (Court of Appeal)의 다수의견은 피고가 새 용익임대차계약상 취득한 권리의 1/2을 원고를 위한 "의제신탁으로" 보유한다고 하였다.

사무관리자가 취득한 재산상 이익이 용익임대차계약상 권리일 필요가 없다는 점은 *Williams v. Barton* 사건 판결이 보여준다[171). 여기에서 수탁자는 증권거래중개인의 피용자였다. 그는 신탁재산에 포함될 유가증권을 증권거래중개인으로 하여금 평가하게 하고 그에 대하여 중개수수료를 받게 하였다. 법원은 중개수수료도 수탁자의 의사와 관계없이 신탁재산에 속한다고 판단하였다: "수탁자로서 재산을 관리하는 사람은 그의 지위를 이용하여 얻을 수 있었던 이익은 그 어떤 것도 가져서는 안 된다. 그러한 이익에 대하여는 형평[법]상 그 재산에 대하여

---

169) *Meinhard v. Salmon* 164 N.E. 545, 546 (1928)의 *카도조(Cardozo)*의 의견 참조: "일상세계에서 독립적으로(at arm's length) 활동하는 사람에게는 허용될 수많은 행위방식이 신인적(fiduciary) 구속을 받는 사람에게는 금지된다. 수탁자는 시장의 도덕보다는 더 엄격한 무엇인가를 준수하여야 한다. 정직하지 아니한 것뿐 아니라 명예의 관점에서도 가장 섬세한 것이 행동기준이 된다. 이에 관하여는 굽힘 없고 요구하는 바가 많은 전통이 발전하여 왔다". 또한 *Lurie v. Pinanski* 102 N.E. 629 (1913)도 참조.
170) *Meinhard v. Salmon* (前註).
171) *Williams v. Barton* [1927] 2 Ch. 9.

권리 있는 사람을 위한 의제수탁자가 될 것이다."

신인관계에 터 잡아 다른 사람을 위하여 사무를 처리할 의무를 지는 자는 사무주체의 이익과 그 자신의 이익 사이에 충돌을 생각할 수 있는 것처럼 보일 만한 행동을 해서는 안 된다. 그리하여 법원은 수탁자, 상속재산관리인 또는 유언집행자가 신탁재산 또는 상속재산 중 대상을 자기 자신을 위하여 취득한 경우 극히 의심스럽다고 보았다. 그러한 사례에서 수익자는 매매를 무효로 볼 것을 청구할 수 있고, 취득자에게는 적절한 대가를 지급하였다는 증명이 허용되지 아니하였다. 그 대신 수익자는 취득자가 그 대상을 그를 위한 "의제신탁으로" 보유한다는 입장을 취할 수도 있다[172]. 주식회사 이사에게 **[84]** 그의 활동과 관련하여 그가 당해 회사를 위하여 대변할 의무를 지고 있는 영업상 기회가 열린 경우도 마찬가지이다. 그가 그의 충실의무를 위반하여 그 기회를 자신을 위하여 개인적으로 이용함으로써 재산상 이익을 얻으면, "법은 회사를 위하여 그렇게 취득한 재산, 이익 및 수익에 대하여 신탁을 주조(鑄造)할 것이다"[173], 이 경우에는 의무위반으로 인하여

---

172) *Borgert* § 484 참조: "수익자(cestui)가 그 매매가 유지되기를 원한다면, 그는 그렇게 해도 된다. 그 경우에는 매수한 수탁자의 권원(title)을 문제 삼을 수는 없을 것이다(unexceptionable). 그러나 수익자(cestui)가 그 재산이 매수한 수탁자의 수중에 있음을 발견한다면 그는 그것을 그 자신의 이익을 위하여 취득할 수 있다; 그러한 구제를 위한 공식은 때로는 수탁자에 대한 매매를 부인하는 것이고, 때로는 형평[법]상 매수한 수탁자가 수익자(cestui)를 위한 의제수탁자로서 후자에게 이를 양도할 의무가 있다고 선언하는 것이다." 또한 *Scott* §§ 170.2, 497. ‐ 정확히 수탁자가 개인 재산의 대상을 자기거래를 통하여 유상으로 신탁목적물에 들여온 사안을 다루고 있다: "수탁자가 신탁(trust)에 그가 보유하던 개인 재산을 직접 매도하고 무자력이 되었고, 수익자(cestui)가 수탁자가 자기 자신으로부터 매수한 그 재산을 위하여 지급하는 데 쓰인 신탁펀드를 무자력이 된 수탁자의 자산(assets)에 추급(trace)할 수 있는 경우, 의심할 여지없이 수익자(cestui)를 위한 의제신탁이 신인의무(fiduciary obligation) 위반을 통하여 수탁자 개인 주머니에 들어간 종전의 신탁펀드 위에 부과될 수 있다." (*Borgert* § 489).

173) *Guth v. Loft* 5 A. 2d 503, 511 (1939). 또한 *MacIsaac v. Pozzo* 183 P. 2d

주식회사에 증명할 수 있는 손해가 발생하였는지 여부 및 그 금액을 묻지 아니한다.

언급한 원칙은 경우에 따라서는 사용자와 피용자 사이의 관계에도 적용된다. *Triplex Safety Glass Co. v. Scorah* 사건 판결에서[174] 피고는 원고의 피용자로서 어떤 발명을 하였는데, 당초 원고가 특허권을 취득하지 아니하였다. 그가 원고의 영업에서 배제된 뒤 피고는 그 자신의 이름으로 그 발명에 대한 특허를 취득하였다. 법원은 피고가 그 특허를 원고를 위한 "의제신탁으로" 보유하고 있고 그에게 특허를 양도할 의무가 있다고 판단하였다.

신탁에 위반하여 취득한 재산상 이익은 제3자에 대하여도 추급할 수 있다. 석유회사가 어떤 기업에게 지구물리학적 조사의 수행을 의뢰하였고 그 결과를 피용자가 신인관계에 반하여 제3자에게 전달하여 그 제3자가 그에 대한 채굴권을 취득하였다면, 그가 그 조사결과가 피용자의 신인의무 위반으로 전달된 것임을 알았을 때에는 그는 채굴권을 그 석유회사를 위한 "의제신탁"으로 보유하는 것이다[175].

§ 46. 대리인(agent)의 거래결과의 본인(principal)에의 이전

영미의 법이론에서 대리(agency)란 대리인(agent)과 본인(principal) 사이의 계약관계로서, 그에 터 잡아 대리인이 자기 또는 타인의 이름으로 **[85]** 본인을 위하여 거래를 수행할 것을 위임 및 수권 받는 것을 말

---

910 (1947)도 참조. 영국 재판례에 대하여 상세한 것은 *Keeton*, The Director as Trustee (註 50) 61 ff.; "회사기회의 법리(doctrine of corporate oppor-tunity)라는 키워드로 다루어지는 미국 재판례에 대하여 상세하게는 Harv. L. Rev. 74 (1961) 765 (노트) 참조.

174) *Triplex Safety Glass Co. v. Scorah* [1938] 1 Ch. 211. 또한 *British Celanese Co. v. Moncrieff* [1948] Ch. 564도 참조.
175) *Ohio Oil Co. v. Sharp* 135 F. 2d 303 (1943).

한다[176]. 그러한 대리관계의 틀에서도 대리인의 거래결과를 본인에게 이전할 필요가 있다. 이러한 목적에 의제신탁이라는 형상이 얼마나 쓰이는지를 본다.

대리인이 타인의 이름으로 나타나는 경우 그의 거래결과를 본인에게 이전할 필요는 없다. 본인이 그 거래로부터 직접 권리를 취득하고 의무를 부담하기 때문이다. 반면 대리인이 자기 이름으로 행위하는 경우에는 (비현명대리, undisclosed agency) 나누어 보아야 한다: 그가 제3자와 계약을 체결하는 한 본인은 그로부터 발생한 권리를 직접 행사할 수도 있다[177]. 그러나 대리인이 본인을 위한 사무를 처리하는 과정에서 물건을 소유하게 된 경우는 다르다. 이 경우에는 대리인만 소유자이다: "재산권법(law of property)/물권법에는 비현명대리가 존재하지 아니한다."[178] 영미법에서 이러한 결과는 본인을 위한 의제신탁을 통하여 교정된다.

우선 대리인이 물건을 본인의 위임을 받아 제3자에게 매도하기 위하여(매각신탁, trust for sale) 명시수탁자(express trustee)로 점유하는 사안은 단순하다. 여기에서 명시신탁(express trust)이 의제신탁의 형태로 대리인이 수취한 매매대금에 계속된다는 점은 이미 여러 차례 언급하였다[179].

그러나 대리인이 명시수탁자가 아닌 사안에서도, 대리관계는 통상 "신인관계(fiduciary relationship)"이므로, 비슷한 결과에 이른다. 그로부터 다음과 같은 결론이 도출된다: 대리인이 그의 본인을 위한 활동범위 내에서 본인에게 돌려져야 할 물건의 소유권을 취득하면 그는, 그 소유권을 제3자로부터 취득하였든 본인으로부터 취득하였든, 이 물건을 그를 위한 의제수탁자로 보유한다.

---

176) *Bowstead*, On Agency [12] (1959) 1 ff.; *Siebert* 77.
177) 그에 대하여 개별적인 것은 *Müller – Freienfels* RabelsZ 17 (1952) 578, 593 ff. 참조.
178) *Müller – Freienfels* Mod. L. Rev. 16 (1953) 299, 307.
179) 위 § 11 참조.

영국에서는 어떤 경우 대리관계를 이러한 의미에서 "신인관계
(fiduciary relationship)"로 볼 것인지에 대하여 전적으로 의문이 없지는
아니하다[180). 아래와 같이 구별할 수 있을 것이다:

대리인이 본인에게서 물건 소유권을 양도받고 그가 그것을 매도한
경우 대리인은 이 물건과 그 대신 취득한 대상(代價)을 수탁자로서 보
유한다. 이는 명시적 신탁약정이 없었을 때에도 그러하다. 그러나 본인
이 여전히 그 물건의 소유자이고 그가 대리인에게 처분권을 [86] 이전
한 경우에는 이 규칙이 대리인이 취득한 대상(代價)에 유추된다[181).

대리인이 본인의 돈으로 특정 물건을 취득할 것을 위임받았다면, 대
리인은 취득한 물건을 본인을 위한 수탁자로 보유한다[182). 이는 대리
인이 물건을 취득하는 데 자기 돈을 썼을 때에도 같다: 여기에서도 그
는 본인의 수탁자이고 그를 위하여 취득한 물건은 당연히 그의 비용의
보상과 상환하여서 반환하면 되는 것이다[183).

---

180) 그에 대하여는 *Underhill* 214 ff.; *Keeton* 230 f. 참조. 상세한 것은 *Assfalg*
    42 ff.; Siebert 77 ff.; *Tyrell*, Fiduziarische Geschäftsführungsverhältnisse
    im englischen Recht (1933) 7 ff., 28 ff. 및 최근의 *Sealy* Cambridge L.
    J. 1962, 69 ff.
181) *Crowther v. Elgood* (1887) 34 Ch.D. 691: 경매인이 그의 위임인의 물건
    을 양도하였다. 그는 그 경매의 대금과 관련하여 수탁자로 간주되었다.
182) *Burdick v. Garrick* (1870) 18 W.R. 387, 388: "대리인은 토지 매수를 위
    한 고용을 위하여, 그리고 투자와 다른 목적을 위하여 이 펀드를 맡았다 …
    그러한 관계는 수탁자와 신탁수익자(cestuis que trustent)의 그것과 같
    다…" *Re Tidd* [1893] 2 Q.B. 390; *Re Bell* (1886) 34 Ch.D. 462도 마찬
    가지. 이들 사안에서는 대부분 사무변호사(solicitor)가 그의 의뢰인의 돈을
    유가증권에 투자할 목적으로 보유하다가 그 돈이나 유가증권을 그 뒤 횡령
    한 것이 문제되었다. 의뢰인은 사무변호사의 수탁자성을 원용하여 그렇지
    아니하였더라면 이에 적용되었을 시효항변을 물리쳤다.
183) *Chattock v. Muller* (1878) 8 Ch.D. 177에서 피고는 경매를 통하여 토지를
    일부는 자신을 위하여, 일부는 원고를 위하여 취득하겠다는 뜻을 피고에게
    밝혔다. 법원은 다음과 같이 설명하였다(181면): "피고가 부분적으로는 자
    기의 계산으로, 부분적으로는 원고의 대리인으로 그 경매에 참가하였다는
    점은 분명하다. 그리고 그가 그 재산(estate)을 매수하였다면 그는 원고를

반면 대리인이 제3자에게서 돈을 추심할 것을 위임받았고 그 사안의 제반 사정에 비추어 장기간 대리인이 보관하거나 받은 그대로(in specie) 본인에게 반환할 것은 아니라면, 대리인은 그러한 한 수탁자가 아니라 단순한 본인의 채무자이다. 이는 대리인이 그의 활동에서 제3자로부터 뇌물을 수취한 경우에도 같다[184].

미국에서도 같은 원칙이 적용되고 있다[185]. 그러나 판례는 그처럼 풍부하지 아니하다; 법원은 대리관계에서 기꺼이 널리 "신인관계(fiduciary relationship)"를 인정하고 대리인을 의제수탁자로 다루려 하는 것처럼 보이기는 한다.

자기 이름, 타인 계산으로 토지를 낙찰 받을 것을 위임받은 사안들은 수를 헤아릴 수 없을 정도이다. 여기에서 낙찰자는 그 토지를 의제수탁자로서 그의 **[87]** 위임인을 위하여 보유하게 된다. 이는 낙찰자가 자기 돈을 쓴 경우에도, 그리고 위임인과의 약정이 구두로만 이루어진 경우에도 그러하다[186].

Garst v. Canfield 사건 판결에서[187] 대리인은 본인을 위하여 유가

위한 그 집의 수탁자임에 틀림없다 ··· 그가 하였어야 했던 바대로 된 것이다." 또한 *Bowstead* (註 176) 92: "본인을 위하여 재산을 매수하기 위하여 고용된 대리인이 그것을 자기 이름으로 또는 자신을 위하여 매수하고 그것이 그에게 양도 또는 이전된 경우, 그는 그것의 본인을 위한 수탁자가 된다." *Dowrick* Mod. L. Rev. 17 (1954) 24, 39도 마찬가지. 또한 *James v. Smith* [1891] 1 Ch. 384도 참조.

184) *Underhill* 214 및 *Lister v. Stubbs* (1890) 45 Ch.D. 1 참조.
185) 그러나 마지막에 든 금전추심의 사례들에서도 의제신탁이 인정될 수 있다. *Clarke v. Greenberg*, 71 N.E. 2d 443 (1947) 및 *Lister v. Stubbs* (前註)를 명시적으로 부당한 판결이라고 보는 *Scott* § 502 참조.
186) 그중 다수는 토지매매에 문서방식을 요구하는 사기[방지]법(Statute of Frauds)이 적용되지 아니한다고 한 재판례들을 포함하여, *Bogert* § 487 참조. 위임인이 경매목적인 토지의 소유자인 경우에도 같다: *Holman v. Kirby*, 128 S.W. 2d 357 (1939); *Lamb v. Sandall* 281 N.W. 37 (1938) 및 *Bogert* § 494.
187) *Garst v. Canfield*, 116 A. 482 (1922).

증권을 매도할 것을 위임 받았다. 그 대가 중 40%를 그는 수수료로 보유해도 되었다. 대리인은 받은 돈을 은행계좌에 입금하고 이 계좌에서 개인 목적으로 서로 다른 금액을 인출하였다. 그의 채권자들 중 한 사람이 은행잔고를 압류하자 본인이 이는 압류할 수 없는 신탁재산이라고 주장하였고 받아들여졌다[188]. 대리인이 한 인출인 이상 그것은 그의 수수료에서 차감하는 것으로 간주되어야 한다는 것이다[189].

의제신탁이 제3자에 대하여도 관철될 수 있다는 사실은 *Snyder v. Citizens State Bank* 사건 판결이[190] 보여준다. 여기에서 본인은 토지를 대리인에게 "그가 … 오직 현금으로만 … 그것을 매각할 수 있게 할 목적으로만" 양도하였다. 그 취득자가 이를 알지 못한 채 유가증권으로 지급하였고, 본인은 이를 받지 못하였다. 법원은 그 취득자가 그 토지를 본인을 위한 "의제신탁"으로 보유한다고 판결하였다[191].

"대리인이 그의 대리인으로서의 지위로부터 이익을 얻을 수 없고, 그렇게 하는 경우 그 이익을 그 사용자(employer)에게 의제수탁자로서 정산해주어야 한다는 점은 확실히 분명하다."[192] *Beatty v. Guggenheim Exploration Co.* 사건 판결에서는[193] 광산회사가 대리인을 알래스카(Alaska)에 파견하여 그 회사의 채광권이 가치가 있는지 여부를 심사하

---

188) 위 § 11 참조.
189) 위 § 11 註 17 참조.
190) *Snyder v. Citizens State Bank*, 184 S.W. 2d 684 (1944).
191) *Ellis v. Hibernia Savings Building & Loan Ass.* 179 S.E. 110 (1935) 참조: 어떤 사람이 본인을 위한 대리인으로서 저당권에 돈을 투자하였다. 그 토지가 강제경매의 대상이 되자 그 대리인이 스스로 낙찰 받은 뒤 본인에게 저당권이 소멸하였다고 통지하였다. 그리고 나서 그는 그 토지를 그가 이사회의 구성원이었던 은행에 대물변제로 양도하였다. 법원은 은행이 그 토지를 본인을 위하여 "의제신탁으로" 보유하고 있다고 판결하였다.
192) *Keeton* 230. 물론 영국법에 관하여 키튼(*Keeton*)이 이 명제를 뒷받침하기 위하여 댄 전거(典據)는 1829년과 1840년의 두 판결뿐이다. 반면 풍부한 재판례를 제시하는 것으로 *Bogert* § 492 참조.
193) *Beatty v. Guggenheim Exploration Co.* 122 N.E. 378 (1919).

게 하였다. 그때 대리인은 자기 돈으로 그 자신을 위하여 다른 채광권을 취득하였다. 법원은, **[88]** 이 권리 없이는 회사가 자신의 권리를 수익성 있게 사용할 수 없을 때에는 어쨌든, 이 권리에 관하여는 대리인을 그 회사를 위한 의제수탁자로 보아야 한다고 판결하였다. *카도조*(*Cardozo*)의 그 뒤에 종종 인용되는 언명이 이루어진 것도 같은 판결에서였다: "재산이 그 법적 권원(legal title)의 보유자가 양심적으로 수익권(beneficial interest)을 보유하고 있지 아니할 수 있다고 여겨지는 상황에서 취득된 경우, 형평[법]은 그를 수탁자로 전환시킨다."194) 물론 이로써 어떤 경우에 누군가가 그가 취득한 법적 권원(legal title)을 그대로 누리는 것이 "양심"에 반하는가라는 물음으로 문제가 옮겨진 것이라는 점은 분명히 하여야 할 것이다. 여기에서 언급한 사례들에서 이는 대리인이 권리를 취득하면서 신탁에 반하여 그의 본인을 위한 활동의 틀 안에서 얻은 지식을 자신을 위하여 이용하였다는 사정이다.

2. 흠 있는 재산처분의 청산

§ 47. 일반

"의제신탁은 재산에 대한 권원(title)이 사기, 강박 또는 부당위압(undue influence)에 의하여 취득된 경우 또는 신인의무(信認義務, fiduciary duty) 위반으로 취득되거나 보유된 경우 형평(equity)을 실현하고 부당이득을 방지하기 위하여 법원이 부과하는 것이다."195) 마지막에 든 신인관계의 틀에서의 의제신탁 부과의 예는 위에서 다루었다196); 지금부터는 재산대상을 "사기, 강박 또는 부당위압"에 의하여,

---

194) 前註 380.
195) *McDonald v. Miller* 16 N.W. 2d 270, 156 A.L.R. 1328 (1944).

그리고 – 덧붙이자면 – 급여자의 "착오"에 터 잡아 취득한 예를 살펴본다: 이들 사례에서 미국법은 수령자를 받은 대상에 관하여 급여자를 위한 의제수탁자(constructive trustee)로 보아 강박, 사기 또는 착오에 터 잡아 급여한 자에게 수령자에 대하여 흠 있는 재산처분의 청산을 구할 청구권을 부여하고 있다. 흠 있게 행해진 급여 또는 그 대상(代償)이 수령자의 재산 속에 충분히 식별될 수 있게 존재할 것이 그 요건이다. 위에서 다룬 "신인관계(fiduciary relationship)"가 존재하였던 사례의 경우 신탁을 위반한 자(수탁자, 상속재산관리인, 대리인 등)는 그 재산대상을 통상 *제3자*로부터 취득하였다. 여기에서 의제신탁의 기능은 이 대상을 [89] 그것이 신인관계의 기준에 따라 귀속하는 "배후자"에게 양도하게 하는 것이었다. 그와 달리 지금 설명하려는 사안에서는 통상 두 사람만 참여한다. 반환의무자가 그 대상을 직접 권리자로부터, 그리고 그의 비용으로 취득하였기 때문이다: 여기에서 의제신탁을 부과하는 의의는 사기, 강박 또는 착오의 결과 흠 있는 급여행위가 있기 전에 있었던 상태를 복구하는 데 있다.

흠 있게 행해진 급여의 청산에 의제신탁을 활용하는 것은 영국에서는 미국에서처럼 일반적으로 승인된 바가 아니다. 영국 판례와 문헌에서는 의제신탁의 인정이 "신인관계(fiduciary relationship)"의 존재를 전제하는 듯한 인상을 받는다: "의제신탁은, 신인적 성격(fiduciary character)의 옷을 입고 있는 사람이 그의 수탁자로서의 지위를 이용하여 어떤 개인적 이익을 취할 때마다 형평법원(Court of equity)이 제기하는 것이다."197) 그러나 급여가 착오로 또는 사기나 강박으로 인하여 행해진 경우 급여자와 급여수령자 사이에 "신인관계(fiduciary relationship)"가 그렇게 자주 있지는 아니하다.

그럼에도 불구하고 영국 판례도 "사기(fraud)"로 취득한 급여는 수령

---

196) 위 §§ 45 ff. 참조.
197) *Lewin* 155. 또한 *Keeton* 212; *Hanbury* 183도 참조.

자가 급여자를 위한 "의제신탁"으로 보유하는 것이라고 판결하였고, 이때 "신인관계(fiduciary relationship)"는 명시적으로 언급되지 아니하였다. 키튼(Keeton)은 다음과 같이 쓰고 있다: "한 사람이 다른 사람을 기망한 결과 재산을 취득한 경우 형평[법]은 그를 그 사기가 행해진 사람을 위한 의제수탁자로 전환시킨다.[198] 그러나 키튼(Keeton)의 명제는 이처럼 일반적으로는 영국 재판례에서 미미한 지지를 얻을 수 있을 뿐이다[199]; 그것은 오히려 미국의 법상태를 반영한다.

물론 영국 판례에서도, "부당이득(unjust enrichment)"의 수령자를 ─ 그리하여 착오, 사기 또는 강박에 터 잡아 행해진 급여의 수령자도 ─ 명시적으로 의제수탁자로 보지는 아니한다 하더라도, 급여자에게 그가 수령자와 사이에 "신인관계(fiduciary relationship)"로 맺어져 있었더라면 가졌을 것과 같은 권리를 주려는 노력이 있었다[200]. 그 결과 무엇보다도 급여자에게 "추급(tracing)"이라는 법적 구제와 파산시 환취권이 부여되었다. 그러나 Re Diplock 사건 판결에서[201] 이러한 견해는 명확하게 거부되었다:

"Sinclair v. Brougham 사건 판결에서[202] 듀네딘 경(卿)(Lord Dunedin)의 의견은 … 형평[법]상 구제는 금전으로 표시되었거나 표시될 수 있는 잉여가 존재하는 것으로 드러난 경우라면 언제나 적용될 수 있다는 취지처럼 보인다. 그러한 견해는 그 출발점으로서 신인 또는 준-신인관계 또는 형평[법]상 승인된 계속적인 재산권(continuing property)의 존재를 확정할 필요성을 없애 버린다. 우리는 즉각 … 그 정도로 넓은 범위에서 적용되는 원칙은 영국

---

198) *Keeton* 222. 비슷한 것으로 *Underhill* 217.
199) 아래 § 50 註 224 참조.
200) 그러한 취지로 *Sinclair v. Brougham* [1914] A.C. 398, 431에서 듀네딘 경 (卿)(*Lord Dunedin*)의 의견. 그에 대한 상세한 것은 *Maudsley* L. Q. Rev. 75 (1959) 234, 241 ff.
201) *Re Diplock* (제2장 註 22).
202) 註 220을 보라.

법에서 형성된 바 없다고 말해도 좋을 것이다."[203]

오늘날 영국은 이전처럼 원고에게 "부당이득(unjust enrichment)"의 복구를 위하여 주의 깊게 구별되고 그때그때 특정 사안집합에만 적용할 수 있는 다양한 법적 구제들을 사용하고 있는 반면[204], 미국에서는 일반적 "부당이득(unjust enrichment)"의 반환청구권을 발전시키는 길을 갔다[205]. 이러한 청구권이 상대방의 재산 중에 충분히 식별될 수 있게 존재하는 대상에 관계하는 경우에는, 그러한 한 청구 상대방에게 의제신탁이 부과되어 그것이 관철되고 있다. 이러한 사정이 지금부터 할 의제신탁이 흠 있게 행해진 급여의 청산에 사용되는 전형적인 사안집합들에 대한 설명에서 본질적으로 미국 재판례가 다루어지는 이유이다.

§ 48. 착오

리딩케이스인 *Re Berry* 사건 판결은[206] 착오로 채무가 없음에도 돈

---

203) *Re Diplock* (제2장 註 22) 520 f., 530 및 특히 분명하게 540. *Snell* 263도 마찬가지: "이러한 최초의 신인관계가 핵심적이다; 단지 어떤 사람이 다른 사람의 돈을 써서 어떤 이익을 취하였다는 점을 보이는 것만으로는, 즉 달리 말하여 부당이득(unjust enrichment)이 있다는 점을 증명하는 것만으로는 충분하지 아니하다. 또한 *Friedmann* Can. B. Rev. 16 (1938) 365, 381 f.; *Munkman*, The Law of Quasi-Contracts (1950) 63.

204) 예컨대 *Winfield* (제2장 註 33) 116 ff.의 설명 참조. 영국의 법상태에 대한 날카로운 비판은 *Dawson* (註 147) 10 ff.에서 볼 수 있다: "영국 원상회복법은 전체적으로 얼어붙기 시작할 당시 여전히 불완전하게 탐색된 영역에서 얼어붙은 교조주의의 - 그보다 훨씬 더 얼어붙은 마음의 - 효과를 보여주는 놀랄 만한 예를 제공하고 있다" (21면).

205) Restatement of the Law of Restitution §§ 1, 160.

206) *Re Berry* 147 F. 208 (1906). 또한 착오로 배당금이 무권리자에게 지급된 *Knight Newspapers v. Commissioner of Internal Revenue* (註 153)도 참조: "사실의 착오는 의제신탁이 인정되는 근거들 중 하나이다. 사실의 착오로 인하여 재산이 이전되는 경우 형평[법]은 정의를 실현하지 못하는 것을 막기 위하여 필요할 때에는 의제신탁을 그에 부과한다; 그리고 그러한

을 지급한 사안에서 수령자에게 의제신탁을 부과하였다. 원고는 과실 (過失)로 피고에게 1,500달러 상당의 수표를 교부하였다. [91] 피고는 원고가 그 돈을 자신에게 지급하여야 한다고 착오하였다. 그는 은행에 서 그 수표를 추심하여 그 돈을 입금한 다음 파산하였다. 법원은 피고 의 은행잔고에서 수표 입금기장과 파산 발생 사이에 여러 차례 출금이 이루어졌음에도 불구하고 1,500달러 밑으로 내려간 일은 없음을 확인 한 다음 피고 내지 파산관재인은 1,500달러의 범위에서 그 은행잔고를 원고를 위한 "의제신탁"으로 보유하고 있고 원고는 다른 채권자들보다 우선하여 이 돈의 지급을 청구할 수 있다고 판결하였다[207].

Re Berry 사건 판결은[208] 판결을 한 법원이 의제신탁의 인정이 다 른 파산채권자들에 대하여 부당한 가혹함이 되는 것은 아닌지 여부를 물은 많지 아니한 재판례 중 하나이다:

"지금 원상회복을 강제한다면 이는 파산자의 일반채권자에게 부정의 (injustice)가 될 것이라고 주장하나, 이러한 주장은, 다투어지고 있는 돈은 결 코 파산자에게 속한 바 없고, 그들의 채권자들은, 형평[법]의 넓은 원칙들에 비추어볼 때, 11월 25일의 거래가 일어나지 아니하였더라면 가졌을 것보다 더 많은 권리를 가지지 아니한다는 사실을 보지 못한 것이다."[209]

물론 착오로 인한 비채변제의 사안에서 우선적 만족을 구할 청구권 은 하나의 요건에서 좌절되는 일이 흔하다: 원고가 말하자면 착오로 급 여한 돈이나 그 대상(代償)이 수령자에게 원물 그대로(in specie) 존재

재산을 받은 당사자는 소유자라기보다는 수탁자로 다루어지는 것이다" (1011면). 나아가 과실로 돈을 이름이 같은 무권리자에게 지급한 *Home Savings Bank v. Rolando* 14 A. 2d 822 (1940) 참조.
207) Restatement of the Law of Restitution의 제163조(§ 165) 설례(Illustration) 5도 그러한 취지.
208) *Re Berry* (註 206).
209) *Re Berry* (註 206) 210. 그러나 스콧(*Scott*)의 이 문제에 대한 원칙적 설명 참조: § 521.

하거나 그 자체로 명확하게 한정될 수 있는 특정 펀드에 유입되어 있음을 증명할 수 있어야 하는 것이다[210]. 그 급여의 수령자가 처리된 거래과정을 원고가 볼 수 없는 은행이나 신탁회사인 경우에는 이러한 증명에 성공하지 못하는 일이 흔하다[211]. 사안이 늘 *Re Berry* 사건처럼[212] 단순하고 알기 쉬운 것은 아니다.

이러한 어려움은 착오로 행해진 재산처분의 대상이 금전이 아니라 예컨대 토지인 경우에는 존재하지 아니한다: 여기에서 수령자는 그러한 한 곧바로 의제수탁자가 된다[213].

§ 49. 사기와 강박

[92] 미국 법원이 누군가 다른 사람을 기망하거나 강박하여 받은 급여를 청산하기 위한 법기술적 수단으로 의제신탁을 이용한 예는 거의 개관할 수 없을 정도로 많다: "사기(fraud)는 허위의 표시(false representation)을 하였고 그것이 허위임을 그것을 하는 사람이 알고 있음에도 그 다른 사람이 재산을 이전하도록 유인할 의도로 한 것을 말하고, 그 다른 사람이 그리하여 그 재산을 이전하도록 유인된 경우 그것은 그를 위한 의제신탁으로 보유된다."[214]

General Motors Acceptation Corporation v. Larson 사건 판결에

---

210) 판결요지가 다음과 같은 *Re Bangor Trust Co.* 178 A 290 (1935) 참조: "일정 금액을 신탁회사에 착오로 지급한 경우 채권자는 신탁회사가 도산하였을 때 신탁회사의 일반 자산에 대하여 우선권을 갖지 아니한다. 그 경우 채권자는 그 돈을 어떤 계좌나 투자로 추급하지 못하는데 … 이는 그 돈의 착오 지급으로 인하여 신탁회사가 의제수탁자가 된다 하더라도 그러하다."
211) 은행파산에서 일어나는 복잡한 사례들에 대하여는 *Scott* §§ 538 ff. 참조.
212) *Re Berry* (註 206).
213) *Scogin v. Scogin* 4 S.W. 2d 953 (1928); *Walter v. Herzfeld* 135 So 453 (1931).
214) *Scott* § 468.

서215) 피고는 사실은 존재하지 아니하는 매매계약상 권리를 악의적으로 원고 은행에게 매도하였다. 법원은 피고가 받은 매매대금과 관련하여 의제수탁자로 다루어져야 한다고 판결하였다; 피고가 그 돈을 은행 계좌에 입금한 경우 원고는 파산이 개시되면 아직 존재하는 잔고에서 환취할 수 있다: "수탁자는 계좌에서 자기 돈을 먼저 인출하고 신탁 펀드를 남겨두는 것으로 추정된다." 마찬가지로 원고는 피고가 취득한 돈을 사용하여 제3자에게 제공한 소비대차의 담보로 보유하고 있는 저당권을 환취할 수도 있을 것이다.

보험사기에도 의제신탁이 적용된다. 어떤 사람이 보험금을 은행에 보험계약자의 가족구성원을 위한 "신탁으로" 지급하도록 생명보험계약을 체결하였고, 보험계약자가 실종선고를 받자 보험자가 보험금을 은행에 지급하였는데, 22년이 지난 뒤 보험계약자가 그 당시에 사기의도로 숨어 지낸 것이고 그때 이래 가명으로 다른 주에서 살아왔다는 점이 드러났다면, 은행은 22년이 지난 뒤에도 여전히 남아 있는 보험금 잔액을 보험자를 위한 "의제신탁"으로 보유하고 있는 것이라고 한다216).

소비차주가 그의 신용에 대하여 소비대주를 기망하여 받은 돈을 소비대주를 위한 "의제신탁"으로 보유하는 사례는 특히 흔하다. *Southern Coal Co. v. McAlpine Coal Co.* 사건 판결에서217) 피고는 **[93]** 그의 야적장에 팔지 아니한 석탄 왜건 22대분이 아직 남아 있다고 꾸며 대 (실은 5대에서 7대분만 있었다) 원고로부터 2,800달러를 받았다. 법원이

---

215) *General Motors Acceptance Corp. v. Larson* 159 A. 819 (1932).
216) *New York Life Insurance Co. v. Nashville Trusts Co.* 292 S.W. 2d 749, 59 A.L.R. 1086 (1956).
217) *Southern Coal Co. v. McAlpine Coal Co.* 56 P. 2d 1006 (1936). 또한 *Sliger v. Sliger* 105 S.W. 2d 117 (1937); *Penn Anthracite Mining Co. v. Clarkson Securities Co.* 287 N.W. 15 (1939). – 강박 사례: *Hochman v. Ziegler's Inc.* 50 A. 2d 97 (1946).

피고는 그 돈을 반환할 의무가 있다고 본 것은 놀랄 일이 아니다; 그러나 이것이 의제신탁의 관점에서 이루어져야 한다는 판시의 결과는 파산시에 드러난다: 즉 원고는 그 소비대차금이 은행잔고의 형태로 일부라도 남아 있는 한 다른 채권자들의 부담으로 이를 환취할 수 있는 것이다.

끝으로 의제신탁의 인정이 놀랄 만한 결과를 낳은 사례를 하나 든다. 일반적으로 은행과 그 고객 사이의 법률관계는 단순한 채권자-채무자-관계로 간주된다. 그 결과 은행이 파산한 경우 예금주에게는 통상 파산배당만이 남을 뿐이다. 그러나 은행의 지도적 피용자가 은행이 곧 "도산할 수밖에 없음"을 알고 있었음에도 은행이 예금을 수취하였다면 이는 사기이고, 은행은 *이* 예금과 관련하여 의제수탁자가 된다. 그러므로 예금주는 은행이 파산한 경우 그의 예금이나 그 대상(代償)이 파산재단에 여전히 존재함을 증명하는 데 성공한다면 환취할 수 있다218). 은행이 파산하였는데 그 예금주가 여러 명일 때에는 은행직원이 은행의 지급불능을 안 때 지급한 자가 우선한다! "그러한 예금주의 권리는 사실상 실은 은행이 지급능력이 없고 그 관리자도 그러한 사실을 알았음에도 그것이 … 지급능력이 있다고 믿게 한 허위의 표시(false representation)에 의하여 그에 대하여 행해진 사기로부터 나오는 것이다. 이 사기의 결과 은행은 부정행위로 인한(ex maleficio) 수탁자가 된다."219)

---

218) *Dewey v. Commercial State Bank* 41 P. 2d 1006 (1935); *Steele v. Allen* 134 N.E. 401 (1922); *Board of Supervisors of Lunenburg County v. Prince Edward Lunenburg County Ban*k 121 S.E. 903, 37 A.L.R. 604 (1924); *Richardson v. New Orleans Debenture Redemption Co.* 102 F. 780 (1900) 및 그에 대하여는 *Scott* § 529 참조.
219) *Furber v. Dane* 90 N.E. 859 (1910).

§ 50. 종의처분(終意處分)에서 사기와 강박

살아 있는 사람들 사이의 재산처분뿐 아니라 사인처분(死因處分)도, 피상속인이 기망 또는 강박을 당한 경우 의제신탁으로 되돌릴 수 있다. 가령 무유언 상속인이 거짓으로 꾸며 대거나 강박하여 피상속인이 제3자에게 유증을 하는 것을 내용으로 하는 유언을 철회하게 하고 법정상속이 개시되게 하였거나 피상속인이 다른 사람의 기망이나 강박으로 [94] 그 다른 사람을 위하여 종의처분(終意處分)을 하게 하였거나 그것을 철회하게 하였거나 그것을 하지 아니하게 하였거나 철회를 하지 아니하게 한 경우 그러한 조작으로 재산상이익을 얻은 다른 사람에게는 그러한 한 의제신탁이 부과되는 것이다.

물론 상속재산법원(검인법원 probate court)이 피상속인의 의사형성에 기망의 영향이 있었다는 항변을 이미 법원의 유언확인(검인 probate) 단계에서 확인하는 경우도 생각할 수 있다. 그러한 경우 법원은 유언이 조작된 처분을 포함하고 있는 한 그 유언의 확인을 거부하거나 피상속인이 - 기망 또는 강박에 의하여 - 철회한 유언을 확인할 것이다[220]. 그러한 경우 기망자나 강박자에게서 악의적으로 취득한 재산상 이익을 빼앗기 위하여 의제신탁이 필요하지는 아니하다.

그러나 통상 상속재산법원은 이러한 종류의 항변을 확인절차에서 이미 고려할 의사가 없거나 그 권한이 없다. 그때에는 사후에 형평법원(Court of Equity)에서의 절차를 통하여 의제신탁의 부과를 신청하여야 한다.

흥미를 끄는 문제는 의제수탁자가 취득한 재산상 이익을 누구를 위하여 보유하는 것인가 하는 점이다. 여기에서는 처분자에게 대한 반환은 배제된다. 무유언 상속인 또는 - 나머지 상속재산에 대하여 유효한

---

220) *Scott* § 489.1 및 Restatement of the Law of Restitution 제184조(§ 184)
  (주석 Comment b) 참조.

종의처분(終意處分)이 있는 경우에는 – 이 처분상 수유한 사람(잔여 수유자 residual legatees)이 신탁수익자(cestui que trust)가 될 수 있다. 그러나 피상속인이 기망이나 강박을 당하지 아니하였더라면 수유하였을 자가 신탁수익자(cestui que trust)가 되는 경우도 생각할 수 있다.

Brazil v. Silva 사건이[221] 그러한 경우이다. 그 사건에서 피상속인은 그의 처를 단독상속인으로 지정하였다. 법원은 유언을 확인하였으나, 그리고 나서 무유언 상속인들이 피상속인이 사망하기 직전 그 처에게 유언을 자신이 보는 앞에서 불에 태워버릴 것을 요청하였으나 그녀가 봉투만 태우고 속였고 그 결과 피상속인이 상속재산이 무유언 상속인인 원고들에게 이전하리라고 믿고 사망한 것이라고 주장하면서 이에 이의하였다. 법원은 그들의 주장이 진실이라면 처는 상속재산을 원고들을 위한 의제수탁자의 지위에서 보유하는 것이라고 판결하였다.

[95] 그러나 법원이 훨씬 더 나아간 여러 사례들을 대표하는 것은 *Pope v. Garrett* 사건 판결이다[222]. 피상속인은 그와 친족관계에 있지 아니한 원고를 단독상속인으로 지정하고자 하였다. 그는 이를 위하여 그에 부합하는 유언의 초안을 작성하였다. 그가 사망하기 직전 그 문서를 증인이 보는 앞에서 서명하려고 하였을 때 그의 친척 두 사람이 "물리력으로 또는 소동을 일으켜" 서명을 할 수 없게 방해하였다. 그 직후 피상속인은 유언장에 서명하지 못한 채 의식을 잃고 사망하였다. 법정상속이 개시되었다. 법원은 *전체* 무유언 상속인이, 피상속인을 방해하는 데 가담하지 아니하였다 하더라도, 상속재산을 원고를 위한 "의제신탁으로" 보유한다고 보았다[223].

---

221) *Brazil v. Silva* 185 P. 174 (1919).
222) *Pope v. Garrett* 211 S.W. 2d 559 (1948) 및 그에 대하여는 Mich. L. Rev. 47 (1948/49) 598 (노트).
223) 그러나 원심은 달랐다. 원심은 방해에 직접 가담한 무유언 상속인들만 원고를 위한 의제수탁자로 보았다, *Pope v. Garrett* 204 S.W. 2d 867 (1947) 참조.

최근 큰 주목을 받은 뉴욕(New York) 주의 사건인 *Latham v. Father Divine* 사건 판결에서는224) 이러한 원칙이 훨씬 더 분명하게 표현되었다. 피상속인이 사실상 그의 전 재산을 어떤 교파의 "대부(代父)"라는 이름을 갖고 있던 피고에게 출연하는 내용의 유언을 하였다. 무유언 상속에서는 법정상속인이 되지 아니하였을 원고는, 피고가 상속재산과 관련하여 그를 위한 의제수탁자임을 선언해달라는 신청을 하면서, 피고가 아픈 피상속인이 사망하기 전 악의적으로 지속하여 그 자신의 희망에 따라 원고를 위한 새로운 유언을 하는 것을 방해하였다는 점을 그 이유로 들었다. 법원은 원고 승소판결을 하였는데, 피상속인이 계획한 유언이 적어도 초안 단계까지는 성숙하였다는 점이 얼마나 영향을 주었는지는 명확하지 아니하다.

이러한 재판례들로부터 다음을 끌어낼 수 있다: 법원은 흠이 있는 종의처분(終意處分)을 깨기 위하여 의제신탁을 부과하는 데 그치는 것이 아니라 – 그랬다면 법원은 마지막에 든 사안에서 대부(Father Divine)를 무유언 상속인을 위한 의제수탁자로 보았어야 했을 것이다 – 피상속인이 타인의 영향이 없었더라면 표시하였을 바대로 그의 실제 의사를 실현시키고 있다. 그럼으로써 **[96]** 유언방식이 준수되지 아니하였고 피상속인이 누구를 위하여 유언을 하였을지가 증언에 의하여 비로소 조사될 수 있는 경우가 흔함에도 불구하고 종의처분(終意處分)에 효력이 부여되고 있다는 사실은 미국 법원도 잘 알고 있는 바이나, 이것이 관건적이라고 보지는 아니하는 것이다:

---

224) *Letham v. Father Divine* 85 N.E. 2d 168, 11 A.L.R. 2d 802 (1949); 그에 대하여는 또한 Cornell L. Q. 35 (1949/50), 654; Harv. L. Rev. 63 (1948/49) 108; Mich. L. Rev. 48 (1949/50) 1048: Minn. L. R. 34 (1949/50) 80의 노트들도 참조. – 또한 *Monach v. Koslowsky*, 78 N.E. 2d 4 (1948)도 참조. – 영국의 오래된 판례도 같은 방향이다; *Dixon v. Olmius* (1787) 1 Cox 414 (사실관계는 *Scott* § 489.4); *Bulkley v. Wilford* (1834) 2 Cl. & Fin. 102 (6 E.R. 1094에 수록).

"법은 유언이 전부 서면으로 작성될 것을 요구하고 있으므로 [의제]신탁이 증여물을 변경하여 유언에 직접 작용하는 것은 아니다; 그러나 그것은 증여물이 수유자의 점유에 이를 때 또는 그가 그것을 수령할 권리를 취득하는 순간 증여물 자체에 작용한다. 이론적으로는 유언이 유증물(legacy)을 수유자에게 이전시킴으로써 완전한 효력을 발휘하고 형평[법]은 사기를 막기 위하여 유언자가 의도한 수익자를 위한 신탁을 발생시키며 수유자에게 부정행위로 인한(ex maleficio) 수탁자로서 그 증여물을 그들에게 전해주도록 강제하는 것이다."[225]

이러한 원칙은 피상속인에게 구두(口頭)나 추단적(推斷的) 행태로 그가 출연한 대상을 상속개시 후 제3자에게 양도하겠다고 보증하고 피상속인으로부터 수유한 사안에서도 타당하다. 여기에서 수령자가 처음부터 그의 약속을 지킬 생각이 없었음에도 악의적으로 기망한 것이라면 형평[법]은 그를 그 출연받은 대상과 관련하여 그 제3자를 위한 의제수탁자로 간주하는 것이다[226].

---

225) *Ahrens v. Jones* 62 N.E. 666 (1902); 마찬가지로 *Latham v. Father Divine* (前註).

226) 그런데 수유자는 그가 악의적으로 행동하지 아니하였을 때에도 "의제신탁으로" 보유한다; 위 §§ 20 및 21 참조. 그곳에서 언급한 사례들에서 의제신탁을 인정한 근거는 피상속인이 악의적 영향을 받았다는 데 있는 것이 아니라 흠결된 유언방식에도 불구하고 특정 후손을 위하여 재산상 배려를 하려는 그의 의도가 실현될 수 있어야 한다는 사상이다.

제4장
독일법상 유사한 기능을 하는 제도들

1. 상속법적 제도들

§ 51. 일반

[97] 영미 신탁의 주요기능은 피상속인이 복수의 연속하는 권리자를 위하여 그의 상속재산을 장기간 구속하는 것을 가능하게 하는 데 있다. 이는 본질적으로 다음과 같은 방법으로 이루어진다:

a) 상속재산에 대한 [보통]법상 권원(legal title)은 중립적 제3자인 수탁자에게 이전된다. 상속재산의 관리는 이로써 그에게 맡겨진다.
b) 부동산권(estate) 개념을 신탁법에 받아들임으로써[1] 피상속인이 여러 사람들에게 시간적으로 연속하여 상속재산에 대한 수익권을 출연하는 것이 가능해졌다.

중립적 관리수탁자를 지정하고 상속재산을 일정 기간 동안 구속하는 것: 신탁설정의 이 가장 중요한 두 효과는 서로를 보충 내지 전제한다. 상속재산에 대한 [보통]법상 권원(legal title)이 수탁자에게 출연되면 그 결과 수익자는 상속대상을 살아 있는 사람들 사이에서도, 사망을 원인으로도 처분할 수 없게 된다: 그러나 상속재산의 구속을 달성하기 위해

---

1) 위 § 3 참조.

서는 둘 다 필요하다. 신탁수익자(cestui que trust)는 살아 있는 사람 사이의 법률행위를 통하여 상속재산에 속하는 대상을 자유롭게 처분할 수 있으므로, 그가 상속재산을 낭비하여 그의 후순위자(Nachfolger)에게 해를 가하고 그리하여 구속효가 허상이 되게 할 수 있을 것이기 때문이다. 수익자가 상속재산을 사망을 원인으로 처분할 수 없다는 점도 마찬가지로 상속재산구속의 필요조건 중 하나이다. 피상속인이 병존하는 권리자들에게 어떤 순서로 형평[법]상 이익을 부여할지 정할 수 있어야 그[권리자]가 상속재산에 대하여 종의처분(終意處分)을 할 여지가 없어지기 때문이다. 마지막으로 상속재산관리를 중립적인 제3자에게 맡기는 것은 합목적적이기도 하다. 그러한 제3자만이 시간적으로 계속되는 권리자들로부터, 즉 구속효로부터 생기는 이익충돌을 정당하게 해결할 수 있다[2].

[98] 이러한 신탁설정의 효과들의 상호작용은 영미의 법률가에게는 자명해 보일 것이다. 그러나 독일법을 살펴보면 법질서는 그러한 효과를 거두기 위하여 피상속인에게 여러, 체계적으로 서로 별개인 법제도들을 이용할 수 있음을 확인하게 될 것이다. 독일법에서는, 상속재산관리에서 중립적인 제3자는 유언집행자(Testamentsvollstrecker)이다[3]. 구속효, 즉 복수의 상속재산권리자의 시간적 병존은 일정 범위에서 후상속인(後相續人, Nacherben)의 지정으로, 그러나 다른 법형상에[4] 의하여서도 달성될 수 있다.

§ 52. 유언집행과 수탁자역할(trusteeship)

독일법에서 보통법의 수탁자에 평행한 것을 찾는다면 우선은 유언집

---

2) 위 § 30 참조.
3) 아래 §§ 52-56 참조.
4) 아래 §§ 57-60 참조.

행자(Testamentsvollstrecker)를 떠올리게 된다.

독일법은 단지 피상속인의 종의(終意)의 정함을 수행하는 것을 대상으로 하는 유언집행(청산집행)과 피상속인이 유언집행자에게 그의 종의처분(終意處分)의 수행에 갈음하여 또는 그 수행과 함께 상당 기간 동안 상속재산의 관리를 맡기는 "관리하는" 유언집행을 구별한다(독일민법 제2209조). 보통법상 수탁자(trustee)와 비교하는 데는 무엇보다도 마지막에 든 관리집행이 고려된다; 단순한 청산집행은 영미법상 유언집행자(executor)에 대응한다5).

유언집행(Testamentsvollstreckung)과 수탁자 역할(trusteeship)은 그 법적 구성이 근본적으로 다르다: 독일법에서 상속인으로 지정된 사람은 유언집행의 부담을 지고 있을 때에도 여전히 상속재산에 속하는 모든 권리들의 보유자이다. 유언집행의 정함은 상속재산에 속하는 대상들을 관리하고 그것을 살아 있는 사람들 사이에 처분할 자격을 상속인으로부터 유언집행자에게로 이전하는 효과를 가질 뿐이다.

두 법질서는 피상속인은 어떻게 어떤 대상을 관리하고 처분할 자격을 수유자 아닌 중립적 제3자가 가지도록 출연할 수 있는가 하는 문제를 전혀 다른 방식으로 해결한다: 독일법에서는 *수유자*가 상속인 겸 소유자이지만, 그의 소유권에서 관리 및 처분자격을 분리하여 유언집행자에게 부여한다. 보통법에서는 수탁자가 [보통]법상 권원(legal title)의 보유자이지만, 그의 법적 지위가 **[99]** 수익자에게 "형평[법]상 이익"이라 불리는 청구권들의 다발이 부여되어 그가 수탁자 및 제3자에 대하여 상속재산에 대한 수익권을 관철할 수 있게 됨으로써 제한된다.

---

5) 그에 대하여는 위 § 28 참조.

§ 53. 신탁에 반하는 제3자에의 처분

중립적 제3자에 의한 상속재산관리의 두 형태는 그 법적 구성에서 서로 현저하게 다르다; 그리고 여기에서도 비교법의 오랜 경험이 확인된다: 서로 다른 법질서에서 기능이 유사한 제도들은 그 서로 다른 도그마틱적 구조에도 불구하고 매우 비슷한 결과에 이른다.

이는 유언집행자 내지 수탁자가 신탁에 반하여 상속재산에 속하는 대상을 제3자에게 처분한 경우에 드러난다. 위에서 설명한 바와 같이[6], 보통법은 수탁자의 처분이 신탁위반이고 취득자가 이를 알았거나 알았어야 했던 한 제3취득자가 수탁자로부터 받은 대상을 수익자를 위한 의제수탁자로 보유한다고 정한다. 제3자가 수탁자로부터 무상으로 취득하였다면 제3자가 선의라도 같다.

독일법은 다른 규율에서 출발한다. 독일민법 제2205조 제2문에 따르면 유언집행자는 상속재산을 처분할 권한을 갖는다. 그의 처분자격에는 원칙적으로 제한이 없다[7]; 그 기초가 되는 유언집행의 목적에 의하여 그 범위를 제한하지 아니한 것은 입법자의 의도적인 선택이었다[8].

판례는 이러한 원칙을 현저하게 좁혔다. 제국법원은 유언집행자가

---

6) 위 § 12 참조.
7) 독일민법 제2208조에 따라 피상속인이 유언집행자의 처분자격을 제한할 수 는 있다; 그러나 이러한 제한이 제3자에 대한 효력을 전개하는 것은, 이러한 제한이 그 제3자에게 알려져 있지 아니한 이상, 유언집행자지정증서상 드러난 경우뿐이다, 독일민법 제2368조 제3항, 제2365조, 제2366조 및 그에 대하여는 *Staudinger-Dittmann* Rn. 12 zu 2208.
8) Protokolle zum Entwurf des Bürgerlichen Gesetzbuchs V (1899) 279 참조: "위원회(Kommission)는 … 유인적(有因的)으로 조건 지워진 처분권의 부여는 … 처분행위가 적정한 관리에 … 필요하지 아니하였다는 이유에서 그 처분행위의 효력이 의문시될 수 있어 거래에 좋지 아니하다는 의견이었다." 또한 *Kipp-Coing* § 68; *Kregel* in RGR-Kommentar zum Bürgerlichen Gesetzbuch[10] (1956) Anm. 3 zu § 2205; *Staudinger-Dittmann* Rn. 45 zu § 2205.

상속재산에 속하는 저당권을 신의에 반하여(treuwidrig) 제3자에게 양도하여 그가 개인 목적으로 제3자로부터 받은 소비대차를 변제한 사안에 대하여 판결하였어야 했다. 유언집행자가 **[100]** 저당권을 처분할 자격을 갖고 있다는 점은 다툴 수 없었다. 그러나 제국법원은 이 사안에서 대리법상 대리권남용이론으로 발전한 원칙을 유추하였다. 유언집행자의 처분은, 그의 자격을 남용하였고 그의 행태가 신의에 반함(Treuwidrigkeit)을 제3자가 알았거나 중대한 과실로 알지 못하였기에 무효라고 판결하였다[9]. 그 뒤에 제국법원은 비슷한 사안에서 제3취득자의 주의의무를 강화하였다: 유언집행자의 신의위반을 알지 못한 데 경과실이 있을 뿐인 경우에도 이제는 족하다는 것이다[9a]. 다른 판결에서 제국법원은 유언집행자가 상속재산에 속하는 토지를 매도하기 위하여 택한 시점이 유리하고 받은 매매대금이 적정한지 여부를 상세하게 심사하고, 이 문제의 답은 유언집행자가 그의 자격을 남용하여 처분한 것인지 여부에 달려 있다고 하였다. 이것이 긍정된다면, 취득자가 남용을 근거 지우는 사정들을 알았거나 알았어야 했던 한 유효한 처분은 존재하지 아니하는 것이다[9b].

따라서 제국법원은 "유언집행자가 그 자격을 남용하여 제3자와 사이에 체결한 법률행위상의 권리를 그 제3자는, 이러한 남용을 알았어야 했을 때에는, 행사할 수 없다"는 그의 원칙으로[10], 보통법이 "신탁의 대상이 된 재산을 받은 사람은 … 그가 그것이 신탁재산이고 그에 대한 양도가 신탁위반임을 실제로 알았거나 안 것으로 간주되어야 할 때에는(actual or constructive notice) 의제수탁자가 된다"는 그 규칙으

---

9) RGZ 75, 299 및 그에 대하여 *Kipp*, Zur Lehre von der Vertretung ohne Vertretungsmacht, in: RG－Festgabe II (1929) 273, 284 f.; Recht 1912 Nr. 889에서 제국법원도 마찬가지.
9a) RGZ 83, 348.
9b) RGZ 130, 131.
10) RGZ 130, 131, 134.

로[11] 이른 바와 본질적으로 같은 결과에 이른다. 예컨대 수탁자가 신탁에 반하여 상속재산에 속하는 토지를 처분하였다면 악의의 취득자는 보통법상 법적 권원(legal title)의 보유자이기는 하나 의제수탁자로서 그 토지를 수익자를 위하여 수탁자에게 재양도할 의무를 진다[12]. 독일법에 따르면 처분이 무효이므로 소유자는 여전히 상속인이다. 따라서 제3취득자 파산시 그 토지는 환취될 수 있다: 독일에서는 그것이 여전히 상속인에게 속하고 따라서 "재단 밖의" 것이어서; 보통법 국가들에서는, 이 경우 "의제신탁으로" 보유하는 대상이 문제되기 때문에[13].

[101] 수탁자가 상속재산에 속하는 대상을 *무상*으로 처분하였다면, 취득자는 그가 선의일 때에도 의제수탁자가 된다. 독일법은 독일민법 제2205조 제3항에 따라 같은 결론에 이른다: 유언집행자의 무상처분은 원칙적으로 무효이다; 취득자의 선의는 문제되지 아니한다.

따라서 종합하면 독일법과 보통법은 신탁/신의에 반하는(treuwidrig) 유언집행자 내지는 수탁자의 처분으로부터 보호가 문제되는 한 본질적으로 일치한다고 말할 수 있다.

§ 54. 대위

유언집행자 내지는 수탁자가 상속재산에 속하는 재산으로 다른 대상을 취득한 경우를 두 법에서 어떻게 다루는지와 관련하여서도 같은 점이 드러난다. 여기에서는 상속인의 소유권 내지 수익자의 형평[법]상 이익이 취득한 대상에 대하여 계속하는지 여부의 문제가 제기된다.

---

11) *Snell* 173.
12) 위 § 12 註 23 참조.
13) 위 § 11 참조. 유언집행자가 신의에 반하여(treuwidrig) - 현금이든 장부금전(帳簿金錢)이든 - 상속재산에 속하는 *금전*을 처분한 사안에서는 피두키아적 신탁(fiduziarische Treuhand)에 대하여 § 73에서 발전된 규칙이 적용되어야 한다.

보통법의 해결은 단순하다: 수탁자가 신탁재산을 처분하면 신탁이 수탁자가 취득한 대상(代償)에 미친다. 처분이 신탁위반인지 여부는 문제되지 아니한다; 수탁자의 의사지향이 대상(代償)을 자기 개인을 위하여 취득하려는 데 있었는지 여부도 중요하지 아니하다14).

독일법에서도 유언집행자가 취득행위 당시에 그가 유언집행자의 지위에서 행위하고 있다는 것을 알 수 있었던 이상 그는 직접 상속재산을 위하여 취득하는 것임을 누구도 의심하지 아니한다15). 반면 그가 자기 이름으로 나타나는 경우에는 나누어 보아야 한다: 상속재산으로 취득한 대상은, 유언집행자가 상속인을 그 소유자로 할 의사였다면, 상속재산에 속한다16). 그러나 유언집행자가 취득한 대상(代償)을 신의에 반하여(treuwidrig) 자기 자신을 위하여 보유하고자 하는 경우에도 그 결과는 같아야 한다. 그에 이르는 하나의 길을 제시하는 것이 독일민법 제2041조이다. 이는 물론 복수의 공동상속인들에게 합수적(合手的)으로 귀속하는 상속재산에만 적용된다. 그에 따르면 **[102]** "상속재산에 관계된" 법률행위에 의하여 취득된 모든 대상들은 상속재산에 속한다. 통설은 상속재산에 속하는 재산으로 행해진 이상 참여한 당사자들의 의사지향을 묻지 아니하고 그러한 상속재산에의 관계가 인정된다고 한다17). 제국법원은 독일민법 제2041조의 문언도, 이 규정의 법률상 위치도 이를 유언집행에 유추하는 데 방해가 되지 아니한다고 하였다: 여

---

14) 위 § 11 참조.

15) 이를 법적으로 어떻게 구성할 것인지는 다투어진다: 한 견해는 유언집행자가 상속인의 법정대리인이라고 보고, 다른 견해는 자기 이름으로 행위하는 사법상 직무보유자라고 본다. 묄레(*Dölle*) (Festschrift für Fritz Schulz II [1952] 268 ff.)는 유언집행자의 활동을 "중립적 행위"라고 한다; 그에 대하여는 *Kipp-Coing* § 97 VI 1 a도 참조.

16) 여기에서 다시 이를 도그마틱적으로 어떻게 근거 지울지도 다투어진다 ("그것이 관계된 자를 위한 행위" 또는 독일민법 제185조를 유추한 "취득수권"); 그에 대하여는 *Dölle* (前註) 272 f. 참조.

17) *Kipp-Coing* § 114 III 참조.

기에서 상속재산이 복수의 공동상속인들에게 귀속하지는 아니하고 단한 사람에게 귀속하기는 하나, 그것은 마찬가지로 분리하여 관리되는 특별재산을 구성한다는 것이다[18]. 이러한 판례를 모든 학설도 따랐다[19].

독일법의 도그마틱적 근거 지움에서 뭐라고 하든, 그 결과는 중요한 점들에서 보통법의 그것과 일치한다: 유언집행자가 그의 처분권한을 남용하였는지 여부, 자기 이름으로 하였는지 여부 또는 자기 자신을 위하여 취득하려는 의사였는지 여부와 관계없이 – 상속재산으로 취득한 대상은 어느 경우든 상속재산에 속한다[20].

§ 55. 집행 공취로부터의 보호

피상속인이 수탁자 내지 유언집행자를 지정함으로써 상속인 내지 수익자의 상속재산의 수익 및 그 원본에 대한 청구권을 그의 채권자의 집행 공취로부터 보호하고자 하는 경우가 흔하다. 두 법질서에서 어느 범위에서 피상속인이 이러한 방식으로 수유자에게 집행에서 안전한 재산항목을 보장할 수 있는가 – 이제 이 문제에 비추어 신탁과 유언집행이 서로 비교될 것이다.

법상태는 채권자의 상속재산에 속하는 대상 자체에 대한 공취가 문제되는 한 간단하다. 보통법상으로는 "신탁으로" 보유하는 대상의 [보

---

18) RGZ 138, 132, 133 f.
19) *Kipp – Coing* § 68 III 1; *Staudinger-Dittmann* Rn. 9 zu § 2205; *Stau – dinger-Lehmann* Rn. 5 zu § 2041; *Kregel* in RGR – Kommentar zum Bürgerlichen Gesetzbuch (註 8) Anm. 3 zu § 2205; *Baur* JZ 1958, 467. 연방대법원도 이를 따른다, BGH in LM Nr. 4 zu § 2219 참조.
20) 유언집행자가 신의에 반하여(treuwidrig) 상속재산에 속하는 대상을 처분한 다음 그 대가를 자기의 현금과 섞었거나 이미 자기를 위한 잔고가 있는 개인 은행계좌에 입금한 경우 피두키아적 신탁(fiduziarische Treuhand)에 대하여 § 73에서 발전된 규칙이 유추되어야 한다.

통]법상 권원(legal title)이 수탁자에게 귀속하고 수익자의 재산에 속하지 아니한다는 점으로부터 바로 수익자의 채권자는 그의 채권을 위하여 신탁재산을 쓸 수 없다는 점이 도출된다.

독일법도 같은 결론에 이른다. 독일민법 제2214조에 따르면 상속인 자신의 채권자들은 유언집행이 진행 중인 동안 상속재산에 속하는 대상에 대하여 집행 공취를 할 수 없는 것이다.

[103] 상속재산수익의 배분을 구하는 상속인 내지 수익자의 청구권들도 압류의 대상에서 제외될 수 있는지는 다른 문제이다. 영미법에서 이것이 보호신탁(protective trust)과 낭비자신탁(spendthrift trust)에 의하여 널리 가능한 것과 달리21), 독일법은 이 문제에는 유보적이다.

우선 독일민사소송법 제863조를 들 수 있다. 피상속인이 독일민법 제2338조에 따라 낭비적이거나 채무초과인 자손을 지정하면서 유언집행자가 그 후손이 살아 있는 동안 그에게 남긴 상속분이나 유증 또는 (포기한 경우에는) 의무분청구권(Pflichtteilanspruch)을 관리하고 매년 그에게 순수익을 지급하게 하는 경우 후손의 채권자는 순이익청구권을 그의 지위에 맞는 부양액을 초과하는 범위에서만 압류할 수 있는 것이다.

그러나 수익권을 집행 공취로부터 보호할 가능성이 여기에서 그치는 것은 아니다. 제국법원은 피상속인이 그의 아들에게 상속분을 출연하면서 그의 아들이 살아 있는 동안 유언집행을 명하고 그에게 매년 순이익을 지급하도록 한 사안에 대하여 판결한 바 있다. 그는 나아가 순이익청구권이 양도 또는 압류될 수 없도록 정하였다: "양도가 이루어지는 경우 해당 금액은 내 아들의 현물부양에 이용하는 것을 내용으로 하는 부담부로 유언집행자에게 귀속한다."22)

이러한, 보호신탁과 널리 일치하는 규율을 제국법원은 승인하였

---

21) 위 §§ 22, 23 참조.
22) RG SeuffA 74, 178, 179.

다[23]). 그것은 유언집행자의 관리 및 처분권한은 상속재산 자체에만 미치는 것이 아니라 상속인의 상속재산수익에 대한 청구권에도 미치므로, 채권자들에게는 독일민법 제2211조, 제135조에 따라 공취 가능성이 없다는 견해였다. 특정 사건이 발생할 때 (가령 집행시도가 있을 때) 상속재산의 수익을 상속인에게 "현물부양"의 형태로만 출연하도록 유언집행자에게 수권하는 종의(終意)의 정함도, "그렇게 함으로써 수유자의 채권자의 청구권들이 침해된다 하더라도" 독일민법 제137조 위반이 아니라는 것이다[24].

그럼으로써 독일법도 유언집행이 부과된 상속인들의 권리를 그의 채권자의 집행 공취로부터 보호하는 것을 가능하게 할 수단을 마련하여 두고 있음이 드러난다. **[104]** 피상속인은 특히 유언집행자에게, 상황상 이것이 필요한 경우, 가령 상속인에게 강제집행이 임박한 경우에는, 상속인으로부터 상속재산수익에 대한 청구권을 박탈하거나 감축할 권한을 부여할 수 있다[25]. 반면 제국법원 판례에도 불구하고 상속인의 청구권이 압류된 순간 *자동적*으로 소멸하도록 정하는 것이 허용되는지는 의심스러워 보인다[26].

§ 56. 수탁자와 법정대리인

유언집행자가 피상속인에게 상속재산이 수유자를 위하여 중립적 제3자에 의하여 관리되도록 배려하는 것을 가능하게 하는 독일법상 유일

---

23) RG (前註) 178 ff. 이 판결은 문헌에서 이의 없이 받아들여졌다, *Johannsen* in RGR－Kommentar (註 8) Anm. 4 zu § 2338; *Kipp－Coing* § 15 Anm. 4; 제한적인 것으로 *Staudinger－Ferid* Rn. 48 zu § 2338 참조.

24) RG (註 22) 181.

25) *Staudinger－Dittmann* Rn. 16 zu § 2209 참조.

26) BGHZ 32, 151 참조. 이 사건에서는 어떤 유한책임회사(GmbH)의 회사지분이 압류되는 경우 그 전 가치에 대응하는 대가의 추심을 허용하지 아니하는 정관규정이 독일민법 제137조 위반으로 무효라고 하였다.

한 제도는 아니다. 상속재산이 특히 *미성년인* 사람에게 가는 한 독일에서 유언집행을 명하는 일은 매우 자주 불필요하다. 미성년의 수유자를 위한 상속재산은 그의 법정대리인이 후견법원의 감독 하에 관리하게 될 것이기 때문이다. 이러한 경우에도 영미의 상속인은 신탁제도에 의하고 있다.

대륙법과 대조적으로 특히 보통법에서는 미성년자의 포괄적 법정대리인이라는 사상이 발전하지 아니하였다. 보통법은 제한된 범위에서 미성년자를 대리할 권한을 부여받은 일련의 사람들(후견인 guardian, next friend, 절차상 후견인 guardian ad litem, 미성년 재산관리인 administrator durante minore aetate 등)을 알 뿐이다. 따라서 피상속인이 미성년자를 상속인으로 지정하기만 하는 것은, 상속개시 후 대리인으로서 미성년자의 이름으로 상속재산을 유효하게 처분하고 관리할 수 있는 권한이 있는 사람이 누구인지 곧바로 분명하지는 아니하기 때문에, 권고되지 아니한다. 그리하여 영국과 미국에서는 미성년자에게 출연하는 경우 그가 성년이 될 때까지 상속재산에 대한 [보통]법상 권원(legal title)은 수탁자에게 이전하고 그에게 형평[법]상 이익만을 부여하여 이러한 어려움을 피하는 것이 법관행이 되었다. 그리하여 독일법에서 통상 법정대리인만이 할 과제를 미성년자를 위한 상속재산관리의 틀에서 수탁자가 이행하게 된 것이다[27].

---

27) 그에 대하여 상세한 것은 *Müller-Freienfels*, Die Vertretung beim Rechts-geschäft (1955) 166 ff. 참조. 보통법상의 수탁자에게 독일법상 – 재산관리가 문제되는 한 – 법정대리인이 수행할 기능이 부여된다는 원칙은 상속개시 당시 살아 있는 사람의 수명을 21년 넘는 영구[구속금지]기간(perpetuity period)에서도 드러난다 (위 § 24 참조): "… 살아 있는 사람의 수명에 21년을 더하는 것은 미성년자가 성년에 이를 때까지 재산을 미성년자로부터 유보하여 둠으로써 후견인을 지정하는 불편을 피할 수 있도록 고안된 것이다" (*Morris* and *Leach* [제3장 註 46] 67).

§ 57. 후상속인(後相續人)의 지정을 통한 상속재산의 구속

[105] 유언집행을 정함으로써 상속인의 법적 지위가 수익자의 그것과 유사하게 형성될 수 있음이 드러났다: 수익자와 상속인은 상속재산에 속하는 대상을 관리하거나 이를 살아 있는 사람들 사이에서 처분할 수 없다; 그에 갈음하여 이러한 자격은 중립적 관리자, 즉 수탁자와 유언집행자에게 부여된다. 그러나 신탁의 설정에 의하여 매우 쉽게 달성할 수 있는 상속재산을 복수의 사람들이 시간적으로 연속하여 그에 대한 권리를 갖는 방식으로 구속하는 일이 유언집행에 의해서는 결코 쉽지 아니하다. 독일법이 피상속인에게 그러한 상속재산의 구속을 가능하게 하는 여러 제도들을 인정하고 있기는 하다. 그러나 이들 제도는 유언집행과 체계적으로 분리되어 있다. 유언집행과 이들 제도를 결합하여야 비로소 피상속인에게 신탁을 설정하여 상속재산의 관리를 제3자에 맡김과 *동시에* 그 제3자가 일련의 연속하는 사람들을 위하여 관리권을 행사하도록 할 가능성이 열린다.

이러한 제도들 중 가장 중요한 것은 후상속인(後相續人, Nacherben)의 지정이다. 피상속인이 둘 또는 그 이상의 사람들이 연속하여 상속을 받도록 하고자 한다면, 그는 상속인을 지정하면서 특정 시점부터는 다른 사람이 – 그가 이를 원하는 경우에는 – 그 다른 사람 이후에는 제3자가 상속인이 되도록 상속인들을 지정할 수 있다[28]. 이러한 경우 세 사람이 피상속인의 연속적인 상속인들이 되는 것이다.

그러한 상속재산구속은 처음 두 상속인들이 상속재산에 대하여 사망을 원인으로는 전혀 처분할 수 없고 살아 있는 사람들 사이에서도 제

---

28) 이 예에서 제1상속인이 선상속인이지만, 제2상속인도 동시에 제3상속인에 대한 관계에서는 선상속인이다. 후상속이 일어나는 경우의 수에 대하여는 독일법상 제한이 없다; 상속재산구속의 시간적 한계에 대하여는 다른 방식으로 배려되고 있다. 그에 대하여는 아래 § 58 참조.

한적인 범위에서만 처분할 수 있을 것을 요건으로 한다. 선상속인(先相續人, Vorerben)이 유언을 자유롭게 할 수 있다면 후상속인의 지정은 의미 없어질 것이기 때문이다; 살아 있는 사람들 사이의 처분을 제한 없이 할 수 있다면 상속재산을 낭비하여 후상속인을 해할 것을 우려해야 할 것이다[29].

[106] 피상속인은 하나 또는 여러 후상속인을 지정하면서 관리유언 집행을 명함으로써 이를 보충할 수 있다. 그는 그렇게 함으로써, 후상속인 지정으로 선상속인에게 남아 있는, 살아 있는 사람들 사이의 처분을 할 나머지 자격을, 독일민법 제2211조에 따라 유언집행자에게 이전할 수 있다. 선상속인은 그 경우에도 여전히 상속재산에 속하는 대상의 소유자이지만, 이를 살아 있는 사람들 사이에서도, 사망을 원인으로도 처분할 수 없고, 또 이를 점유할(in Besitz zunehmen) 권리를 갖지 아니하며(독일민법 제2205조 제2문), 사실상의 관리도 (이것이 처분자격 없이는 도대체 가능하지 아니한 이상) 행사할 수 없다. 그러므로 선상속인이 여전히 소유자라 하더라도 그의 법적 지위는 단순한 수익권자에 더 가깝고, 신탁수익자(cestui que trust)와 거의 구별되지 아니한다[30].

§ 58. 시간적 한계

복수의 상속재산권리자들의 연속을 허용하는 법질서라면 어느 곳에서나 피상속인이 상속재산의 승계를 이러한 방식으로 미리 정할 수 있는 시간적 한계의 문제를 해명하여야 한다.

---

29) 따라서 독일민법 제2136조에 따라 해방된 선상속인도 상속재산에 속하는 대상을 무상으로 처분하지는 못한다.
30) 피상속인은 - 일반적으로 승인된 바와 같이 - 선상속 시기에 대한 수익을 후상속 개시 전 이미 후상속인에게 귀속시키도록 유증을 지시하거나 부담을 정함으로써 선상속인에게서 이 권리도 박탈할 수 있다; *Baur* JZ 1958, 465, 467 m. w. Nachweisen 참조.

보통법에서 이 문제는 영구[구속]금지의 원칙(Rule against Perpe-tuities)으로 결정된다. 그에 따르면 어떤 권리의 종의(終意)출연은 그것이 상속개시 당시 살아 있던 사람 또는 사람들이 사망한 뒤 21년이 지나서야 비로소 유효하게 될 때에는 무효이다31). 독일법은 독일민법 제2109조에서 후상속의 개시는 상속개시 후 늦어도 30년 이내에 이루어져야 한다는 원칙을 수립하고 있다. 그러나 이 원칙은 그 실무적으로 가장 중요한 사례에서 깨어진다: 피상속인의 정함에 따를 때 후상속개시가 선상속인이나 후상속인 자신에게 생기는 특정 사건에 결부되어 있는 경우32), 이 사건이 상속개시 후 30년이 지난 뒤에 비로소 발생한다 하더라도, 상속개시시에 선상속인이나 후상속인이 적어도 태어나는 있었다면, 이는 문제되지 아니한다. 이러한 방식으로 입법자는 후상속의 개시는 늦어도 상속개시 당시에 살아 있던 선상속인 또는 후상속인이 사망할 때에는 발생하도록 하고 있다33).

[107] 그러므로 기본규칙은 두 법 모두에서 놀라울 정도로 같다: 출연이 유효한지와 관련하여서는 그것이 출연이 이루어질 때, 즉 상속개시 당시에 살아 있었던 특정인이 사망하기 전 또는 늦어도 그와 동시에 유효하게 되는지 여부가 중요하다. 물론 개별적으로는 현저한 차이가 있다. 특히 눈에 띄는 것은 영구[구속금지]기간(perpetuity period)이 "살아 있는 사람(lives in being)"의 수명보다 21년 길다는 점이다34). 나아가 독일법에서 그가 사망할 때까지 후상속이 개시되어야 하는 사람은 오직 선상속인이나 후상속인들 중 하나여야 한다. 보통법은 이 점에

---

31) 상세한 것은 위 § 24 참조.
32) 선상속인 또는 후상속인이 성년이 되거나, 결혼하거나, 특정 직업을 갖거나, 인간이 달에 착륙하였을 때 후상속이 개시된다는 정함이 여기에 속한다; *Kipp-Coing* § 47 II 참조.
33) 독일민법 제2109조 제1항 제2호가 그에 대한 좁게 제한된 예외를 포함하고 있다.
34) 그에 대하여는 위 註 27 참조.

서 더 대담하다: 상속과정과 어떤 관계도 없는 사람들도 "살아 있는 사람(lives in being)"이 될 수 있는 것이다[35]. 끝으로 두 법질서는 언제 출연이 그 수유자를 위하여 "유효하게 되었다"고 보는가 하는 문제와 관련하여서도 다르다. 독일법에서 이는 상속재산이 후상속인에게 이전할 때이다; 보통법에서는 수유자의 권리가 "확정된 권리(vested interest)"가 되면 족하다[36]. 이러한 – 물론 중요하지는 아니한 – 차이들을 무시하면, 보통법이 독일법보다 더 넓게 구속을 허용하는 경우는 거의 찾을 수 없다. 그 역도 마찬가지로 드물다[37].

관리유언집행도 비슷하게 긴 기간 명할 수 있다. 독일민법 제2210조에 따르면 그것은 원칙적으로 30년에 한하여 지속될 수 있다. 그러나 피상속인은 관리가 상속인이 사망하면 비로소 종료하는 것으로 정할 수 있다. 선상속인뿐 아니라 후상속인도 그러한 상속인에 해당한다[38]. 그러므로 독일민법 제2109조가 후상속인의 지정을 허용하는 한, 독일민법 제2110조에 따라 (최후의) 후상속인의 사망시까지 지속되는 유언집행을 명하는 것도 가능하다.

---

35) 위 § 24 註 48에서 든 예 참조.
36) 확정된 권리(vested interest)의 개념에 대하여는 위 § 24 註 44 참조. 그곳에서 든 예는 독일법에서는 달리 판단될 것이다. 또한 아래 註 37도 참조.
37) 이러한 예는 대부분 보통법상 상속개시 당시에는 단지 멀리 떨어져 있었던 영구[구속금지]기간(perpetuity period) 위반의 가능성도 고려하여 출연이 무효가 될 수 있다는 사정과 관련되어 있다. 그에 대하여 독일법은, 몇몇 미국 주에서 법률에 의하여 도입한 "관망 법리(wait and see-doctrine)"를 따른다, *Simes* Mich. L. Rev. 52 (1953) 179 참조. 그에 따르면 후상속개시시 독일민법 제2109조의 요건이 충족되는지가 문제되고, 상속개시 당시에 그것이 충족되지 아니할 가능성이 있어 보이는지는 문제되지 아니한다.
38) *Kipp – Coing* § 69 III 2; *Staudinger – Dittmann* Rn. 2 zu § 2210.

§ 59. 유증의 정함(Vermächtnisanordnungen)

피상속인은 후상속인의 지정 외에 후유증(後遺贈, Nachvermächtnis) 또는 返還遺贈(Rückvermächtnis) 또는 용익권유증을 정함(Anordnung)으로써 [108] 상속재산이나 그에 속하는 개별 대상의 수익을 연속한 복수의 사람들에게 부여하도록 배려할 수 있다.

그리하여 피상속인은 그의 아들을 상속인으로 지정하고 그에게 상속재산에 속하는 특정 토지를 수유자에게 양도할 의무를 지울 수 있다. 아들은 그 수유자가 성년이 되었을 때 그 토지에 대한 재양도합의(Rückauflassung) 청구권을 취득한다(返還遺贈). 피상속인은 아들이 일정 기간 경과 후 또는 어떤 조건 성취로 반환수유자로서 제3자에 대하여 소유권이전청구권을 취득하기 전, 제3자가 그 수유자에 대하여 그 토지의 양도합의(Auflassung)를 구할 수 있다고 정할(anordnen) 수도 있다(後遺贈). 이러한 방식으로 유증이 수유자에게 가는 시점이 미루어지는 경우 후상속인지정에 따른 독일민법 제2162조, 제2163조의 시간적 한계도 준수되어야 한다.

이러한 사례에서는 여러 사람들이 연속하여 토지의 소유자로서 수익을 거둘 권리를 갖게 된다. 한 권리자에서 다른 권리자에의 토지이전은 물론 후상속인 지정에서처럼 법률의 작용에 의하여 당연히(ipso iure) 이루어지지 아니하고 법률행위적 양도에 터 잡아 비로소 이루어진다. 후수유자 또는 반환수유자는 그 전자(前者)에게 이를 청구할 수 있다. 후유증 또는 반환유증의 부담을 진 수유자는 유증대상을 처분할 자격이 제한되어 있지 아니하므로 독일민법 제2223조에 따라 관리권을 행사하고 그때그때 수유자에게 잔여 순수익을 지급할 유언집행자를 지정하는 것이 바람직하다[39].

---

[39] 유언집행자를 지정하면서 유증대상을 수유자를 위하여 관리하고 처분할 부담을 지우는 것은 허용된다; BGHZ 13, 203; *Kipp-Coing* § 76 I 3 참조.

실무에서는 피상속인이 어떤 사람이 살아 있는 동안은 그에게 상속재산의 수익을 출연하고 그가 사망한 뒤 비로소 다른 사람에게 상속재산 전부를 누릴 수 있게 하고자 하는 사례가 특히 흔하다. 여기에서는 상속인지정이 용익권유증의 정함과 결합되는 일이 흔하다[40]. 그 경우 수유자는 상속인에 대하여 상속재산에 대한 물권적 용익권을 설정해달라는 채권적 청구권을 갖는다[41]. 수유자는 이 권리에 터 잡아 [109] 상속재산을 점유하고(in Besitz zu nehmen) 관리하며 수익을 수취할 자격이 있다. 용익권자도 적절한 경영에 해당하는 한도에서 상속재산에 속하는 대상을 처분할 수 있다. 피상속인이 이러한 자격을 불편부당하고 재산관리에 특히 경험 있는 제3자의 손에 맡기고자 하는 경우 그는 다시 유언집행을 명할 것이다.

이러한 종류의 전형적 사실관계에 해당하는 사건을 연방대법원이 판결하여야 했다[42]. 피상속인이 여러 친족을 상속인으로 지정하면서 다음과 같이 처분하였다: "내 처가 살아 있는 동안에는 그가 내 전 상속재산에 대한 무제한적 용익권을 가진다." 그는 나아가 유언집행자를 지정하였는데, 그의 과제는 상속재산을 그 처를 위하여 관리하고 그가 사망한 뒤 2년 이내에, 그러나 모든 상속인들이 30세에 달하였을 때에, 상속인들에게 반환하는 것이었다.

이 사안에서 그 처의 법적 지위는 상속재산에 대하여 "살아 있는 동안(for life)" 형평[법]상 이익을 출연받은 수익자의 그것과 비본질적으로 구별될 뿐이다. 처는 상속재산을 처분할 수 없다. 그는 용익권의

---

40) 피상속인이 용익권유증을 의도하였는지 선상속인지정을 의도하였는지를 가리는 것은 종종 어렵다; 예컨대 BGH in LM Nr. 2 zu § 2100; *Kipp-Coing* § 47 II 2 참조 – 용익권유증은 상속개시시에 수유자에게 귀속될 필요가 없다; 그것은 정지조건부나 기한부일 수도 있다.
41) 그러나 유언해석상 수유자가 용익권 설정이 아닌 수익을 내용으로 하는 채권적 청구권을 보유하는 일도 있을 수 있다; RGZ 148, 335, 336.
42) BGHZ 13, 203.

보유자이고 - 연방대법원이 판시한 바와 같이 - 토지들이 상속재산에 속하는 한 부동산등기부에 등기해 줄 것을 청구할 수 있다. 그러나 상속재산을 점유하거나(in Besitz zu nehmen), 상속재산에 속하는 토지를 사용임대(vermieten)하거나 용익임대(verpachten)하거나 상속재산에 속하는 상사영업을 운영할 자격은 없다. 이 모든 자격은 유언집행자에게 귀속되고 그는 단지 순이익의 배분을 구할 수 있을 뿐이다. 그가 사망한 뒤 상속인들에 대하여도, 그들 중 가장 어린 사람이 30세가 되기 전까지는, 같다: 상속인들이 상속재산에 속하는 대상들의 소유자이기는 하나 그들에게 이 기간 동안 주어진 것은 사실상 수익권뿐이다.

§ 60. 구속적 사인처분(死因處分)

독일법상 피상속인에게 상속재산의 구속을 가능하게 해주는 가장 중요한 형상들을 찾는 과정에서 마지막으로 마주하는 것은 철회할 수 없는 사인처분(死因處分)이다. 특히 상속인이 그의 상속재산을 우선은 A에게, 그리고 그가 사망한 뒤에 B에게 이전하고자 하는 경우 그는 A의 재산이 상속과정에서 B에게 이전될 것임을 아는 한 A를 상속인으로 지정하면 충분하다. A가 그가 피상속인이 사망한 뒤 더는 철회할 수 없는 종의처분(終意處分)으로 B에게 유증할 것이 그 요건이다.

독일법은 철회할 수 없는 사인처분(死因處分)으로 상속계약과 공동유언에서 상호처분을 인정하고 있다.

[110] 공동유언은 부부만 할 수 있다. 부(夫)가 그가 먼저 사망하는 경우 그의 재산이 우선은 그의 처에게, 그리고 그도 사망한 뒤에는 그들 공동의 자녀에게 이전되도록 하고자 한다면, 그는 공동유언으로 그의 처를 상속인으로 지정하고 그의 처는 그가 부(夫)보다 더 오래 사는 경우 공동의 재산은 최후상속인으로서 자녀들에게 귀속되게 한

다[43]). 이러한 부부의 두 처분이 상호 관련하여 의욕된 것이라면 - 독일민법 제2270조 제2항에 따라 의심스러울 때에는 그렇게 본다 - 처는 그가 한 자녀의 상속인지정을 그의 부(夫)가 살아 있는 동안에 그에게 특정 방식으로 철회를 알리는 방식으로만 철회할 수 있다. 그러나 부(夫)가 사망하였고 처가 그 상속을 승인하였다면 그는 자녀를 상속인으로 지정하여야 한다; 모든 반대되는 사인처분(死因處分)은 무효이다. 이로써 부(夫)의 그의 상속재산에 대한 특정 권리승계에의 신뢰를 저버리지 아니하게 된다[44]).

상속계약도 본질적으로 다르지 아니하다. 해제권유보의 합의가 없는 한 상속계약에 포함된 종의처분(終意處分)에 계약체결 당시부터 이미 구속되기는 한다. 그러나 상속계약에서 *쌍방* 당사자가 계약상 처분을 한 경우에는 - 여기에서 관심을 두는 사안은 그 경우뿐이다 - 더 오래 사는 계약 당사자는 그에게 출연된 것을 포기함으로써 그의 유언자유를 회복할 수 있다, 독일민법 제2298조 제2항 제3문. 그렇지 아니한 경우 그는 계약상 처분에 계속 구속된다.

상속계약은 부부가 체결할 필요가 없다; 두 사람 이상이 참가할 수도 있다. 상속계약은 종종 기업을 가족이 상속하도록 보장하는 데 쓰이고 있다. 이는 상속계약을 통하여 부모가 서로를 상속인으로 지정하고 나아가 그들 각자가 더 오래 사는 경우 공동의 자녀를 상속인으로 지정하며 이들이 다시 그들의 자녀(부부의 손자녀)에게 유증하도록 함으로써 이루어진다. 이로써 기업이 부부가 사망한 뒤에 처음에는 더 오래 산 배우자에게, 그리고 나서는 자녀들에게, 그리고 끝으로 손자녀들에게 순차 귀속될 수 있는 것이다.

물론 철회할 수 없는 종의처분(終意處分)에 구속되는 사람의 처분자격이 *살아 있는 사람들 사이에서*는 결코 제한되지 아니한다는 점은 생

---

43) 처가 먼저 사망하는 경우에 대하여는 *처*가 그에 상응하는 처분을 한다.
44) 이에 대하여는 위 § 26도 참조.

각해보아야 한다45). 연방대법원이 **[111]** 몇몇 재판례에서 더 오래 사는 배우자가 그가 사망하기 직전에 살아 있는 사람들 사이의 법률행위에 의하여 그의 재산의 주요 가치를 제3자에게 출연함으로써 최후상속인의 지정을 회피하고 공동유언을 "공동화(空洞化)"할 수는 없다고 인정한 바 있기는 하다46). 그러나 이는 특히 심한 사안에서나 그러하다. 따라서 여기에서도 상속계약이나 공동유언에서 예컨대 영업경험이 없는 상속인을 유언집행으로 제한하는 것이 권해진다. 그러한 경우에도 다시 복수의 상속재산권리자들의 시간적 연속과 중립적 관리자의 지명을 결합하는 경우 발생하는 법률관계는 유언신탁(testamentary trust)으로 설정된 바와 큰 유사성을 보인다.

§ 61. 정리

독일 법질서에는 - 그 자체로 - 장기간 상속재산을 구속하는 수단으로서의 기능에서 영미 신탁에 완전히 상응하는 법제도가 없다. 피상속인이 신탁을 설정함으로써 달성할 수 있는 두 본질적 법적 결과, 즉 한편으로는 중립적인 관리수탁자를 지정하고 다른 한편으로는 상속재산의 권리자의 시간적 연속을 정하는 것을 구별할 때에 비로소 독일법에서 기능이 유사한 제도들을 분리해낼 수 있게 된다. 이때 제3자를 통한 상속재산의 중립적 관리는 독일법에서 (관리)유언집행이라는 제도에 의하여 이루어지는 반면, 상속재산에 대한 일련의 연속하는 사람들을 위한 수익권을 부여하는 것은 여러 법형상들로, 즉 후상속인(後相續人)들의 지정, 유증의 정함, 공동상속과 상속계약에서 허용되어 있는 철회할

---

45) 상속계약 내지 하나의 공동유언에서 상호 관련된 처분의 수유자는, 피상속인이 그를 해할 의도에서 살아 있는 사람들 사이에 제3자를 위한 처분을 한 경우에는, 그 제3자에 대하여 단지 채권적 조정청구권을 가질 뿐이다; 독일민법 제2287조, 제2288조 참조.
46) BGH in LM Nr. 4 zu § 2271; BGHZ 26, 274, 276.

수 없는 종의처분(終意處分)들에 의하여 가능하다는 점이 드러났다.

유언집행과 수탁자지위(trusteeship)는 그 법적 구성이 근본적으로 다르다. 두 법질서가 법적으로 처리하여야 하는 기본상황은 같다: 상속재산을 불편부당한 수탁자가 수익자를 위하여 관리하여야 하는 것이다. 독일법은 이 문제를 수익자를 상속인으로 하되 그의 상속재산에 대한 소유권에서 처분 및 관리권한을 수탁자를 위하여 분리시킴으로써 해결한다. 보통법은 그 반대의 방법을 쓴다: 수탁자의 소유권에서 출발하여 그것을 신탁수익자(cestui que trust)를 [112] 위하여 상속재산 수익권(형평[법]상 이익)만큼 축소한다. 결과에 있어서 두 법질서는 널리 일치한다. 상속인 내지 수익자(beneficiary)가 신의/신탁에 반하는(treuwidrige) 유언집행자 내지 수탁자(trustee)의 처분을 자신에 대하여 유효한 것으로 하여야 하는 요건은 거의 같다. 대위문제는 두 법에서 비슷한 방식으로 해결된다. 보통법이 이 문제를 쉽게 다루는 점에서는 독일법보다 우위에 있기는 하지만 말이다. 집행 공취로부터 수익권의 보호와 관련하여서도 독일법은 상속인의 법적 지위를 보호신탁(protective trust)에서 수익자(beneficiary)와 비슷하게 형성할 수 있는 법적 수단으로 제공하고 있다.

유언집행이 오직 종의처분(終意處分)으로만 명해질 수 있는 반면 신탁(trust)은 살아 있는 사람들 사이의 법률행위에 의해서도 설정될 수 있다는 점은 강조되어야 한다[47]. 독일법에서 재산대상을 살아 있는 사람들 사이의 법률행위로 수탁자에게 이전하고 그때 그와 사이에 그가 양도받은 재산을 특정한 방식으로 관리하고 수익자에게 그 수익을 지급하도록 합의할 수는 있다. 그러나 그러한 피두키아적(fiduziarisches) 법률관계를 통해서는 수탁자에게 채권법적 의무를 부과할 수 있을 뿐이다. 재산을 살아 있는 사람들 사이의 법률행위를 통하여 직접 수익자

---

47) 위 § 17 참조.

에게 이전하고 그 처분 및 관리자격을 제3자에게 귀속시키는 것은, 통설에 따르면 독일민법 제137조로 인하여 좌절된다. 여기에서는 실제로 독일법이 틈을 드러내고 있는 것처럼 보인다[48].

보통법은 부동산권(estate)개념을 신탁법에 받아들임으로써[49] 힘들이지 아니하고 피상속인이 어떤 조건이 성취되거나 기한이 경과하면 상속재산에 대한 서로 다른 사람들을 위하여 연속하여 발생하는 형평[법]상 이익을 설정할 수 있게 해 주었다. 독일법도 마찬가지로 한 명 이상의 수유자에게 상속재산에 대한 수익권을 연속하여 출연하되 끝에는 누군가에게 상속재산에 대한 완전한 권리가 귀속하게 하는 것을 허용함으로써 이러한 가능성을 만들어 내고 있다. 그러나 선상속인(先相續人)의 지명도 수익권의 출연이라고 볼 수 있다. 선상속인은 그가 출연받은 상속재산을 사망을 원인으로 처분할 수 없고 살아 있는 사람들 사이의 처분자격도 제한되어 있기 때문이다. 반면 수유자가 살아 있는 사람들 사이에 상속재산에 대하여 자유롭게 처분할 수 있고 그의 유언자유만 제한된 경우에는 유언집행이 [113] 명해짐으로써 수유자에게서 처분자격이 박탈된 경우에만 수익권을 출연하였다고 할 수 있다.

피상속인이 처분자격과 수익권을 서로 다른 사람에게 귀속시킬 수 있는 *기간*의 문제에 대하여도, 독일법은 보통법과 그리 다르지 아니하다. 이 점에서 보통법의 규율은 모방할 만하지 아니하다. 이미 독일민법의 아버지들에게 "상속받은 재산의 지나치게 긴 기간 동안의 유통금지를 막는 것은 국민경제적 이유에서 … 적절해" 보였다[50]. 이러한 관점은 오늘날에도 똑같이 중요하다. 수익권자는 상속재산을 처분할 수 없고 처분권자는 수익을 요구할 수 없는 상태에서는 상속재산에 속하는 경제재가 주도적으로 위험을 감수하여 관리되지 못할 위험이 있는

---

48) 이에 대하여는 아래 §§ 67-73 참조.
49) 위 § 3 참조.
50) Motive zu dem Entwurf eines Bürgerliches Gesetzbuches V (1896) 90.

것이다. 그러한 주도성과 위험감수는 어떤 제한도 받지 아니하는 소유자에게는 기대되나 피상속인이 정한 바에 구속되어 있고 특별한 양심상 의무를 지는 유언집행자에게는 기대될 수 없다[51].

발견된 결과들을 종합하면 피상속인이 독일법의 특정 제도들을 이용하여 보통법에서 유언신탁(testamentary trust)에 의하여 가능한 것과 비슷하게 상속재산의 승계를 형성할 수 있음이 드러난다. 그럼에도 불구하고 영미법 국가들의 법실무에서 상속재산의 구속이 독일법에서보다 현저하게 더 자주 명해진다는 점은 간과할 수 없다.

이에 기여하였을 수 있는 사정은 영국법과 대부분의 북미 국가들의 그것이 피상속인의 무제한적 유언자유에서 출발하였고 따라서 의무분권(Pflichtteilsrecht)을 알지 못한다는 점에서 찾을 수 있다[52]. 독일의 피상속인이 의무분권자를 선상속인 또는 후상속인으로 지정하고 [114] 유언집행으로 이를 제한하거나 그에게 유증을 하도록 하는 경우 그는 수유자가 출연 받은 상속을 포기하고 독일민법 제2306조에 따라 의무분을 청구하는 것을 고려하여야 한다. 보통법에서는, 피상속인의 직계비속이나 배우자가 살아 있는 사람들 사이에서도, 사망을 원인으로도 상속재산을 처분할 수 없고 그에게 출연된 수익권을 양도하거나 [물적] 부담을 질 수도 없게 수유한 때에도, 그러한 가능성은 존재하지 아

---

51) 실무상 이미 상속세에 관한 고려로 인하여 과도하게 긴 상속재산구속이 문제되지 아니하였던 것 아닌가 하는 것은, 여기에서 결론이 나지 아니한 별개의 문제이다.

52) 근래 예컨대 영국에서 이러한 원칙이 완화되었다. 1938년 상속(가족급여)법(Inheritance (Family Provision) 1938)은 생존 배우자 이외에 피상속인의 미혼의 딸이나 미성년인 아들 및 이들의 그러한 자녀들이 정신적 또는 신체적 허약으로 인하여 스스로 부양할 수 없음에도 상속에서 배제된 경우, 법원에 상속재산의 수입에서 그에게 적절한 (합리적인) 부양정기금을 지급받게 해달라고 신청할 수 있다고 정한다. 정기금을 정함에 있어서 법원은 당해 사안의 모든 사정, 특히 신청자의 필요와 그의 피상속인에 대한 행태를 심사한다. 정기금청구권은 생존 배우자나 피상속인의 딸이 결혼하거나, 아들이 성년이 되거나, 그 자녀가 다시 생계를 꾸릴 수 있게 되면 소멸한다.

니한다[53]. 반면 독일에서는 의무분권을 통하여 상속재산의 유통금지 기타 상속인들의 제한 및 부담에 처음부터 일정한 한계가 그어져 있다.

그러나 신탁(trust)의 확산은, 그 형태가 유언신탁(testamentary trust)이 되었든 혼인 재산설정(marriage settlement)이 되었든,[54] 무엇보다도 앵글로색슨족의 오랜 법관습으로 거슬러 올라간다. 그 전부터 보통법상 상속법에서는 수탁자(Treuhänder)가 상속이 개시될 때 상속재산을 취득하고 채무를 변제하며 유증을 이행한 뒤에 상속인들에게 다시 양도하는 중요한 역할을 하였다. 여기에서 - 이때 영향력 있는 직업법률가계급이 마찬가지로 중요한 역할을 하였다 - 수탁자(Treuhänder)에게 단순한 상속재산의 청산 이외에 추가적인, 정확히 기술된 계속적 과제를 맡기고 그를 그리하여 수탁자(trustee)로 삼는 일이 자연스럽게 일어났던 것이다[55].

2. 재단법적 제도들

§ 62. 공익목적을 위한 재산출연(Vermögenswidmung)

사인(私人)이 자선 기타 공익에 기여하는 목적에 재산을 출연할 수 있게 해주는 것은 법률행위에 의하여 설정된 신탁(trust)의 또 다른 본질적 기능이다. 독일법에서 이러한 신탁의 기능은 주로는 독자적 및 비독자적 재단에 의하여, 그리고 사단에 의하여 수행된다.

재단은 재단설정자가 그가 정한 특정한 목적을 실현하는 데 재산을

---

53) 이는 형평[법]상 이익이 보호신탁(protective trust)이나 낭비자신탁(spend-thrift trust)에 터 잡아 설정된 경우에 그러하다; 위 §§ 22 및 23 참조.
54) 위 § 17 註 19 참조.
55) 위 § 28 참조.

출연하기 위하여 국가의 승인을 받아 만들 수 있는 법인이다. 독일민법 제80조에 따라 재단의 발생에는 재단행위 외에 재단이 주소를 두고 있는 독일연방공화국 내 주(州, 란트)의 관청에 의한 승인이 필요하다. 재단행위는 **[115]** 살아 있는 사람들 사이의 법률행위로도, 종의처분(終意處分)으로도 할 수 있다. 재단설정자는 거기에서 재단의 명칭, 목적, 주소, 업무수행권 및 대표권 있는 기관, 재단목적에 출연된 재산이 어떻게 조달되어야 하는지에 관하여 밝혀야 한다56).

재단법은 독일민법전에서는 그 일부만 규율되고 있다. 어떤 요건하에 재단을 승인하는지에 관한 규정은 전적으로 주(州, 란트)법에 있다. 최근 독일의 1954. 11. 26.자 바이에른주 재단법은57) 이러한 중요한 문제에 대하여 그 제3조 제1항에서 재단은 그것이 압도적으로 공적인 목적을 추구할 때에만 승인된다고 규정하고 있다. 제1조 제3항에 따르면 "종교, 학문, 연구, 교육, 지도, 양육, 예술, [문화유산 등의] 보존, 지역문화의 보존(Heitmatschutz), 스포츠, 자선 기타 공익에 기여하는 목적"이 공적 목적이다. 반면 사(私)재단의 승인은 중대한 사유가 있으면 받을 수 있다58).

유효하게 설정된 재단은 국가의 재단감독을 받는데, 그 범위와 정도 또한 주(州, 란트)입법에서 끌어낼 수 있다59). 통상 주(州, 란트)의 감독

---

56) *Staudinger−Coing* Rn. 9 zu § 80 참조.
57) Bayerisches Gesetz− und Verordnungsblatt 301.
58) 1958. 8. 22.자 바이에른 재단법 시행령 제9조(Bayerisches Gesetz− und Verordnungsblatt 238). 1918. 7. 19.자 바덴 재단법에 따르면(Badisches Gesetz− und Verordnungsblatt 254) 오직 공적 목적에 기여하는 재단만이 승인된다.
59) 예컨대 1958. 7. 1.자 구(舊) 함부르크 민법시행법 제8조 이하(Gesetz−und Verordnungsblatt 195); 바이에른 재단법(위 註 57) 제21조 이하 참조. 프로이센을 계승한 주(州, 란트)들에서는 프로이센 일반란트법 제2편 제13장 제13조, 제2편 제19장 제37조 이하가 기준이 된다; *Staudinger−Coing* Rn. 23 zu § 80 참조. 제2편 제19절 제38조에 따르면 재단감독은 "국가가 명시 또는 묵시적으로 승인한 재단설정자의 지시에 따라 운영되고 그러한

관청은 무엇보다도 재단의 재산이 재단설정자가 정한 목적을 위하여 관리되고 있는지를 감독하여야 한다. 감독관청이 재단재산관리상의 흠이나 남용을 알게 되면 통상 재단의 기관에게 적절한 재단관리에 필요한 조치를 취할 것을 행정행위로 지시할 수 있다. 그는 의무위반이 있는 경우 대개 재단기관의 구성원을 해임하고 적절한 사람으로 대체할 수도 있다.

재산을 특정 목적에 출연하고자 한다면 재단을 설정하는 대신 사단을 설립하고 그가 그 법인에게 살아 있는 사람들 사이의 행위 또는 사망을 [116] 원인으로 사단목적 달성을 위하여 재산을 출연할 수도 있다. 사단설립에는 여러 사람이 협력하여야 하므로 이러한 형태가 이용되는 것은 목적재산을 여러 사람이 공동으로 조달하는 경우에 흔하다. 사단설립은 무엇보다도 국가의 재단감독에 결부된 통지 및 감독자격을 피하고자 할 때에 권고된다. 재단도 권리능력을 취득하기 위해서는 국가의 승인이 필요한 반면, 독일민법 제21조에 따르면 "이념사단(Idealverein)"은 법률상 요건을 충족하면 사단등기부에 등기해달라고 청구할 수 있고 그럼으로써 권리능력을 취득할 수 있다.

비독자적 내지는 피두키아적(fidiziarischen) 재단의 설정을 통하여 재산을 목적에 출연하는 일이 특히 빈번하다. 그러한 재단은 "일정한 재산이 다른 사람에게 출연되면서 그것을 특정 목적에 이용할 부담을 지우는, 그러니까 법인격 없이 목적재산이 설정되고 법적 소유자이나 일정한 부담을 지는 자를 그 관리자로 보는" 방식으로 설정된다[60]. 예컨대 대학에 돈을 출연하여 그 이자로 장학금 재원을 조달하고자 한다면 이러한 목적으로 권리능력 있는 재단을 설정하는 것은 너무 비용이 많이 들거나 너무 복잡할 것이다. 그 대신 대학에 금전을 지급하거나 사

재단의 일반적인 궁극적 목적에 반하는 바가 끼어들지 아니하게 하"는 데에 미친다.
60) RGZ 75, 380.

인처분(死因處分)을 하여 유증으로 출연하면서 그 돈은 기타 재산과 분리하여 특별기금으로 관리하며 그 이자로 장학금을 지급하게 하는 것이 바람직하다. 피상속인이 사인(私人)을 상속인이나 수유자로 지정하고 부담을 지웠다면 유언집행자에게 그 부담의 이행을 맡기는 것이 바람직할 것이다.

비독자적 재단에 대하여는 공법적 재단감독이 없다. 그 대신 주(州, 란트) 관할관청은 독일민법 제525조 제2항, 제2194조 제2문에 따라 수증자나 수유자에게 부담의 이행을, 그것이 공익에 부합하는 한, 구할 권리를 갖는다.

비독자적 재단에서는 이러한 목적을 위하여 특별히 만든 법인이 아니라 목적재단을 맡기로 하고 출연 받은 자가 목적재산의 권리보유자이다. 그는 단지 채권법적으로 그 재산을 목적규정에 따라 관리할 의무를 질 뿐이지만, 일반적으로 그의 개인 채권자는 그 재산에 개별집행의 방법으로도, 파산에서도 공취할 수 없음이 승인되어 있다[61].

§ 63. 자선신탁(Charitable trust)과 재단

[117] 자선신탁(charitable trust)을 위에서 개관한 독일법상 기능이 유사한 제도들과 비교하면 다시 그 법적 구성에 있어서 특징적인 차이가 드러난다. 자선신탁(charitable trust)에서는 수탁자(trustee)가 목적재산에 대한 [보통]법상 권원(legal title)의 보유자이다. 여기에서 흔히 개별 수익자들(beneficiaries)에게 "형평[법]상 이익"이라는 집합적 표현으로 부여되는 권리들은, 이익을 받는 것이 개개인이 아니라 공익적 목적인 경우에는, 공익의 대표자로서 법무부장관(Attorney General)이 행사한다. 독일법에서도 피두키아적(fiduziarischen) 재단에서 목적재산의 보

---

61) RGZ 105, 307; *Staudinger—Coing* Rn. 1 vor § 80.

유자는 수탁자이다. 물론 그는 재산을 출연취지에 부합하게 관리하여야 할 채권법적인 의무를 질 뿐이지만, 이러한 의무의 이행은 국가관청에 의하여 강제될 수 있는 것이다[62].

목적재산 자체를, 독일법상 권리능력 있는 재단제도에서와 같이, 법적으로 인격화하는 것은 보통법에는 완전히 낯선 사고이다. 이는 영국과 미국에서 신탁해결로 법실무의 어려움을 만족스럽게 해결할 수 있었다는 점을 보여주는 데 그치지 아니한다. 이는 아울러 영국 법[리]학(Jurisprudenz)이 추상화하는 사고에 호의적이지 아니하다는 점도 보여준다. 19세기 판덱텐[법]학은 아마도 그러한 추상화하는 사고 없이는 인적 결합 이외에 목적재산에도 법인격을 인정할 수 있다는 관념을 거의 발전시킬 수 없었을 것이다. 사실 플라이메스(Pleimes)는 "권리능력 있는 재단" 개념을 발전시킨 것은 개념법학이 도그마틱적으로 잘못된 길을 간 것이라고 하였다[63]. 그럼에도 비교연구는 권리능력 있는 재단과 자선신탁(charitable trust) 사이에 많은 공통점이 있음을 보여준다.

이는 우선 재단 내지 신탁재산의 구성과 관리에 대한 국가의 참여에 대하여 그러하다. 누스바움(Nußbaum)은 재단의 설정은 국가의 승인을 요하는데, 승인 여부가 관청의 재량에 맡겨져 있다는 점에 중요한 구별 표지가 있다고 본다[64]. 이에 대하여 주목할 점은 보통법에서도 재단의 목적구속을 통하여 공익이 촉진되는지 여부에 대한 통제가 이루어지고 있다는 사실이다; 이러한 통제는 물론 행정청에 의하여서가 아니라 법원에 의하여, 신탁의 출연목적이 "자선을 위한(charitable)" 것이 아닐 때에는 신탁을 무효로 선언함으로써, 이루어진다. 반대로 독일 관청이 [118] 그 재산이 공적 목적에 쓰일 수 있는 재단의 승인을 거부할 권

---

62) 신탁/트러스트(trust)와 피두키아적 신탁/트로이한트(fiduziarischer Treuhand)의 구별에 대하여 상세한 것은 아래 §§ 67 이하 참조.

63) *Pleimes*, Irrwege der Dogmatik im Stiftungsrecht (1954).

64) *Nußbaum* Col. L. Rev. 38 (1938) 413.

한을 가질 수 있는, 행정법원의 심사를 견딜 만한 정당한 이유를 찾아내기란 매우 어려울 것이다. 누스바움(Nußbaum)이 재단과 달리 신탁(trust)의 관리는 "전적으로 당국(authorities)과 독립되어" 행해진다고 설명한 것은 오늘날의 법상태와는 더는 부합하지 아니한다. 영국에서는 1960년 자선법(Charities Act, 1960)으로 이러한 관점에서 특히 진전이 이루어졌다. 이 법률은 자선위원들(Charity Commissioners)에게, 독일 재단감독관청의 그것에 결코 뒤지지 아니할 정도의 개입 및 감독권한을 부여하고 있다[64a]. 미국에서도 같은 방향의 발전이 이루어지고 있다[65].

재산을 공익목적에 무한한 시간 동안 출연하는 것을 가능하게 하기 위하여, 보통법에서는 영구[구속]금지의 원칙(Rule against Perpetuities)이 자선신탁(charitable trust)에 대하여 완화되었다; 독일법에서는 법인의 "불멸성"으로부터 곧바로 재단재산의 출연이 무한한 기간 동안 계속될 수 있다는 결론이 도출된다[66]. 두 법질서에서 목적재단수익의 세법상 취급도 같다[67]. 심지어 보통법의 독자적인 특유의 형성이라고 여기고 싶을지 모르는 가급적 가깝게 법리(cy-près doctrine)마저 독일법에서 찾을 수 있다. 독일민법 제87조에 따르면 재단목적을 이행할 수 없게 되었거나 이행하면 공익이 위태로워질 때에는 관할관청이 재단에 다른 목적규정을 부여할 수 있다. "목적이 변경되는 경우 재산설정자의 의도를 가급적 고려하여야 하고, 특히 재단재산의 수익을 가급적 재단설정

64a) *Marshall* Mod. L. Rev. 24 (1961) 444, 447 ff.
65) 위 § 36 참조.
66) 피두키아적(fiduziarischen) 재단에서도 무제한적인 기간 동안 부담을 지우는 것이 가능하다: "부담이 재단에 유사한 계속적 목적에 기여할 수 있기를 의욕한 것이다"(*Kipp-Coing* § 58 VI).
67) 위 § 32 및 1934. 10. 16.자 법인세법(RGl. I 1031) 제4조 제1항 제6호 참조. - 이는 피두키아적(fiduziarischen) 재단에도 적용된다: 권리능력 없는 재단은 법인세법 제1조에 따라 특정 조건 하에서만 법인처럼 과세되고 법인세법 제4조 제1항 제6호에 따라 납세의무를 면한다.

자가 그 이익이 갈 것으로 생각하였던 범위의 사람들이 계속 보유하도록 배려하여야 한다."[68] 그러나 이러한 규율은 주(州, 란트)법이 달리 정하지 아니할 때에만 적용된다[69]. 이러한 상황이 일어난 곳은 무엇보다도 프로이센이다[70]. 그에 따라 오늘날 프로이센을 계승한 주(州, 란트)들에서 재단은, 그 목적의 변경이 "상황의 본질적 변화로 인하여" 적절해 보이는 경우 이사회 결의와 국가감독관청의 승인에 의하여 목적을 변경할 수 있다. 그러나 독일민법 제87조가 적용되는 한[71], **[119]** 그 결과는 거의 다르지 아니하다. 재단목적의 이행이 재산설정자가 예정한 형태의 "건전한 이상에 더는 부합하지 아니"할 때에도, "의문의 여지없는 유추에 의하여" 그 이행불능이 인정되어야 할 것이다[72]. 유감스럽게도 이 문제에 대한 최고법원 판례는 알려져 있지 아니하다.

신탁(trust)과 재단의 여러 평행점에도 불구하고 두 제도가 독일과 영미 국가들의 법생활에서 같은 의미를 점하리라고 여겨서는 결코 안 된다. 재단법에 관한 독일 판례의 빈약함이 그 한 단서이다. "자선(charitable)" 개념에 대한 거의 개관할 수 없는 판례는 독일 재정법원의 재단 및 목적에 구속된 재산의 공익성 문제에 대한 판례와 비교할 수 있다. 그러나 독일에서는 재단목적의 수행불능으로 인한 재

---

68) 독일민법 제87조 제2항 제2문.
69) *Staudinger−Coing* Rn. 1 zu § 85; RGZ 121, 166.
70) 1924. 7. 10.자 재단법 변경법(Gesetzsammlung 575); 그에 대하여는 RGZ 121, 166.
71) 바이에른에서는 재단법 제17조 제1항(註 57)에 따라 그러하다.
72) *Enneccerus−Nipperdey* § 118 註 15 − 독일민법 제87조가 피두키아적(fiduziarische) 재단에 유추 적용되는지에 대하여는 다툼이 있다. 부당하게도 제국법원은 RGZ 105, 306에서 이 문제를 일관하여 부정하고 재단설정자나 그의 상속인에게 독일민법 제527조, 제812조에 따른 반환청구권을 부여하였다. 독일민법 제87조가 늘 유추 적용되어야 한다는 *Pleimes* (註 63) 98 f. 및 RG−Festschrift II (1929) 306 ff.에서 *슈로이어(Schreuer)*의 반대의견도 설득력이 없다. 개별 사안의 사정, 특히 재단행위에 재단설정자의 "일반적 자선의도"가 있었는지 여부에 의하여야 할 것이다 (위 § 34 참조).

단조직의 변경에 관하여 소수의 재판례가 공간되어 있을 뿐인 반면, 영국의 가급적 가깝게 법리(cy-près doctrine)에 관한 전문서적은[73] 약 1,000개의 관련 재판례를 인용하고 있고, 그 대부분은 영국 재판례인 것이다.

그 원인은 아마 무엇보다도 독일에서는 공익시설에 의한 공공복리의 촉진이 국가활동의 영역으로 여겨지고 있다는 점에 있을 것이다. 병원, 양로원, 공공도서관, 고아원, 미술관 및 박물관의 건립은 명언되지는 아니하였으나 일반적인 견해에 따르면 우선은 국가가 이행하여야 할 과제로서, 그때에는 공법적 법형식과 조직형태, 특히 공[법]적 영조물(öffentlichen Anstalt)이 이용되고 있다. 이는 역사적으로는 계몽된 절대주의국가가 대규모의 인적 및 물적 수단을 갖고 있는 인적 결합이나 재단과 같은 사적 이니셔티브에 터 잡은 사회적 집단형성을 사회적 및 정치적 힘의 잠재적 맹아로 의심하여 그것을 국가의 감독 하에 두고 그 과제를 자신의 고권적(高權的) 체제에 수용하고자 하였다는 점에서 비롯하는 것일지 모른다[74].

[120] 그에 비하여 영국에서는 그 전부터 공익시설의 건립에 있어서 사인(私人)의 관대함과 희생정신이 큰 역할을 하고 있다. 그 이유는 여럿이고 여기에서 상세히 다룰 수 없다. 바로 최근에도 독일과 비교하여 매우 높은 상속세가 상속재산을 특정 개인에게 출연하는 것이 불리하게 보이게 하고 있다는 사실도 작지 아니한 역할을 하고 있다; 그 대신 피상속인에게 상속재산을 일부는 그가 지정한 공익재단에 출연하여 상

---

73) *Sheridan-Delany*, The Cy-Près Doctrine (1959).

74) 누스바움(*Nußbaum*) (제3장 註 8)도 이를 암시한다 - 그러나 최근에는 그러한 이의가 제기되지 아니하는 것으로 보인다. 슈트릭로트(*Strickrodt*)는 JZ 1961, 111에서 큰 규모의 재산참여 내지 수익을 투입하는 경우 새로 설정된 재단은 "그 기부(Dotierung)기능을 … 확대하여 국가의 가처분총액에 해를 입히거나, … 새로운 사회의 정치적 힘의 복합체로 발전할 수도 있을 것"이라는 우려를 보고하고 있다.

속세를 회피하도록 권장된다. 지역 수준에서 공공복리를 촉진하기 위한 출연이 문제되는 한, 영국과 미국에서는 확실히 특히 널리 발전한, 국가의 도움은 보충적으로만 받는, 지방자치사상이 중요하다. 끝으로 유언에 의하여 공공복리를 위하여 출연하는 것이 피상속인의 최후의 "덕의 실천"이 될 수 있다고 보는 프로테스탄트적-청교도적 인생관도 종의처분(終意處分)에서 넓게 문서화된 영미 피상속인의 관대함의 숨은 근원이다[75].

3. 관리신탁들

§ 64. 다수인을 위한 재산관리

법률행위에 의하여 설정된 신탁(trust)의 세번째 기능은 여러 사람들을 위한 재산관리를 법적으로 조직하게 해주는 법기술적 수단이라는 점이다. 이를 분명하게 하기 위하여 우리는 신탁(trust)이 이러한 기능으로 사용된 일련의 상황들을 설명하였다. 우리의 과제는 독일법에서 같은 상황에서 쓸 수 있는 해결책들이 무엇이 있는지를 간단히 보이는 것이 될 것이다. 이때에는 여러 사람을 위한 재산관리를 법적으로 정하는 법형상들이 주로 셋 마련되어 있음이 드러날 것이다.

a) *법인해결(Körperschaftslösung)*에서는 관리할 재산이 법인(juristische Person)에게 (대개는 사단 또는 주식회사이다) 이전된다. 자본제공자들은 사원 또는 주주로서 법인에 사원권을 통하여 **[121]** 참여한다. 그들은 정관이 정한 기준에 따라 재산관리에 있어서 법인의 기관을 감독할

---

75) *막스 베버(Max Weber)*의 논거 "Asketischer Protestantismus und kapita-listischer Geist", in: Gesammelte Aufsätze zur Religionssoziologie I (1920/21) 163 ff.

권한이 있다.

b) *신탁해결*(*Treuhandlösung*)에서는 관리할 재산이 수탁자에게 이전된다. 수탁자는 법인일 수도 있지만 그러하여야 하는 것은 아니다. 수탁자는 신탁목적물을 특정한 지시에 따라 자기 이름, 위탁자의 계산으로 관리할 채권법적 의무를 진다.

c) *합유 내지 공유해결*(*Gesamthand－ bzw. Miteigentumslösung*)에서는 자본제공자들의 개별적 출연으로 특별재산이 형성된다. 이것이 지분에 따라 공유자들에게 또는 합수적(合手的)으로 합유자들에게 귀속된다.

§ 65. 적용사례들

독일에서 스포츠클럽이나 종교, 학술 또는 사회단체의 재산이 어느 권리보유자에게 귀속되어야 할 때 전반적으로 법인해결이 이용되고 있다는 것을 특히 강조할 필요는 없다. 사단설립은, 사단등기부에 등기함으로써 권리능력을 취득하고, 매우 복잡하거나 비용이 많이 들지 아니하며, 무엇보다도 독일 법실무에서는 영미법권(法圈) 국가들에서 오늘날까지도 명백히 그러한 것과 비슷한 정서적 저항을 불러일으키는 조치가 아니다. 영국에서 19세기 말 이래로 관념적 목적을 추구하는 인적 단체도 법인격을 취득하는 것이 어려움 없이 가능하게 되었음에도, 여전히 늘 신탁해결이 더 우선되었다. *메이틀랜드*(*Maitland*)는, "나는 우리의 사단들(Vereine)을 법인화(corporateness)하도록 몰아가려는 일체의 시도, 일체의 등기강제(Registerzwang)는 반대를 자극하리라고 확실히 느낀다 … 사단(Verein)은 아무리 법률(Gesetz)이 자유롭고 유연하다 하더라도 그 자신을 법인화하는 법률(Gesetz)하에 둠으로써 그의 자유의 일부를, 그의 자율의 일부를 잃고, 국가에 어떤 것도 요구하지 아니하고 국가로부터 어떤 것도 받지 아니할 때에도 자기 운명의 완전한 주인은 되지 못하리라는, 그리 확고하지는 아니하나 광범위한 믿음이 있다는 것은 분명하다"고 쓰고 있다76).

그러나 독일에도 등기된 사단과 같이 구성원의 변동에도 불구하고 존속하고 단체적인 내부기관을 가지고 있으며 단체명칭(Gesamtnamen)으로 운영하나, 어떤 이유에서든 권리능력은 취득하지 아니하는 인적 단체가 있다. 그리하여 이러한 "권리능력 없는 사단"에서, 정당과 노동조합 같이 중요한 조직들이 이에 속하는데, 법인해결은 거부된 것이다. 독일민법전은 제54조 제2문에서 여기에 조합법(독일민법 제705조 내지 제740조)을 적용하게 함으로써 그에 대하여 합유해결이 적용되게 하였다: 그에 따르면 권리능력 없는 사단의 재산은 그의 전체 구성원들에게 합수적(合手的)으로 귀속한다. 판례와 학설은 그로부터 [122] 사단재산에 속하는 청구권을 소송상 행사할 때에는 전체 사원이 원고가 되어야 하고 소장에 그 이름이 기재되어야 한다는 결론을 도출하고 있다77). 토지도 마찬가지로 전체 사원의 이름으로 부동산등기부에 등기되어야 한다78).

그 구성권의 수가 수백만 명에 이를 수 있는 대규모의 권리능력 없는 사단에서는 사실상 이러한 방법을 이용할 수 없다. 이러한 인적 단체가 어떠한 이유에서 법인격의 취득을 원하지 아니하고 따라서 구성원을 위한 재산관리가 법인해결로는 이루어질 수 없는 경우, 통상 신탁해결을 택하게 된다. 그리하여 예컨대 독일 사회민주당의 당헌(Organisationsstatut) 제19조에 따르면 당의 전 재산은 그때그때 보직자회(Vorstand)에 귀속하고 보직자회는 당원 전체에 대한 내부관계에서 그 재산을 당의 과제와 지향에 따라 관리할 채권법적 의무를 부담한다. 그리하여 여기에서도 신탁해결과 합유해결의 조합에 맞닥뜨리게 된다:

---

76) *Maitland* (제1장 註 21) 207; 또한 *Lloyd* (제3장 註 127) 19 ff.도 참조.
77) *Staudinger-Coing* Rn. 8a zu § 54. - "임의적 소송담당"이라는 제도로 개별 사안에서 구제가 가능한지 여부에 대하여는 다툼이 있다; *Staudinger-Coing* Rn. 8c zu § 54 참조.
78) *Staudinger-Coing* Rn. 61 zu § 54.

당의 재산은 말하자면 수탁자로서 보직자회의 그때그때의 구성원들에게 귀속하고, 그들이 다시 권리능력 없는 사단을 이루며, 따라서 그때그때 합수적으로 권리를 갖는 것이다[79]. 노동조합의 경우 신탁회사(Treuhandgesellschaften)를 통하여 재산관리를 하고 있는데, 이 신탁회사는 통상 유한회사(Gesellschaft mit beschränkter Haftung)의 법형식으로 운영되고 노동조합재산의 피두키아적(fiduziarische) 소유자이다[80]. 비슷한 형태가 모든 대규모 권리능력 없는 사단에서 나타난다.

§ 66. 기타 적용사례들

*사업신탁(business trust)*을 설정하는 경우[81] 그 설립자는 통상 [물적]회사(corporation)의 이점, 특히 책임제한가능성을 인적회사(Personengesellschaft)의 이점-공시규정의 배제 등-과 합친 법형상(Rechtsgebilde)을 만드는 것을 목표로 한다. 그러한 복합적 제도는, 그럴 만한 이유에서, 독일법에는 존재하지 아니한다. 여러 사람이 상기업(Handelsgeschäfte)의 설립을 위하여 협력하되 적어도 그때 발생하는 **[123]** 채무에 대하여 무한책임을 지지는 아니하고자 하는 경우 독일법은 물적회사(Kapitalgesellschaft)를 설립하게 하고 그럼으로써 참가자들에게 법인해결을 강제한다. 그들이 신탁해결을 취하기로 한 경우 거래에 관계하는 수탁자는 무한책임을 진다[82].

특히 흥미를 끄는 점은 독일법이 *투자신탁(investment trust)*의 문제

---

79) OLG Frankfurt in NJW 1952, 972 mit Anm. von *Lent* 참조.
80) *Hueck–Nipperdey,* Lehrbuch des Arbeitsrechts [6] II (1957) 138 f. 참조.
81) 위 § 39 참조.
82) 위탁자가 내부관계에서 수탁자를 그가 그 상기업(Handelsgeschäfte)을 운영하는 과정에서 제3자에 대하여 지게 된 모든 채무로부터 면책시켜줄 의무를 지기로 합의함으로써 사업신탁(business trust)에 어느 정도 근접할 수 있다. 그러나 그때에도 수탁자는 외부적으로는 개인상인과 같이 책임을 진다.

를[83] 어떻게 규율하는가 하는 것이다. 여기에서는 입법자가 스스로 독일법의 개념들을 사용하여 보통법에서 이전부터 신탁(trust)에 의하여 이루어진 규율을 만들어 내야 했기 때문이다.

투자신탁(investment trust)의 기초를 이루는 발상은 자본투자자들이 제공한 돈을 위험분산의 원칙에 따라 유가증권들에 전문적으로 투자하고 투자자의 계산으로 관리하는 데 있다. 주식법 및 세법상의 이유에서 독일에서는 이러한 사고를 법인해결로 실현하는 것이 고려되지 아니한다. 그 경우는 예탁유가증권을 주식회사가 소유하고 자본투자자는 주식을 통해서 그에 참여하는 것이다. 때문에 독일의 새로운 1957. 4. 16.자 자본투자회사에 관한 법률은[84] 그 제6조 제1항 제2문에서 유가증권 펀드를 자본투자자의 공유(공유해결)로 할지 자본투자회사의 소유(신탁해결)로 할지를 결정하는 것은 참가자에게 맡기고 있다. 어느 경우든 유가증권은 특별재산을 이루어 자본투자회사는 이를 그 고유재산과 분별하여 보유하고 예탁은행에 임치하여야 한다. 자본투자회사는 그 특별재산을 통상의 상인의 주의를 기울여 투자자들 공동의 계산으로 관리하고 그의 이익을 추구하여야 한다. 그는 특별재산에 속하는 유가증권들에서 나오는 모든 권리, 특히 의결권을 자기 이름으로 행사할 수 있다. 그에게는 특별재산을 처분할 권한도 부여되어 있다. 그러나 법률에서 그은 선을 넘는 처분은 무효이다. 예를 들어 특별재산에 속하는 대상은 압류되거나 담보목적으로 [소유권이] 양도되거나 채권양도될 수 없다. 대위원칙이 광범위하게 적용된다. 자본투자회사가 파산한 경우 특별재산은 파산재단에 속하지 아니한다. 특별재산에 대하여 집행이 시도되는 경우 예탁은행은 자기 이름, **[124]** 자본투자자의 계산으로 독일민사소송법 제771조에 따라 제3자이의의 소를 제기할 수 있다. 이 모든 규율은 특별재산을 투자자가 공유하든 투자회사가 신탁적으로

---

83) 위 § 40 참조.
84) BGBl I 378. 그에 대하여는 *v. Caemmerer* JZ 1958, 41 참조.

소유하든 타당하다. 따라서 공유해결을 택할지 신탁해결을 택할지는 "이름 붙이기의 문제일 뿐이다."[85] 투자자가 유가증권의 공유자인지 투자회사에 대한 채권적 청구권의 보유자인지는 그의 법적 지위에는 사실상 중요하지 아니하다[86].

*사채신탁(debenture trust)*의 경우[87] 사채를 담보하기 위하여 사채채무자의 토지에 설정된 물적 권리가 수탁자(trustee)에게 이전된다. 그는 이 권리를 그때그때의 총 채권보유자를 위하여 관리하여야 한다. 독일법에도 무기명채권증서상의 채권을 담보하기 위하여 저당권을 설정하는 사안에 대한 특별규정이 있다(독일민법 제1187조 내지 제1189조, 독일부동산등기법 제50조). 독일법이 그러한 저당권은 지분적 공동보유자로서 전체 채권자에게 귀속한다는 (공유해결) 전제에서 출발하기는 한다. 그러나 사채채무자의 무수한, 종종 그가 알지도 못하는 채권자들과 교섭하는 부담을 덜기 위하여 독일민법 제1189조에 따라 "등기부상 대리인(Grundbuchvertreter)"을 지명함으로써 그때그때의 채권자들을 위하여, 그리고 그들에 대하여 유효한 처분을 할 수 있게 한다. 등기부상 대리인과 영미법의 사채수탁자(debenture trustee)는 서로 매우 비슷하다. 그럼에도 불구하고 법률이 제안한 해결은 그와 결부된 실천적인 어려움 때문에 거의 확산되지 못하였다[88]. 오늘날 법실무에서 통상 사용되는 것은 신탁해결이다: 사채채무자는 은행을 위한 토지채무(Grundschuld)의 등기에 동의하고 이를 신청하며, 은행은 그 토지채무를 그때그때의 사채채권자를 위한 수탁자로서 관리할 채권법적 의무를 부담하는 것이다[89].

---

85) *v. Caemmerer* (前註) 43.
86) 공유해결의 경우 특히 [자본투자회사]법 제10조가 독일민법 제749조에 따라 인정되는 공동관계해소청구권을 배제하고 있다.
87) 위 § 41 참조.
88) *Schütz* JZ 1961, 106.
89) 그에 대하여는 *Siebert* 371 f. 참조.

의결권신탁(*voting trust*)의 설정을 통하여 달성되는 바는 서로 다른 사람에게 속하는 다수의 주식상의 권리들을 통일적으로 행사하는 것이다. 이는 특히 의결권의 행사에 대하여 타당하다. 독일법에서 이러한 결과는 신탁해결로 달성될 수 있다. 즉 주주가 주식에 화체된 사원권을 – 그와 함께 의결권도 – 수탁자에게 완전한 권리로 이전하는 것이다. 수탁자는 통상 그가 양수한 권리를 특정한 방식으로 행사할 의무를 진다. 그 이외에 독일주식법은 **[125]** 이른바 "자격이전(Legitimationsübertragung)"을 인정한다[90]. 여기에서 주주는 여전히 권리보유자이지만, 그들은 독일민법 제185조에 따라 다른 사람에게 그 주식의 의결권을 [그 다른 사람] 자신의 이름으로 행사할 수 있도록 수권(授權)한다[91]. 여기에서도 수권을 받은 자는 특정 방식으로 의결권을 행사할 의무를 질 수 있다.

§ 67. 트러스트(Trust)와 피두키아(Fiduzia)

지금까지의 설명과정에서 이미 여러 차례 확인한 바와 같이 신탁/트러스트(trust)의 기능은 독일법에서는 피두키아적 신탁/트로이한트(fiduzia – rische Treuhand)에 의하여 충족되고 있다[92]. 특히 여러 사람을 위한 재산관리 목적으로 설정된 신탁/트러스트(trusts)와 평행한 독일 제도들이 언급된 앞의 두 절에서 신탁해결이 자주 언급되었다. 신탁/트러스트(trusts)가 여기에서 다룬 주된 기능 이외의 기능으로 사용된 사례에서도 독일법에서 기능이 유사한 제도로 우선 고려되는 것은 피두키아적 신탁/트로이한트(fiduziarische Treuhand)이다. 신탁/트러스트(trust)와 피두키아(Fiduzia)의 비교를 이제 더는 미룰 수 없다; 이를 시작하기 전에

---

90) 독일주식법 제110조 제2문 참조. 은행이 타인의 주식의 의결권의 행사를 수권받은 경우 (임치의결권) 독일주식법 제114조 제4항이 적용된다.
91) RGZ 118, 330 ff. 및 *Siebert* 291 ff. 참조.
92) 위 註 47 및 註 60 참조.

여러 방향에서 문제를 한정할 필요가 있다.

지금까지 독일법에서 기능이 유사한 제도들을 설명하면서 이른바 "독일법적 신탁(deutschrechtliche Treuhand)"이 단 한 번도 언급되지 아니한 것에 놀랄지도 모른다93). 특히 피두키아적(fiduziarische) 수탁자는 신탁목적물에 대하여 완전한, 축소되지 아니한 권리를 양도받고 위탁자에 대하여 단지 *채권법적*으로만 신탁목적물을 특정 방식으로 처리할 의무를 지는 반면, 독일법적 신탁의 수탁자에게는 처음부터 내부관계의 기준에 따라 적절한 신탁목적물관리에 필요한 처분권만이 부여되어 있다: 그에게는 신탁목적에 반하는 처분을 할 권한이 없다94). 피두키아적 수탁자가 제3자를 위하여, 그리고 제3자에 대하여 위탁자와의 내부관계상 그가 *해도 되고*(darf) *해야 하는*(soll) 것보다 더 많은 것을 *할 수 있는*(kann) 반면, 독일법상 수탁자의 경우 법적 가능과 법적 허용 및 당위가 일치한다. 법기술상 이는 독일법상 수탁자가 신탁목적물을 해제조건부로 양도받음으로써 달성될 수 있다. 조건이 발생하면 신탁목적물은 법에 의하여(ipso iure) **[126]** 위탁자에게 복귀한다. 수탁자의 의무에 반하는 처분, 그의 채권자의 집행시도 및 그의 재산에 대한 파산절차의 개시가 조건발생으로 간주되도록 합의할 수 있다. 물론 법률행위에 의한 취득자의 선의는 그에 우선한다(독일민법 제161조 제3항).

실무상 이러한 법적 구성은 지금까지 거의 의미가 없었다95). 그 가장 중요한 이유는 아마도 독일법적 신탁이 피두키아(Fiduzia)보다 법적으로 현저하게 복잡하다는 데 있을 것이다. 예컨대 토지가 신탁목적물에 유입되는 경우, 독일민법 제925조 제2항에 따라 해제조건부 양도는

---

93) 그에 대하여는 *알프레트 슐츠*(*Alfred Schultz*)의 Iherings Jarhbücher 43 (1901) 1 ff.의 근본적인 논고 참조.
94) 그에 대하여 상세한 것은 *Siebert* 214 ff. 참조.
95) *Staudinger－Coing* Rn. 60 n vor § 104도 이를 확인한다. 또한 *Siebert* 229 ff.도 참조.

고려되지 아니한다; 대신 위탁자가 수탁자가 신탁에 반하는 행태를 하였거나 그의 채권자가 공취하였거나 파산한 경우 계약상 발생하는 그 토지의 재양도합의(Rückauflassung)청구권을 보전하는 가등기를 승인시키고 이를 부동산등기부에 등기하여야 한다. 당사자들이 신탁적 양도를 의도하였으나 충분히 명확하게 표시하지 아니한 많은 사안에서 해석으로 보충된 당사자 의사는 독일법적 신탁보다는 법적으로 더 간단하게 구성되는 피두키아(Fiduzia)로 풀이될 수 있었다. 독일법적 신탁이 수탁자의 양도가 제한되고 그의 채권자의 공취가 배제되는 법적 지위를 만들어 냄으로써 독일민법 제137조의 기본사상에 반하는 것은 아닌가 하는 원칙적 문제 또한 문헌상 격렬하게 다투어졌고[96] 판례도 아직까지 명확하지 아니하다[97]. 따라서 우리의 비교연구는 독일 법실무에서 유일하게 쓰이는 신탁형태로서 피두키아적 신탁으로 제한되어야 한다[98].

[127] 나아가 지금까지 본문에서 든 예 모두에서 신탁해결이 관리목적을 위하여 쓰이고 있다는 점을 강조할 필요가 있다. 그러므로 영미 신탁(trust)은 – 독일법에서 피두키아적(fiduziarische) 신탁처럼 – 수탁자가 위탁자에 대한 청구권을 담보하기 위하여 재산을 출연하고 위탁

---

96) 그에 대하여는 풍부한 전거(典據)를 포함하여 *Siebert* 217 f. 참조.
97) 제국법원은 RGZ 99, 143과 102, 386에서 단지 피두키아적으로(fiduziarisch) 추심 내지 담보 목적으로 양도된 채권이, 양도인이 추심위임을 해지하거나 양수인이 그의 청구권의 만족을 받으면 양도인에게 복귀하도록 한 합의가 유효하다고 하였을 뿐이다. 여기에서 관심이 있는 신탁위반(treuwidrige)의 처분 내지 집행시도의 경우의 신탁목적물의 복귀에 대하여는 – 아는 바로는 – 아직 결정한 바 없다.
98) 독일법적 신탁은 – 일반적으로 인정되는 바에 따르면 – 악의의 제3자를 위한 신탁위반의 처분은 물권적으로 무효가 된다고 보는 데에서 피두키아적인 것보다 우월하다. 그러나 아래 § 72에서는 피두키아적(fiduziarische) 신탁에 대하여도 상응하는 해결을 근거 지우는 시도를 할 것이다. 통설에 따를 때 피두키아적 신탁의 실천적 유용성을 제한하는 나머지 모든 원칙들은 같은 범위에서 독일법적 신탁에게도 향해있다.

자가 지급능력이 없게 되면 그로부터 만족을 얻는 데 쓰이지는 아니한다[99]. 그러므로 피두키아적 *담보*신탁의 형성에서 신탁(trust)법의 해결로부터 영감을 얻고자 하는 사람은 기능적으로 다른 법형상을 서로 비교하는 위험한 길을 가는 것이다. 이러한 이유에서 아래 설명에서는 오직 관리신탁에 대하여 발전한 법원칙들만이 끌어들여진다.

끝으로 신탁/트러스트(trust)와 피두키아(Fiduzia)를 비교함에 있어서는 몇몇 주요 문제에 집중하는 것이 좋다. 실천적 및 이론적으로 많은 관심을 끄는 문제는, 위탁자의 "단순한 채권적" 청구권이 수익자(beneficiary)의 형평[법]상 이익과 비교하여 특히 위험한 상황에서 어떻게 보호되는가 하는 것이다. 그러한 상황은 다음의 경우에 생긴다,

　a) 수탁자의 채권자가 파산이나 개별강제집행에서 신탁목적물을 공취할 때 (채권자문제)[100],
　b) 수탁자가 신탁에 반하여(treuwidrig) 제3취득자를 위하여 신탁목적물을 처분할 때 (취득문제)[101],
　c) 수탁자가 현금 또는 은행잔고의 형태로 신탁재산에 속하는 금전을 자기 현금이나 장부금전(帳簿金錢)과 섞을 때 (혼화문제)[102].

§ 68. 채권자문제

수탁자의 채권자가 신탁목적물에 속하는 대상에 대하여 강제집행을

---

99) 이에 대하여 영미법은 (예를 들어 동산양도저당 chattel mortgage, 팩터링 factoring 등) 다른 형상들을 발전시켰다. 마찬가지로 이러한 기능으로 쓰이는 추심위임(trust receipt)[그에 대하여 상세한 것은 *Drobnig* RablesZ 26 [1961] 401 ff. 참조]은 법기술적 의미의 신탁(trust)과는 무관하다; *Drobnig* a.a.O. S. 409 참조.
100) 그에 대하여는 아래 §§ 68-71 참조.
101) 그에 대하여는 아래 § 72 참조.
102) 그에 대하여는 아래 § 73 참조.

하는 경우 독일 판례는 문헌의 지지 하에 위탁자에게 독일민사소송법 제771조에 따른 제3자이의의 소의 방법으로 그 대상의 압류로부터의 해방을 구할 수 있다고 한다. 마찬가지로 수탁자가 파산한 경우 위탁자는 독일파산법 제43조에 따라 신탁목적물의 환취를 구할 수 있다[103]. 그러므로 법상태는 결과에 있어 영미법의 그것과 원칙적으로 일치한다.

[128] 이러한 판례가 전혀 실정적 기초 없이 발전시킨 명제가 그 자체 "체계위반적"이라는 데는 의문이 있을 수. 없다. 그 대상들이 집행공취나 파산압류(Konkursbeschlag)에 복종하는지 여부를 결정하기 위하여 독일 집행 및 파산법은 원칙적으로, 대륙법질서에서 로마 법률가들로부터 비롯하여 독일에서는 판덱텐[법]학에 의하여 극히 섬세하게 형성된 저 채권적 청구권과 물권적 권리 사이의 엄격한 개념적 분리를 활용하고 있기 때문이다. 그에 따르면 압류된 대상이 채무자에게 속하고 채권자가 그러한 한 채권적 조달청구권만을 가지고 있을 때에는 환취권 내지 제3자이의권(Interventionsrecht)은 인정되지 아니하는 것이다[104].

독일의 이론은 판례의 원칙들을 체계에 만족스럽게 통합하는 데 상당히 고생하였다[105]. 이는 내적으로는 형평고려에 의하여서만 정당화될

---

103) RGZ 45, 85; 84, 216; 91, 12; 94, 308; 127, 344; 133, 84; RG in WarnRspr. 13/14 (1920/21) 157; RGZ 153, 369; BGH in JZ 1954, 439; BGH in NJW 1959, 1223. 문헌은 그에 거의 일치하여 찬성한다; 다른 모든 것을 대신하여 *Jaeger−Lent*, Konkursordnung (1958) Rn. 38 ff. zu § 43.

104) 그 때문에 심지어 *von Tuhr*, Der Allgemeine Teil des Deutschen Bürger−lichen Rechts (1918) § 77 IV, V는 위탁자의 환취권을 부정하였다.

105) 여러 학설의 개관은 *Siebert* 163 ff. 그는 여기에서 "단순한 채권적 청구권에 체계적-구성적 고려를 보태어 위탁자(Fiduzianten)의 환취권 및 이의권을 정당화할 수는 없다"는 결론에 이른다 (166면). 또한 *마틴 볼프(Martin Wolff)*의 흥미로운 해결(*Wolff−Raiser* § 88 IV)도 참조. 그는 계약에 의하여 설정되는 "상대적으로 효력이 있는" 소유권을 인정하고자 하는데, 그에

수 있었다. 제국법원은 신탁목적물이 수탁자에게 "법적으로는" 이전되었으나 "경제적으로는 그렇지 아니하다"거나[106], "단지 외적 형태상으로만"[107] 이전되었다거나, "형식적 및 법적으로는" 이전되었지만 "실질적 및 경제적으로는 그렇지 아니하다"고[108], 따라서 "내적 진실상으로는"[109] 여전히 위탁자의 재산에 속한다는 등으로 이를 표현하였다. *지버트(Siebert)*는 이러한 형평고려에 더 넓은 기초를 제공하였다[110]. 그러나 현대의 판례는 그러한 근거 지움을 아예 생략하고 단지 제국법원이 발전시킨 원칙이 "관습법으로 강화되었다"고 할 뿐이다[111].

수탁자파산시 신탁목적물의 환취를 구하거나 제3자이의의 소(Interventionsklage)를 제기할 권리를 위탁자가 아니라 *제3자*에게 부여하는 방식으로 신탁약정을 할 수 있는가 하는 문제와 관련하여서는 독일법상 어떠한 어려움도 생기지 아니한다. 독일민법 제328조 이하의 규정에 따르면 제3자를 위하여 수탁자를 상대로 [129] 신탁목적물의 적절한 관리와 수익의 지급을 구할 권리를 발생시키는 계약상 약정이 허용되는 것이다. 이러한 경우 그 제3자가 신탁목적물에 대하여 경제적 이익을 갖는 자로서 환취권 및 이의권을 갖는 것이 당사자들 사이의 법률관계와 형평에 부합한다. 체계적 의심은 존재하지 아니한다[112].

그러나 독일법과 영미법이 전적으로 일치하는 것은 아니다. 환취할 수 있는 신탁목적물의 범위와 관련하여서는 차이가 있다. 신탁(trust)법에서는 수탁자(trustee)가 설정자(settlor)로부터 신탁관리를 위하여 이전

따르면 수탁자는 모든 제3자에 대하여 소유자이지만 위탁자에 대한 내부관계에서는 소유자가 *아니라는* 것이다.
106) RGZ 91, 16; 133, 87.
107) RGZ 127, 9.
108) RGZ 45, 85.
109) RGZ 127, 9.
110) *Siebert* 167 ff.
111) BGH in NJW 1959, 1224.
112) *Siebert* 203 f. 참조.

받은 대상 일체가 신탁목적물이다[113]. 그러나 수탁자(trustee)가 제3자로부터 이 목적을 위하여 취득한 것도 신탁재산에 속한다; 수탁자(trustee)가 신탁재산 또는 그 수익이나 신탁대상의 멸실에 대한 보상(Ersatz)으로 또는 신탁재산에 속하는 채권에 터 잡아 취득한 대상들도 같다. 이 경우 취득행위에서 수탁자(trustee)의 의사지향은 문제되지 아니한다: 그가 이 대상을 신탁위반으로 자신을 위하여 개인적으로 취득하고자 할 때에도 그는 그러한 한 법에 의하여 의제수탁자(constructive trustee)가 된다[114].

그에 대하여 독일에서 판례는 독일 신탁법이 상응하는 발전을 하는 것을 지금까지 방해해 온 두 기본원칙을 수립하였다: *직접성원칙과*[115] *대위금지*가 그것이다.

§ 69. 직접성원칙

직접성원칙은 다음과 같은 것이다: 환취할 수 있는 신탁목적물은 위탁자가 대상을 그 재산에서 분리하여 이를 직접 수탁자에게 이전함으로서만 만들어질 수 있다. 반면 수탁자가 위탁자의 계산으로 제3자로부터 취득한 것은, 그가 위탁자가 그에게 이 목적으로 이용하도록 한 돈으로 취득한 것이었어도, 신탁목적물이 되지 아니한다.

제국법원은 소비대차를 하고 저당권으로 그 상환을 담보한 사안을 판결하여야 하였다. 그러나 그 당시 그는 배후의 전주(錢主)의 위임 하

---

113) 어떤 물건의 소유자가 지금부터 자신을 제3자를 위하여 이 물건과 관련하여 수탁자(trustee)로 간주할 때에도 이에 준한다, 위 § 7 참조.
114) 위 § 11 참조.
115) 이 표현은 *Friedmann*, Gutachten für den 36. Deutschen Juristentag: Empfiehlt sich eine gesetzliche Regelung des Treuhänderverhältnisses?, in: Verhandlungen des 36. Deutschen Juristentages (1931) 862에서 유래한다.

에 그의 계산으로서만 이를 하였다; 그는 공정증서로 그가 채권자 저당권을 전주(錢主)를 위한 수탁자로서 보유하겠다는 뜻을 표시하기도 하였다. 15년 뒤 [130] 그의 재산에 대하여 화의절차(Vergleichsverfah－ren)가 개시되었다. 전주(錢主)가 화의관재인이 그 저당권에 대하여 받은 것의 지급을 구하는 소를 제기하였다. 제국법원은 청구를 기각하였다. 위탁자가 그 이전에 법적으로도 그의 재산에 속하는 대상을 수탁자에게 신탁한 경우에만 법적인 의미의 신탁관계를 말할 수 있고, – 그가 설명하기를 – 수탁자가 위탁자의 계산과 그의 위임 하에 그의 숨은 대리인으로 제3자로부터 그러한 대상을 취득한 경우에는 그러하지 아니하다는 것이다. 사안의 저당권이 그러하다: 그것은 소비차주의 재산에서 나온 것이지 위임자의 재산에서 나온 것이 아니라고 한다116).

문헌은 이러한 신탁개념 제한에 압도적으로 따랐다. *지버트*(*Siebert*)는 수탁자가 제3자로부터 취득한 대상도 신탁목적물로 취급할 의무를 부담할 수는 있지만, 그러한 채권법적 합의는 파산시에는 아무런 효력도 없을 것이라고 강조하였다: 위탁자가 제3자로부터 취득한 대상을 환취하고자 한다면, 그는 먼저 수탁자로부터 그것을 양수하고 신탁을 위하여 다시 양도하여야 할 것이라고 한다 – 이는 *지버트*(*Siebert*) 자신도 "매우 의제적(konstruktiv)"이라고 한 법적 구성이다117). *렌트*(*Lent*)는 권리능력 없는 사단의 이사회가 제3자로부터 토지를 자기 이름, 사단계산으로 취득하는 사안을 제시한다. 이사회가 채권법적으로 그 토지를 사단을 위하여 적절하게 관리할 의무를 지기는 한다. 그러나 이사

---

116) RGZ 133, 84. 이는 제국법원의 확고한 판례가 되었다; 특히 RGZ 84, 216; 91, 12; 127, 344; RG in WarnRspr. 13/14 (1920/21) 157.

117) *Siebert* 188 f., 196. *지버트*(*Siebert*)는 제3자로부터 완전한 권리를 취득하는 수탁자가 위탁자와 사이의 내부관계에서 (특히 환취 및 이의의 소의 권한이 있는) 준(準)물권적으로 보호받는 지위를 양도하는 구성도 고려하고 있다.

회의 재산에 대하여 파산절차가 개시되면 그 토지는 재단에 속하는 것이다: "사단은 파산채권으로 제한된다. 그는 그 자신이 권리능력과 토지 소유권을 취득하거나 [!] 적어도 (물론 곤란한 일이지만) 토지를 사원들 앞으로 등기하였어야 했다."[118] 이와 달리 과거의 몇몇 저자들은 반면 직접성원칙이 "부당하고"[119], "장기적으로는 유지될 수 없으며"[120], "쉽게 이해할 수 없다(einfach nicht einzusehen)"고[121] 한 바 있으나, 이들의 견해는 관철될 수 없었다.

[131] 사실 형평고려에 터 잡아 체계적 의심을 의식적으로 무시한 위탁자의 환취권이라는 명제를, 처음부터 오직 체계적 필요로만 근거지워지고 제국법원이 그의 내적 정당성을 재심사하지 아니한 채 거듭 반복하여 적용하고 있는, 맹목적으로 작용하는 "직접성" 원칙으로 다시 제한하는 것은 이미 그 자체로 의심스러워 보이는 일이다[122]. 여기 저기에서 직접성원칙의 극복을 위한 접근들이 제시되고 있는 것도 놀랄 일은 아니다.

그리하여 문헌에서는 신탁계정의 경우 직접성원칙이 적용될 수 없다는 견해가 압도적이다. 신탁계정은 수탁자가 특별계정에 타인의 돈을 인식할 수 있게 관리하는 경우를 말하는 것으로 신탁적 관리자, 특히 변호사와 공증인에게 흔하다. 연방대법원은 그러한 계정의 기초에는 통상 피두키아적(fiduziarische) 신탁이 있다고 판시하였다[123]. 이는 수

---

118) *Jaeger—Lent* (註 103) Rn. 41 zu § 43.
119) *Nußbaum* JW 1928, 67의 RGZ 84, 217에 대한 평석. 마찬가지로 *Nußbaum*, Tatsachen und Begriffe im deutschen Kommissionsrecht (1917) 40 zu Anm. 4.
120) *Roth* (서문 註 6) 294 註 23b. 또한 *Hachenburg* JW 1915, 964도 참조.
121) *Nord*, Das Recht des Treuhänders (1927) 29.
122) 같은 공식의 정형화된 반복을 *Friedmann* (註 115) 862 ff.의 판례 개관이 잘 보여주고 있다.
123) BGH in NJW 1954, 190 = JZ 1954, 438. 마찬가지로 *Büchner*, Die treuhandrechtliche Organisation des Effektengiroverkehrs (1956) 84 f.; *Capeller* MDR 1954, 708; *Schütz* JR 1954, 218. 다른 견해로 *Siebert*

탁자가 잔고채권의 완전한 권리의 보유자가 되고 위탁자에 대하여 그 잔고를 적절하게 관리할 채권법적으로 의무를 질 뿐임을 뜻한다. 누구도 수탁자가 파산하는 경우 위탁자의 환취권이, 그 잔고에 제3자들이 지급한 돈이 보태어져 있을 때에도, 잔고채권 전액에 미친다는 점을 의심하지 아니한다[124].

[132] 1959. 4. 7. 연방대법원의 중요한 판결도 같은 취지이다[125]. 어느 사단의 재무담당 M이 그 사단의 이사회 구성원으로부터 우편당좌예금계좌를 그[M]의 이름으로 개설해 줄 것을 부탁받았다. 그 사단의 채무자로부터 받은 돈을 M은 이 계좌에 입금하였고 일부 채무자의 직접적 우편수표송금이 이루어진 이 계좌가 그 사단을 위하여 관리되었다. M의 채권자가 이 잔고채권을 압류하였다; 사단은 제3자이의의 소를 제기하였다. 연방대법원은 그 우편수표계좌에 M이 입금하였는지 제3자가 입금하였는지를 문제 삼지 아니하고 소의 요건이 갖추어졌다

Bankarchiv 31 (1931/32) 386 f.; *Aengenheister*, Das Treuhandkonto (1933) 19 ff.; *Raiser* JZ 1954, 439: 잔고채권은 의심스러울 때에는 *위탁자*에게 귀속한다; 수탁자는 독일민법 제185조에 따라 처분수권만 받은 것으로 본다. 제3자의 돈이 신탁계정에 입금되는 경우 *Siebert* a.a.O.에 따르면 위탁자는 수탁자의 선취(先取)된 채권양도 또는 "그것이 관계된 사람을 위한 행위"를 통하여 그 채권을 취득한다: 은행에게는 실체법상 누가 채권의 보유자가 되든 차이가 없다.

124) 그에 대하여 상세한 것은 *Opitz* Bankarchiv 33 (1933/34) 81 ff.; 40 (1940) 55, 57 참조. *Siebert* 360 ff.는 그도 가능하다고 본 피두키아적 (fiduziarischen) 신탁계정에 대하여 다른 견해이다: 위탁자의 환취권은 그 자신이 돈을 신탁계정에 이체한 이상 존속한다; 환취권은 위탁자의 채무자가 그의 지시에 터 잡아 변제원인(solutionis causa)으로 직접 신탁계정에 입금할 때 소멸한다: 그때 그 돈은 제3자의 재산에서 유래한 것이다. 실무상 이는 현저한 어려움을 초래한다: 잔고가 반은 위탁자가 지급한 돈, 반은 그의 채무자가 지급한 돈에서 왔고 그 뒤 정상적인 출금이 이루어진 경우를 생각해보자: 이러한 출금은 *지버트(Siebert)*의 견해에 따를 때 환취할 수 있는 잔고의 절반의 부담으로 이루어진 것인가?

125) BGH in NJW 1959, 1223.

고 보았다[126].

§ 70. 직접성원칙; 계속

직접성원칙을 완전히 폐기하는 것이 옳다. 판례와 통설이 거듭 반복하여 그 근거로 제시한 논변들은 설득력이 없다.

[133] 특히 *지버트(Siebert)*는 직접성원칙이 결국 공시(公示)원칙에 근

---

126) 연방대법원(前註)은, 직접성원칙에 대한 제국법원의 판례를 상세하게 반복한 다음, 아래와 같이 설시한다: "M 자신이 입금하였거나 그에게 송금된 돈에 대하여는 사단의 수권(授權)에 터 잡아 그에게 처분권이 부여되었고 그 지급의 기초가 된 제3자에 대한 채권은 M 개인이 아니라 직접 사단에게 발생한 것이었다는 데서 출발하여야 한다. 그러나 그렇다면, 그 계좌에 입금된 돈은 그 사단에 의하여 재무담당 M에게 맡겨진 것이 된다. 사단 자신이 그 돈을 추심하고 이를 관리를 위하여 M에게 현금으로(in bar) 인도하였는지, 아니면 M이 그 사단의 재무담당으로서 제3자로부터 수취하고 그렇게 형성된 이 신탁목적물을 현금으로(bar) 보유하거나 우편당좌예금계좌에 입금하였는지에 실질적으로 어떤 차이가 생기지는 아니한다. M이 사단이 그에게 부여한 수권(授權)에 터 잡아 제3자로부터 이 우편당좌예금계좌로 송금 받은 경우에도 위의 의미에서 위탁(Anvertrauen)이라고 할 수 있다. 이것이 이 목적만을 위하여 개설되고 이용되는 특별계정이라면 그때 그때의 우체국에 대한 잔고지급채권은 법적인 의미에서 그 사단을 위한 신탁목적물을 이루고 원칙적으로 독일민사소송법 제771조에 따른 이의의 소의 기초가 되기에 충분하다 …" – 그의 입장을 근거 지우기 위하여 연방대법원은 *하인리히 레만(Heinrich Lehmann)*의 학설[Allgemeiner Teil des BGB [10] (1957) 217]을 원용할 수도 있었을 것이다. 그에 따르면 부당이득법에서 발전한 직접성원칙이 여기에도 적용되어야 한다. 이에 의하여 제3자가 수탁자에게 급여한 경우에도, 이 급여가 동시에 (가령 독일민법 제362조 제2항 또는 제470조에 따라) 위탁자의 제3자에 대한 청구권을 소멸시키는 한에서는, 환취권이 부여되어야 한다는 것이다. 그러나 어떤 내적인 근거에서 부당이득법의 직접성원칙이 신탁법에서도 타당한지 알 수 없다. 수탁자가 제3자에 대한 채권을 그 자신의 이름, 위탁자의 계산으로 발생시키고 난 다음 이 제3자가 신탁계정에 입금한 경우 위 註 124에서 든 실천적인 어려움도 그대로 남는다.

거한다고 주장하였다. 위탁자의 환취 내지 제3자이의권(Intervention-srecht)을 수탁자가 위탁자의 위임을 받아 제3자로부터 취득한 대상에까지 연장하고자 한다면, *지버트(Siebert)*의 견해로는, "그 결과 물권적 권리의 불투명성이 지나치게 높아지고 너무 쉽게 초래되어 그 결과 일반적인 거래안전과 특히 신용안전이 참을 수 없을 정도로 위태로워질 것이다. 직접성원칙은 종국에는 공시원칙에 의하여 정당화된다, 이를 더 제한하는 것은 피하여야 하는 것이다."127)

공시 내지 현명원칙(Offenkundigkeitsgrundsatz)이 독일 물권법상 중요한 원칙임은 사실이다. 이는 어떤 재산객체가 점유 또는 부동산등기부에의 등기를 통하여 제3자에게 인식될 수 있는 방법으로 외부에 드러나게 하고자 하는 모든 규정들의 기초이다. 수탁자가 동산을 점유하고 있거나 부동산등기부에 부담이 설정되어 있지 아니한 토지의 소유자로 등기되어 있어 채권자가 이를 신뢰하고 신용을 제공하였는데, 그 뒤 그 물건들과 토지가 신탁의 목적물이고 따라서 집행과 파산의 대상에서 제외됨이 드러난다면 공시원칙은 깨어지는 것이다 – 그렇게 주장할 수 있다.

그러나 그에 대하여는 이러한 사고과정은 제3자로부터 취득한 신탁목적물에 대하여 타당한 바로 그만큼 위탁자의 재산에서 직접 유래한 것에 대하여도 타당하다는 점을 지적할 수 있다: 수탁자가 토지의 소유자로 등기되어 있는 경우, 그 수탁자가 그 토지를 위탁자로부터 직접 취득하였든 그의 돈으로 제3자로부터 취득하였든 공시구성요건은 같다. 수탁자가 동산인 신탁목적물을 제3자로부터 양수하였다면, *지버트(Siebert)*도 완전권이 우선은 위탁자에 대한 내부관계에서, 그리고 그로부터 다시 수탁자에게로 이전된 이상, 환취를 허용하려고 한다: 이제 점유의 창출이 위탁자에의 최초의 이전에서는 선취(先取)된 점유개정으로, 그리고 수탁자에의 재양도에서는 간이인도(brevi manu traditio)로

---

127) *Siebert* 194 f.

대체된다면, 신탁목적물은 그 자리에서 움직이지 아니하고, 공시에 중요한 사실, 즉 수탁자의 점유도 변함없이 계속됨에도, 공시원칙의 이름으로 외부세계에 어떤 인식할 수 있는 흔적도 남기지 아니하는 두 개의 물권적 합의 후에 비로소 신탁목적물의 환취가 허용될 수 있게 되는 것이다[128]. 광범위하게 행해지는 재고물품의 양도담보와 소유권유보부 매매의 실무를 고려할 때 공시원칙은, 어쨌든 동산에 관한 한, **[134]** 별 볼 일 없는 관철력을 갖고 있을 뿐이라는 점은 굳이 강조할 필요도 없다[129]. 특히 제국법원은, 그러나 *지버트*(Siebert)와 *예거-렌트* (*Jaeger-Lent*)도, 직접성원칙을 정당화하기 위하여 나아가 "'믿는 사람에게 맡김(Anvertrauens zu treuen Händne)' 요건을 전적으로 무시하고 다른 사람의 위임을 받아 그의 계산으로, 그러나 자기 이름으로 행위할 때에는 늘 그러한 관계가 존재한다고 보고자 한다면," 신탁관계 개념은 "완전히 불확정성으로 녹[아버릴 것이라]"고 하였다[130]. 직접대리인이 그의 위임인의 계산으로, 그러나 자기 이름으로 제3자와 계약을 체결하여 어떤 대상을 취득하는 경우 위임인에게는 이 대상에 대한 환취권이 부여된다: 이러한 법원칙이 직접성원칙의 포기로부터 필연적으로 도출된다면 제국법원의 입장도 정당화될 수 있을지 모른다.

그러나 그것만으로는 그렇게 되지 아니한다. 따라서 결정적인 문제는 신탁(Treuhand)과 간접대리가 서로에 대하여 합리적으로 한정될 수 있는지에 있다. 학설은 지금까지 이러한 한정에 직접성원칙을 이용해

---

128) 마찬가지로 *Palandt-Hoche* Anm. 7 D vor § 929 BGB.

129) 위탁자가 채무초과 상태로 악명 높은 수탁자와 신탁관계에 합의한 극단적인 경우에는, 수탁자의 채권자가 신탁목적물을 고유재산으로 여길 만했고 위탁자가 채권자 오도(誤導)를 예상할 수 있었을 때에는, 환취권의 행사가 허용되지 아니하는 권리행사[권리남용]가 될 수 있다.

130) RGZ 84, 217 및 이후 확고한 판례. 또한 *Siebert* 193; *Jaeger-Lent* (註 103) Rn. 41 zu § 43; *Mentzel-Kuhn*, Kommentar zur Konkursordnung ⁶ (1955) Rn. 7 zu § 43.

왔다: 수탁자와 간접대리인 둘 다 자기 이름으로 다른 사람의 이익을 위하여 행위하는 점에서는 공통적이다; 그러나 수탁자는 재산대상을 위탁자로부터 직접 취득한 자이고 간접대리인은 그것을 제3자로부터 취득한 자라는 것이다[131]. 사실 사고과정은 그 반대여야 한다: 어떤 대상을 취득할 때 행위자가 수탁자로 행위한 것인지 간접대리인으로 행위한 것인지가 먼저 확정되고, 그 뒤에 배후자가 취득한 대상과 관련하여 위탁자의 지위를 갖고, 그 결과 일반원칙에 따라 환취할 수 있는지, 아니면 간접대리의 위임인이고 따라서 파산채권으로 제한되는지를 정하여야 하는 것이다[132].

[135] 간접대리와 달리 신탁관계에서는 재산대상을 장기간에 걸쳐 위탁자의 이익을 위하여 그의 계산으로 관리하기에 물건의 소유자 또는 권리의 보유자가 된다. 신탁관계의 기초를 이루는 합의(신탁약정 pactum fiduciae)는 원칙적으로 일정한 기간 존속할 채권관계를 발생시키고 이는 수탁자에게 통상 신탁목적물에 속하는 대상을 신탁관계의 존속기간 동안 점유할 권리를 부여한다. 그러므로 수탁자는 신탁관계가 해지 또는 철회 또는 조건성취로 해소될 때 비로소 신탁목적물의 반환청구권을 갖게 된다. 그러므로 수탁자가 위탁자 계산, 자기 이름으로 행위하여 제3자로부터 토지, 저당권 또는 유가증권을 취득하는 경우에도, 수탁자가 취득한 대상을 합의에 따라 위탁자의 이익으로 일정한 기간 동안 관리하는 한 환취할 수 있는 신탁목적물이다. 이에 대하

---

131) 예컨대 *Lehmann* (註 126) § 36 I 5 c 참조: "간접대리인은 … 취득한 대상을 위탁자에게서 그의 재산으로부터 맡은 것이 아니라 본인을 위하여 거래 상대방으로부터, 그러니까 제3자의 재산에서 취득하였기 때문에 이미 수탁자로 볼 수 없는 것이다." 마찬가지로 *Enneccerus – Nipperdey* § 179 IV 1 (제14판 155까지); *Kuhn* in RGR – Kommentar zum BGB 11 I 1. Teil (1959) Rn. 14 vor § 164; 그리고 *Schultze – v. Lasaulx* in *Soergel – Siebert*, Bürgerliches Gesetzbuch 9 I (1959) Rn. 26 vor § 164.

132) 간접본인도 그의 계산으로 취득한 대상에 대한 환취권을 갖지 못하는지 여부의 문제에 대하여는, 아래 §§ 74, 77 참조.

여 간접대리에는 그러한 관리기능이 없다. 이 개념은 마찬가지로 자기 이름으로 활동하나 우선은 자기에게 권리가 발생하고 그 다음 추가적인 법적 행위를 통하여 다른 사람에게 이전할 의도인 경우를 가리킨다[133]. 그리하여 간접대리는 전형적으로 자기 이름으로 행위하는 사람이 처음부터 "통과취득자"일 뿐인 채권관계에 터 잡고 있다: 그는 그가 그의 위임인의 계산으로 취득한 대상을 가능한 한 조속히 그에게 넘겨줄 의무를 진다. 그리하여 선취(先取)된 점유개정, 자기계약에 의한 양도 및 "그것이 관계하는 자를 위한 행위"라는 법형상들이 바로 간접대리에서, 그때 발생하는 "중간적 법상태"의[134] 청산을 가능한 한 촉진하기 위하여, 형성되고 세련되었다. 신탁관계에서 수탁자 자신에의 권리귀속은 - 그것이 제3자로부터 취득한 경우에도 -, 수탁자가 이러한 방식으로 신탁목적물을 관리할 수 있게 하기 위하여, 당사자들이 일정기간 명시적으로 의욕한 것인 반면, 간접대리에서 자신의 권리보유는 단지 잠정적인 상태일 뿐으로, 당사자는 통상 그 계속을 "논리적 순간"으로 축소하기 위하여 노력하는 것이다.

[136] 이러한 구별표지의 기준에[135] 따를 때 신탁관계가 존재하고 신탁목적물에 수탁자의 채권자가 집행을 시도하거나 수탁자의 재산에 대하여 파산절차가 개시하면, 수탁자가 자기의 이름으로 제3자로부터 신탁목적물로 취득한 대상과 관련하여서도 위탁자에게 환취 내지 제3자이의권(Interventionsrecht)이 부여된다. 그러한 한 직접성원칙은 유지할 수 없다[136].

---

133) 그에 대하여 기본적인 것으로 *Schmidt—Rimpler* in *Ehrenbergs* Handbuch des gesamten Handelsrecht V 1. Abt. (1928) 490 ff.

134) *Palandt—Dänckelmann* Anm. 5 zu § 313의 표현.

135) 같은 취지로 *Staudinger—Coing* Rn. 60 d vor § 164 (말미) 및 최근의 (그 전판까지 주장했던 입장을 포기한) *Enneccerus—Nipperdey* §§ 148 II und 179 IV 1.

136) 마찬가지로 *Assfalg* 167 ff. 또한 *Reinhardt* und *Erlingshagen* JuS 1962, 47 ff.도 참조.

§ 71. 대위금지

대위금지는 직접성원칙과 함께 영미 신탁법에 비하여 독일 신탁법에서 환취 가능한 신탁목적물의 범위를 좁힌 제2의 원칙이다. 대위금지는 수탁자가 신탁목적물에 속하는 권리에 터 잡아서 또는 신탁대상의 파괴, 훼손 또는 박탈에 대한 보상(Ersatz)으로서 취득하였거나 그가 신탁목적물의 써 유상의 법률행위에 터 잡아 취득한 대상을 환취 가능한 신탁목적물로 하는 것을 막는다[137].

그 해명에는 아래 제국법원이 한 판결이 도움이 된다:

어떤 사람이 기계재고품을 수탁자에게 양도하고 그에게 재고의 이용을 허락하였다. 수탁자가 그것을 제3자에게 양도하고 매매대금을 받아 그중 일부는 즉시 위탁자에게 전달하였다. 그리고 나서 수탁자의 재산에 대하여 파산절차가 개시되었다. 파산관재인은 일부지급을 부인하고 위탁자에게 파산재단으로 반환해 줄 것을 구하였다. 제국법원은 청구를 인용하였다. 재고가 파산시 유체물로(in corpore) 존재하였다면 "파산법 제43조를 유추하여" 환취할 수 있을 것이기는 하다. 그러나 매매대금이 재고에 갈음한 뒤에는 "신탁관계로 거슬러올라가는 피고의 물적 청구권은 더는" 존재하지 "아니한다"고 한다, 원심법원의 견해와 달리 물적 대위의 원칙은 이 사안에 유추되어서는 안 되기 때문이다. 그것은 법률에서 실정적으로 명해진 경우에만 적용된다고 한다. 따라서 위탁자는 이미 받은 일부금액을 반환하고 파산채권으로 만족을 얻어야 한다[138].

---

137) 마지막에 언급한 신탁목적물을 써 한 법률행위적 취득의 사례에서는 대위금지와 함께 직접성원칙도 적용될 수 있다. 대위금지는 취득한 대상이 신탁목적물을 써 취득한 것일 때에도 신탁목적물이 될 수 없게 한다; 직접성원칙은 취득한 대상이 위탁자의 재산에서 "직접" 유래한 것이 아니기 때문에 같은 결론에 이른다. 그 때문에 제국법원은 예컨대 RGZ 94, 305에서 그 결정의 이유를 두 원칙 모두에서 찾았다.

138) RGZ 94, 305; 마찬가지로 RGZ 153, 370.

[137] "이러한 결과는 분명 환영할 만한 것은 아니"라고 *예거* (*Jaeger*)는 이 판결에 대하여 지적한다. "이것이 어떤 형평감각에도 반한다고 자신 있게 주장해도 좋을 것이다."[139] 사실 이에는 동의할 수밖에 없다; 그러나 현행법은 이러한 결과를 피할 수 있는 길을 제공한다.

신탁목적물은 수탁자의 개인재산과 분명하게 구별될 수 있는 재산대상들의 복합체이고, 따라서 "특별재산"이라고 불린다[140]. 특히 수탁자는 통상 신탁목적물을 그의 개인재산과 분리하여 관리할 의무를 지는데 그치지 아니한다. 무엇보다도 신탁목적물은 수탁자의 고유채무에 대하여 책임을 지지 아니한다. 파산 및 강제집행에서 환취나 제3자이의(Intervention)로 그의 개인 채권자의 공취를 피할 수 있기 때문이다.

그리하여 그 명시적 규율대상에 대하여 특별재산을 수립하는 독일민법전의 대위규정이 규율되지 아니한 신탁재산의 사안에 유추될 수 있는 것이다[141]. 그러한 법률 규정들의 유추는, 제국법원이 한 반대추론 (argumentum e contrario)과 마찬가지로 논리적으로 허용된다; 이는 무엇보다도, 언급한 사례가 보여주듯, 보다 합리적이고 정당한 결과에 이른다. 이미 *폰 투어*(*von Tuhr*)가 대위사고는 "법률이 침묵하고 있는 특별재화(Sondergütern)에서도 일반적인 원칙이 될 수 있을 것"이라는 입장을 주장하였다[142]. 독일민법전에 잘 알려져 있는 물적 대위라는 형상을, 이익상황이 이를 절박하게 명하는 사안에서 유추하는 것을 체계적 이유에서 금할 만한 사정도 보이지 아니한다. 가령 주식이나 토지가 신탁재산에 속한다면 위탁자가 수탁자 파산시 주식 이외에 신주인수권을, 토지 이외에 미지급 차임채권을 환취할 수 없다는 것은 전혀 이해

---

139) *예거*(*Jaeger*)의 JW 1919, 107에 실린 RGZ 93, 305에 대한 평석.

140) *Enneccerus – Nipperdey* § 132 I 2; *Staudinger – Coing* Rn. 17 vor § 90; *Siebert* 185.

141) 제국법원도 독일민법 제2041조를 유언집행자의 취득행위에 유추하는 것을 허용하였다; 그에 대하여는 위 § 54 참조.

142) *v. Tuhr* (註 104) I (1910) 335.

할 수 없는 일일 것이다. 이는 예컨대 상기업(Handelsgeschäfts)의 신탁적 보유자가 그 상호로 취득한 물품과 관련하여서도 같다. 독일민법전이 특별재산의 종류에 따라 물적 대위를 서로 다른 정도로 규정하고 있기에, 그것이 신탁재산의 경우 어느 범위에서 허용되는가 하는 문제가 제기될 뿐이다.

[138] 지버트(*Siebert*)의 견해에 따르면 신탁목적물에 속하는 권리에 터 잡아서 또는 파괴되거나 훼손되거나 분실한 신탁대상에 대한 보상(Ersatz)으로 취득한 것이 물적 대위에 의하여 신탁목적물이 된다[143]. 그는 이를 그러한 대위의 범위만이 법률상 규율된 사례들과 공통되고 따라서 신탁재산의 경우에도 기초가 될 수 있다는 점으로 근거 지운다. 그러나 왜 모든 법률상 대위규정에 공통된 최소한이 신탁재산에 대하여도 타당한 것인지 알 수 없다. 신탁목적물에 관련된 법률행위에 의하여 취득한 것은 신탁목적물이 된다는 것만이 신탁관계의 당사자의 전형적 의사에 부합한다[144].

어떤 경우에 법률행위가 신탁목적물에 관련된 것인가 하는 문제에 대하여는 독일민법 제2041조에 대하여 발전된 원칙이 유추될 수 있다. 그로부터 어떤 대상이 신탁목적물을 써서 취득된 때에는 이미 신탁목적물과의 관련성이 존재한다는 결론이 도출된다. 이러한 대상은 수탁자가 그의 계약상 의무에 반하여 자기 자신을 위하여 개인적으로 취득하고자 한 경우에도 환취할 수 있는 신탁목적물이 된다: 그가 신탁목적물을 취득에 쓴 이상 그의 의사지향은 문제되지 아니하는 것이다[145].

---

143) *Siebert* 185 f., 224.
144) 마찬가지로 *Palandt－Hoche* Anm. 7 E vor § 929. 결과에 있어서 같은 취지로 *Assfalg* 180 f., 그러나 그는 훨씬 더 멀리 간다, 아래 § 77 참조.
145) *Enneccerus－Nipperdey* § 148 Anm. 36은 － 아마 *지버트*(*Siebert*) (위 註 117 참조)를 따라 － 수탁자는 "상대적 소유권"이라 불리는 (실천적으로는 환취와 제3자이의(Intervention)의 권한이 있는) 신탁목적물에 대한 권리를 위탁자에게 이전하고 점유창출은 선취(先取)된 점유개정으로 갈음한다는

§ 72. 취득자문제

위 설명으로부터 우선 수탁자의 채권자의 집행 공취에서 위탁자의 보호는[146], 직접성원칙과 대위금지가 여기에서 주장된 범위에서 포기되는 경우에는, 신탁수익자(cestui que trust)의 그것보다 본질적으로 못하지 아니함이 드러난다. 그러나 위탁자의 법적 지위는 나아가, 수익자(beneficiary)의 그것이 그러한 것처럼, **[139]** 수탁자(Treuhänder bzw. trustee)가 신탁목적물을 권한없이 제3취득자에게 양도하는 경우에도 위태로워진다(취득자문제)[147]. 여기에서도 독일법이 보통법과 비교하여 위탁자에게 어떤 보호를 부여하고 있는가 하는 문제가 제기된다. 우선 취득자문제는 수탁자가 지급능력이 없어져 위탁자에게 손해배상을 할 수 없을 때 특히 현실적인 것이 된다는 점을 지적할 필요가 있다[148]. 수탁자가 파산한 경우 대위원칙은 위탁자에게 일정한 보호를 제공한다[149]. 신탁목적물의 양도가 무상으로 행해지지 아니한 경우에 말이다[150]. 위탁자가 이러한 방법으로 만족을 얻을 수 없거나 신탁에 반하여 양도한 물건을 원물로(in specie) 반환 받고자 할 때에만 그가 제3취

견해이다. 그러나 그로부터 수탁자는 신탁목적물의 점유를 취득할 때에도 여전히 수탁자를 상대적 소유자로 할 의사를 가지고 있어야 한다는 결론을 도출한다. 이러한 의사요건은 물론 (a.a.O. § 179 III 3 b) 다시 현저하게 제한되고 있다. 이러한 극도로 기교적인 구성이 필요해진 이유는 오직 이전에 - 구체적인 근거 지움 없이 - 대위사고의 신탁재산에의 적용을 거부하였다는 데 있다.

146) 이곳과 아래에서 위탁자의 법적 지위에 관하여 언급한 바는 신탁합의상 수익을 얻는 제3자에 대하여도 마찬가지로 적용된다, 위 註 112 참조.

147) 일체의 신탁 위반의 처분, 특히 신탁목적물에 대한 물권 설정에서 같은 문제가 발생한다.

148) 그에 대하여는 위 § 31 말미 참조.

149) 위 § 71 참조.

150) 신탁목적물이 무상으로 양도된 경우에는, 내 생각으로는, 위탁자가 독일민법 제816조 제1항 제2문을 유추하여 제3취득자에 대한 청구권을 가진다. 다른 견해로 *Palandt—Hoche* Anm. 7 B a vor § 929; *Siebert* 156 f.

득자에 대하여 어떤 청구권을 가지는가 하는 문제가 제기된다.

이때에는 제3자가 신탁목적물에 속하는 대상을 처분권한 있는 소유자로부터 취득한 사안에서부터 시작하여야 한다. 이는 독일법에 따르면 그를 더는 위탁자의 어떠한 물권적 청구의 대상도 되지 아니하는 제한 없는 소유자 또는 권리보유자로 만들기에 충분하다. 수탁자가 위탁자에 대하여 그 대상을 처분하지 아니할 의무를 지고 있기는 하다. 그러나 수탁자가 채권법상 처분*하여서는 안 된다*는 점은 그가 물권법상 처분*할 수 있는* 이상 물권적 권리상태에 대하여는 의미가 없다. 모든 다른 입장은 - 논해지는 바로는 - 단순한 채권적 청구권에 물권적 힘을 부여하여 물권법의 물권법정(numerus clausus)의 원칙을 깨뜨리고 더불어 독일민법 제137조와도 합치하지 아니할 것이다: 권리보유자는 법률행위로는 그의 처분자격을 물적으로 배제할 수 없고 이는 이러한 배제가 일체의 처분에 대한 것이든 특정, 특히 신탁에 위반한 처분에 대한 것이든 마찬가지이기 때문이라는 것이다.

이러한 이유에서 제3자는 그가 취득한 대상이 신탁재산에서 유래하였고 그 양도가 신탁위반임을 알고 있었을 때에도 현행법상 무제한적 소유권을 취득한다. 물론 그와 같은 신탁위반을 촉진하는 거래는 그 목적이나 의식적으로 감수된 결과가 신탁자에 대한 수탁자의 의무위반이 되고[151], 선량한 풍속에 반하는 일이 흔하다. 이러한 경우 위탁자는 독일민법 제826조에 따라 취득자에 대하여 [140] - 신탁에 반하여 양도된 대상이 여전히 취득자의 재산에 구별할 수 있게 존재하는 때에는 - 독일민법 제249조에 따라 제3자가 위탁자에게 직접 양도하는 것을 내용으로 할 수 있는 손해배상청구권을 갖는다. 제3취득자가 파산한 경우 위탁자는 물론 그에게 물권적 청구권이 부여된 때에 한하여 관철할 수 있을 것이다; 이러한 결과에 이르려면 독일민법 제817조로부터 도출되

---

151) 그에 대하여는 *Palandt—Danckelmann* Anm. 5 b bb vor § 138.

는 물권계약의 가치중립성 도그마를 깨뜨리고 의무부담행위가 선량한 풍속에 반하는 경우 통상 처분행위도 효력이 없다고 보아야 한다[152].

이에 대하여 보통법에서 수익자(beneficiary)의 보호는 훨씬 더 강하게 형성되어 있다. 독일법에서 위탁자는 기껏해야 양도행위가 선량한 풍속 위반인 경우에 제3취득자에 대하여 물권적 청구권을 갖는 반면, 신탁수익자(cestui que trust)는, 수탁자(trustee)가 "신탁을 위반하여(in breach of trust)" 행위하였다는 것을 단순 과실로 알지 못한 경우에도 취득자에게 신탁에 반하여 양도된 물건의 반환을 구할 수 있다[153]; 양도가 무상이라면 선의의 취득자도 책임을 진다. 두 청구권은 제3자 파산시에도 관철된다.

그러나 독일법에서도 지금까지보다 더 넓은 범위에서 위탁자의 "추급권(Folgerecht)"을 인정할 수 있는가 하는 문제가 제기된다. 특히 신탁목적물에 대한 강제집행에서 위탁자의 법적 지위를 그것을 제3자에게 양도하였을 때의 위탁자의 법적 지위와 비교하면 두 사안에서 환취 내지 제3자이의권(Interventionsrecht)과 위탁자의 "추급권(Folgerecht)"에 그 자체 같은 이유들이 대립하고 있음을 확인할 수 있다. 판례는 파산과 개별강제집행에서 위탁자의 청구권을 그 "단순한 채권법적" 성격에도 불구하고 물적으로 취급하는 데 어려움을 겪지 아니한 반면, 신탁목적물을 제3자에게 양도한 경우에 그에 상응하는 결론을 받아들이는 것은 지금까지 주저해왔다. 수탁자의 채권자가 신탁목적인 유가증권을 압류하는 경우 위탁자에게 제3자이의의 소를 허용하면서 수탁자가 유가증권을 같은 채권자에게 변제에 갈음하여 양도하고 그가 그것이 신탁목적물에 속한다는 것을 안 경우는 "추급권(Folgerecht)"을 부정하는

---

152) *Wolff-Raiser* § 38 N. 11; *Palandt-Hoche* Anm. 5 a cc vor § 854, *Heck*, Sachenrecht (1930) 122 f., 그러나 또한 *Westermann* § 4 IV도 참조.

153) 동산의 경우 영국에서는 제3취득자의 적극적 인식이 필요하다, 위 § 12 註 19 참조.

것을 무엇이 정당화할 수 있겠는가? 판례는 마지막 사안에서도 위탁자의 청구권을 물권적이라고 보고 **[141]** 지금까지 이미 독일파산법 제43조, 독일민사소송법 제771조로 채권자 공취 사안에서 한 바와 같이 제3자의 신탁목적물의 취득에 독일민법 제892조, 제893조, 제932조 이하를 유추함으로써 일단 딛은 길을 끝까지 가게 되지 않을까?

비슷한 법적 관점은, *지버트*(*Siebert*)는 여전히 거부하나154) *호헤*(*Hoche*)는 최근 고려한155) 사고과정으로도 근거 지워질 수 있다. 확고한 제국법원 판례에 따르면,156) 대리인이 자신의 대리권을 남용하여 체결한 행위는 그 제3자가 대리권남용을 알았거나 과실로 알지 못한 경우 독일민법 제177조 이하를 유추하여 무효가 될 수 있다157). 학설은 이러한 원칙에 널리 동의하였다158). 제국법원은 이를 남용된 대리권이 법률에 터 잡은 것인 사안에도 적용하였다; 대리권이 아닌 – 가령 독일민법 제2205조에 따라 유언집행자에게 부여된 것과 같은 – 처분권한이 남용된 때에도 같다159). 이러한 규칙은 관리신탁에도 적용될 수 있다: 수탁자가 그에게 부여된 처분권한을 남용하여 한 처분행위는 취득자가 그가 수탁자와 거래하는 것임을 알고 있었고 그 거래가 신탁위반임을 의미하는 사정을 알았거나 알 수 있었어야 했던 때에는 무효이다.

---

154) 그에 대하여는 *Palandt – Danckelmann* Anm. 5 b bb vor § 138.
155) *Palandt – Hoche* Anm. 7 B a vor § 929. 또한, *Müller – Freienfels* (註 27) 135 f.도 참조.
156) 예컨대 RGZ 71, 219; 143, 196 (= JW 1934, 683 mit Anmerkung von *Heinrich Lehmann*); 145, 315 참조.
157) 제3자가 대리인에게 부여된 대리권을 원용하는 것이 악의적/사기적(arglistig)이라는 이유로 거부할 때에도 같은 결과에 이른다.
158) *Kipp* (註 9) 287; *Stoll* in: Festschrift für *Heinrich Lehmann* (1937) 115 ff.; *Staudinger – Coing* Rn. 17 a zu § 167; *Lehmann* (註 126) § 36 VI 4. *Enneccerus – Nipperdey* § 183 I 5는 제3취득자의 과실이 *중대*할 것을 요구한다.
159) 위 § 53 참조.

이에 대하여는 현행법상 처분권한 있는 소유자에 의한 양도에서 어떠한 형태로든 취득자의 선의를 문제 삼는 것은 잘못이라고 이의할 것이다. 취득자가 더는 양도인의 소유권을 믿어서는 아니 되고 그의 제3자와의 내부적 법률관계를 조사할 의무를 지게 되는 경우에는 거래안전이 침해되고 부동산등기 시스템의 가치가 훼손될 것이라는 것이다.

그에 대하여는 다음과 같이 말할 수 있다: 어떤 대상의 처분자격이 누군가에게 귀속된 *이유*가 그에게 (유언집행자에서 그러한 것처럼) 그 자격이 그 자체 이전하였기 때문인지 아니면 그 대상이 (수탁자에서 그러한 것처럼) 그에게 자기의 권리로 귀속하기 때문인지는, 취득자가 양도인이 [142] 이러한 처분자격을 단지 *타인의 이익*을 위하여 보유하고 있음을 아는 한 취득자에게는 중요하지 아니하다. 이러한 취득자의 인식이 두 사안에서 그의 선의를 문제 삼는 것을 정당화한다.

여기에서 주장하는 견해에 의하여 취득자에게 조사의무가 부과되는 것도 아니다. 즉 취득자는 그가 신탁의 존재를 알고 있고 내부관계상의 약정을 알지 못하였다 하더라도 그 처분이 위탁자의 이익에 명백히 반하여 결코 그의 승인을 받지 못하였을 것임을 알았거나 알았어야 했다고 할 수 있을 때에만 악의로 볼 수 있다. 그러한 수탁자의 처분권한남용이 인식 가능하게 존재하는 경우에는 거래안전은 문제되지 아니하는 것이다.

§ 73. 혼화문제

혼화문제가 발생하는 것은 아래 두 사례에서 가장 빈번하다:

a) 수탁자는 신탁목적물에 속하는 현금을 자기의 현금과 구별할 수 없게 섞었다(현금 혼화).
b) 수탁자가 신탁목적물에 속하는 현금을 이미 자기 돈이 있는 그의 개인 계좌에 입금하였다. 수탁자가 신탁계정에서 자기 개인 계좌로 돈을 송

금한 경우도 같다(장부금전 혼화).

신탁재산에 대하여 적용되는 대위원칙상[160] 현금 혼화에서는, 수탁자가 파산한 경우 위탁자는 독일민법 제947조 이하에 따라 그에게 혼화된 금전에 대하여 부여된 공유지분을 환취할 수 있다는 결론이 도출된다[161]. 그러나 혼화된 지분들이 서로 어떤 가치관계에 있는지 확인할 수 없을 때에는 환취권이 인정되지 아니한다[162]. 그러므로 혼화된 금액에 신탁목적물에 속하는 돈이 유입된 뒤 입출금이 이루어져 변화하였다면 – 이것이 통상적인 사례일 터인데 – 물권적 청구권은 인정되지 아니한다.

장부금전(帳簿金錢) 혼화의 사례에서도 물적 대위의 원칙으로부터 은행에 대한 잔고채권이 위탁자와 수탁자에게 독일민법 제741조 이하에 따라 공동으로(gemeinschaftlich) 귀속한다는 결론이 도출될 것이다. 그러나 – 통상 그러한 것처럼 – 신탁재산에서 나온 금전가치가 입금기장(入金記帳)된 뒤 수탁자의 개인 계좌에 새로운 입금 및 출금기장이 있었다면 큰 어려움이 생긴다. [143] 보통법의 규칙에 따라 일단 존재하는 금액으로 환취할 수 있는 잔고지분을 확정하여 그 이후의 계좌상황의 변동은 문제 삼지 아니하는 것이 정당할 터이다. 수탁자가 신탁목적물에서 유래한 잔고지분을 개인 채무의 변제에 썼다고 주장할 수는 없는 것이다: 자기 과오를 주장하는 것은 누구도 듣지 아니한다(suam culpam allegans nemo auditor)[163]. 전체 잔고가 환취할 수 있는 지분 아래로 떨

---

160) 위 § 71 참조.
161) *Staudinger – Lehmann* Rn. 4 zu § 2019 참조. – 수탁자는 지분적 공동관계 해소의 소를 제기할 필요가 없다, *Heck* (註 152) 260 f.; *Westermann* § 52 III; *Wolff – Raiser* § 72 참조.
162) RGZ 112, 102; 또한 *Staudinger – Berg* Rn. 6 zu § 948; *Jaeger – Lent* (註 103) Rn. 20 § 43도 참조.
163) 이는 수탁자의 파산관재인도 이의할 수 있어야 한다, 그러나 BGHZ 19, 338 참조.

어졌을 때 비로소 위탁자의 물권적 권리도 그에 따라 감소된다[164].

　독일법상 혼화문제를 해결할 때 생기는 – 보통법에 비할 때의[165] – 어려움은 *베스터만*(*Westermann*)을 따라 "금전에 대한 물권적 반환청구권(Geldzeichenvindikation)"을 "금전가치에 대한 물권적 반환청구권(Geldwertvindikation)"으로 갈음할 때에 설득력 있는 도그마틱적 기초에 터 잡아 해결될 수 있다[166]. 어떤 사람이 소유자로서 독일민법 제985조에 따라 점유자에게 특정 금전(주화나 은행권)의 반환을 구할 권리를 갖고 있다면, *베스터만*(*Westermann*)에 따르면 그 점유자가 그 금전을 다른 것으로 바꾸거나 자기 현금과 섞은 경우 또는 경제적으로 같은 가치를 가지는, 은행에 대한 잔고채권으로 바꾸었으나 이미 존재하는 잔고채권이 그만큼 증액된 경우 여전히 물권적 반환청구권이 인정된다. 금전가치가 거래상 현금과 같다고 여겨지는 형태로 (특히 장부금전의 형태로) "금전가치점유자"의 재산에 존재하는 한, 소유자는 개별 금전(Geldzeichen)의 물권적 반환청구가 아니라 그 금전에 화체된 금전가치의 물권적 반환청구를 구할 권리를 가지기 때문이다.

　이러한 사고는 – 신탁관계에 적용하면 – 다음과 같은 결론에 이른다: 위탁자의 환취권은 수탁자가 신탁목적물에 속하는 잔고채권이나 현금

　(譯註) 원문에는 "suam culpam allegans nemo auditor"라고 되어 있으나 의도적인 것은 아니고 "suam culpam allegans nemo anditor"의 명백한 오식(誤植)으로 보여 위와 같이 수정하였다.

164) 결과에 있어서 마찬가지로 *Reinhardt* in: Festschrift für *Gustrav Boehmer* (1954) 60, 97.

165) 위 §§ 11 및 12 참조.

166) 상세하고 타당한 근거 지움을 포함하여 *Westermann* § 30 V. 이에 동의하는 것으로 *Eichler*, Institutionen des Sachenrechts I (1954) 82 ff.; 비판적인 것으로 *Wolff – Raiser* § 84 Anm. 6. 이미 그전의 AcP 143 (1937) 1 ff. 에서 (소유질서가 아닌!) 점유질서에 터 잡은 금전가치권(Geldwertrecht)을 발전시킨 (그에 대하여는 *Reinhardt* [註 164] 72 ff. 참조) *카저*(*Kaser*)도 여기에서 관심을 두는 혼화사례와 관련하여 같은 결론에 이른다. 또한 *Wilburg* Juristische Blätter 71 (1949) 29 ff.도 참조.

을 그의 분별관리의무에 반하여 자기의 장부금전이나 현금과 섞은 경우에도 존속한다. 이러한 사안에서도 신탁목적물에서 유래한 금전가치는 수탁자의 재산에 존재하는데, 그것만이 환취의 대상이기 때문이다167).

4. 타인을 위한 사무관리에서 반환청구권들

§ 74. 타인의 거래결과의 물권적 귀속?

[144] 보통법에서 타인을 위한 사무관리의 범위에서 얻은 거래결과가 내부관계의 기준에 따를 때, 그리고 신의성실에 비추어 사무주체에게 돌려져야 하는 한 의제신탁(constructive trust)을 이용하여 사무주체에게 "물권적 효력"을 가지고 귀속시킨다는 점은 이미 본 바와 같다168). 이러한 귀속의 "물권적" 효과는 사무주체가 의제신탁(constructive trust)의 수익자(beneficiary)로 간주되고 그리하여 그에게 그 사무관리로 얻은 대상에 대한 형평[법]상 이익이 인정됨으로써 그가 사무주체가 파산하였을 때 그것과 그것의 대상(代償)을 환취하고 일정한 요건하에 제3취득자에게까지 "추급"할 수 있게 한다. 독일법에서 기능이 유사한 형상들을 만날 수 있는지가 문제이다.

---

167) 다른 견해로 *Falck*, Das Geld und seine Sonderstellung im Sachenrecht (1960) 200 ff. - 이 규칙은 혼화가 수탁자에 의하여서가 아니라 악의의 제3자에 의하여 행해졌을 때에도 유추되어야 한다. 그러므로 가령 수탁자가 개인 채무를 변제하기 위하여 신탁계정에서 그의 채권자에게 송금하였고, 그 채권자도 그 돈의 출처를 알았다면, 위탁자는 그 채권자가 파산하였을 때에 그의 은행잔고 중 상응하는 부분을 환취할 수 있고 이는 그 계좌가 그 입금기장 전에 이미 잔고가 있었고 입금기장 후에도 추가로 입금 및 출금 기장이 있었을 때에도 그러하다.

168) 위 §§ 44 이하 참조.

이 문제에는 원칙적으로 부정적으로 답하여야 한다. 독일에는 위임, 고용, 위탁매매거래 및 기타 사무처리에서 당사자의 의사를 고려하지 아니하고 사무주체에게 사무관리자가 자기 이름, 타인 계산으로 취득한 대상에 대하여 채권자의 공취 및 제3취득자에 대한 처분으로부터 보호받을 수 있는 물권을 부여하는 법제도가 없고, 따라서 원칙적으로 그 대상에 대한 완전권을 사무주체에게 이전하기로 하는 당사자의 합의가 필요하다. 이러한 원칙은 물론 여러 예외에 의하여 깨어진다. 이를 짧게 설명한다.

영미법에서라면 보통 본인-대리인(principal-agent)-관계로 간주될 위탁매매거래에 관한 규정들 중에는 일정 범위에서 위탁매매인의 거래결과를 법률상 위탁자에게 귀속시키는 독일상법 제392조 제2항이 있다. 이 규정에 의하여 특히 위탁매매인이 파산하였을 때 위탁자가 [145] 위탁매매인이 수행한 거래상 제3자에 대하여 갖는 채권: 매수위탁의 경우 본질적인 것은 인도청구권, 매도위탁의 경우 매매대금지급청구권을 환취할 수 있게 된다.[169] 그러나 독일상법 제392조 제2항의 규정은 집행 공취에서만 의미가 있는 것이 아니다; 그로부터 위탁매매인의 법률행위에 의한 처분도, 그것이 위탁매매인의 채권자를 위하여 그의 만족 또는 담보를 목적으로 행해진 것인 한, 위탁자에 대하여 무효임이 도출된다[170].

독일상법 제392조 제2항의 규정과 의제신탁(constructive trust)의 기능 유사성은 명백하다: 당사자의 의사를 문제 삼지 아니하고 사무관리로 취득한 재산대상을 법에 의하여 사무주체에게 귀속시켜 사무관리자의 채권자에 의한 대상의 압류와 일정 범위에서는 법률행위적 처분도 자신에 대하여 효력을 주장할 수 없게 하는 것이다. 어쨌든 독일상법 제392조 제2항의 적용범위가 아주 넓지는 아니하다. 통설과 판례에 따르면 이 규정은 위탁매매거래와 운송거래(Speditionsgeschäft)에 한하여

---

169) 개별강제집행의 경우에 대하여는 독일민사소송법 제771조.
170) RGZ 148, 191; KG JW 1933, 1846 및 모든 문헌.

적용된다. 이는 나아가 위탁매매인의 *채권*에 대하여만 적용된다: 위탁자는 위탁매매인이 파산한 경우 아직 이행되지 아니한 인도청구권이나 매매대금지급청구권을 환취할 수 있지만, 위탁매매인에 대하여 인도나 지급이 이루어지면 그는 파산채권으로 제한된다171).

그러나 독일상법 제392조 제2항의 예외를 제외하면 독일법상 사무주체는 원칙적으로 사무관리자가 그를 위하여 사무를 관리하면서 취득한 것의 반환을 구할 채권적 청구권만을 갖는다172). 사무주체의 법적 지위를 "물권화"할 절박한 필요는 사무관리자가 취득한 [146] 대상을 법률행위에 의하여 즉시 사무주체에게 재양도함으로써 충족될 수 있을 뿐이다. 이러한 재양도가 사무관리자가 대상을 취득한 뒤 그때그때 사무주체와 권리이전에 관하여 명시적으로 합의함으로써 행해질 필요는 없다. 오히려 사무관리자는 사무주체의 대리인으로서 자기 자신과 물권계약을 체결하는 것을 허용할 수 있다(자기계약); 당사자들은 사무관리자 자신이 그것을 취득하기 전에 그 소유권이전에 관하여 합의함으로써 물권계약을 선취(先取)할 수도 있다(선취된 점유개정). 두 경우에서 양도에 필요한 물건의 인도는 사무관리자가 사무처리계약에 터 잡아 사무주체를 위하여 그에 대한 점유를 행사하는 것으로 갈음한다. 심지어 사무주체가 물건에 대한 소유권을 제3자로부터 직접 (사무관리자의 통과취득 없이) 취득하는 것도 가능하다: 제3자에게 그 물건의 소유자가

---

171) 그러나 독일예탁[유가증권]법(Depotgesetz) 제32조의 특별규정 참조. 유가증권 위탁매매의 경우 위탁자는 매수위탁매매인이 유가증권을 이미 매수하였으나 위탁자에게 아직 양도하지 아니한 경우에도 특별한 파산상 우선권을 갖는다.

172) 조합원이 자기 이름, 조합 계산으로 어떤 대상을 취득한 사안에서도, 통설은 독일민법 제178조, 제720조에도 불구하고 그 대상이 자동적으로 조합재산이 되지는 아니하고 조합원은 단지 그 대상을 조합재산으로 이전할 것을 구할 수 있는 채권적 청구권을 가질 뿐이라고 한다; *Staudinger—Geiler* Rn. 4 zu § 718 mit weiteren Nachweisen. – 반면 영미 조합(partnership) 사례에서는 조합원이 취득한 대상을 "의제신탁으로" 보유한다; 위 § 45 참조.

누구인지 문제되지 아니하는 경우 - 가령 일상생활상 현금거래에서는 -, 사무관리자가 자기 이름으로 거래한 때에도 그가 당시 사무주체를 위하여 소유권을 취득할 의사를 갖고 있기만 하였다면 그 소유권은 사무주체에게 직접 이전한다는 것이 ("그것이 관계된 자에 대한 양도") 거의 일치하는 견해이다.

사무주체가 이러한 법형상의 도움을 받아 사무관리자로부터 취득한 대상을 자기 권리로 취득한 경우 그는 사무관리자의 권한 없는 처분과 그의 채권자의 집행 공취에 대하여 의제신탁(constructive trust)의 수익자(beneficiary)처럼 보호받는다[173]. 그럼에도 불구하고 언급한 독일법상의 제도들이 여기에서 다룬 사례들에서 의제신탁(constructive trust)과 기능적으로 유사하다고는 결코 말할 수 없다. 두 법질서가 본질적으로 일치하는 결과를 달성하기 위하여 하나는 보호받아야 할 사무주체에게 형평[법]상 이익을, 다른 하나는 완전권을 승인함으로써 서로 다른 법기술적 길을 걸었기 때문은 아니다. 결정적인 것은 독일법에서 사무주체를 위하여 물적으로 효력 있는 보호를 근거 지우는 법률행위적 당사자 의사의 승인이 필요한 반면, [147] 형평[법]상 이익의 승인은 개별 사안의 사정들의 객관적 평가에 달려 있고 그리하여 관계인의 의사영역 밖에 있다는 점이다.

물론 좀 더 자세히 살펴보면 독일 판례에서도 "객관화하는" 경향이 확인된다. 특히 선취된 점유개정이 명시적으로 약정되지 아니하거나

---

173) 그러나 아래와 같은 차이에도 주목하라: 사무관리자가 그 대상을 선의의 제3자에게 처분하였다면 독일법은 사무관리자에 대한 독일민법 제816조 제1항의 부당이득반환청구권만을 인정하는 반면, 보통법에 따르면 의제신탁은 대상(代償)에 대하여 계속된다. 사무주체[譯註: 사무관리자의 오기(誤記)로 보인다]의 처분이 무상으로 행해진 때에도 독일법의 "채권적 대위" (독일민법 제816조 제1항 제2문)가 보통법의 "물적"인 것과 대조된다: 무상처분에서는 특히 제3자가 선의에도 불구하고 의제수탁자(constructive trustee)가 된다; 위 § 12 참조.

자기거래의 체결이 명시적으로 허용되지 아니한 경우, 또는 "그것이 관계된 자에 대한 양도"에서 사무관리자의 사무주체를 위하여 취득하겠다는 의사가 인식 가능하게 드러나지 아니한 경우, 판례는 이익상황과 개별 사안의 사정에 비추어 합리적으로 보이는 때에는 당사자에게 그에 상응하는 의사를 귀속시키는 데 결코 주저하지 아니한다. 그렇게 함으로써 영미 판례에서 의제신탁(constructive trust)을 부과함에 있어서 한 바와 같은 고려가 사안결정에 중요해진다. 그리하여 제국법원은 원고가 자기 이름, 그 신부의 계산으로 가구를 취득한 사안에서 아래와 같이 설시하였다:

"원고와 그의 그 당시 신부 사이에 위임계약이 존재하였다면, … 당시 그의 신부 겸 위임인을 위하여 소유권을 취득하겠다는 것이 원고의 의사이고, 그리하여 그가 자기 자신을 위하여 소유권을 취득하고자 한 것이 아니라고 사실상 추정할 수 있다." 나아가 "신랑은, 그의 신부의 자금으로 장래의 혼인을 고려하여 위임에 터 잡아 혼인주거의 가재도구(Ausstattung)를 조달할 때에는, 그 소유권을 그의 신부 겸 장래의 처를 위하여 취득할 의사였다"고 추정된다. 그리하여 결론적으로: "그러나 위임받은 대리인의 의사가 그 소유권을 취득할 때 위임에 따르는 것이라는 사실상 추정은 전적으로 일반적으로 이미 그렇지 아니하다면 수임인은 신의성실에 반하게 될 것이라는 고려에 의하여 정당화된다."[174]

이 판례에 대하여는 타당한 이의가 제기되었다,

"법적 효과는 그 효과의 발생이 그 행위의 결과를 정당화하는 종류의 사정만 존재할 때에 행위자의 의식된 의사에서 그 근거를 찾을 수 있다; 행위자가 합리적으로, 그리고 선의로 성찰하였을 때 그의 행위의 효과로 의욕하였을 가

---

174) RGZ 100, 193. 마찬가지로 RG SeuffA 82, 69. 또한 RGZ 99, 209 f.; 109, 169 f. 및 *Rühl*, Eigentumsvorbehalt und Abzahlungsgeschäft (1930) 55 참조.

능성이 높은 바가 바로 그가 의욕한 바로 영혼에 밀어 넣어지고 있다."175)

그리하여 독일상법 제392조 제2항의 규정은 그 문언상으로는 채권에만 적용되나, 동산에는 유추되며, 이러한 확대된 범위에서 위탁매매 [148]거래뿐 아니라 타인 계산으로 하는 일체의 사무처리에 적용된다는 견해가176) 때때로 주장되었다. 이는 – 보통법의 규율에 널리 근접하여 – 모든 자기 이름, 제3자 계산으로 취득한 대상이 그 제3자의 환취 및 제3자이의권(Interventionsrecht)을 근거 지운다는 뜻이 될 것이다.

이러한 견해에는 따를 수 없다. 물권적 지위는 원칙적으로 법률행위로만 설정 또는 양도된다는 독일법의 규칙에는 그것이 물권적 권리관계를 당사자들 사이의 채권법적 관계로부터 독립시키고 그리하여 명확하고 투명하며 증명하기 쉽게 유지한다는 다툴 수 없는 이점이 있다. 따라서 어떤 대상을 환취하는 데 원고가 그것이 그의 계산으로 [파산]채무자에 의하여 취득된 것임을 증명함으로써 족하게 하려고 애쓸 일은 아니다. 그러한지 여부는 특히 당사자들의 채권법적 관계에 관하여 주의 깊은 조사하여야만 알 수 있는 경우가 흔할 것이다.

가령 어떤 사람이 다른 사람에게 그 자신이 아직 조달하지 못한 물건을 양도할 의무를 진다면, 그가 제3자와 사이에 그 조달을 위한 거래를 체결하였을

---

175) *Lenel*, Stellvertretung und Vollmacht, Iherings Jahrbücher 36 (1896) 1, 45 ff.; *Hartmann*, Das Ausführungsgeschäft im deutschen und englischen Kommissionsrecht (1935) 100.

176) 그러한 견해로 무엇보다도 *Schmidt–Rimpler* (註 133) 611 f., 937 ff.; *Schless*, Mittelbare Stellvertretung und Treuhand (1931) 78 ff.; *Rühl* (註 174) 44 f.; *Hartmmann* (前註) 31 ff., 100 ff. 나머지 학설과 판례는 다른 견해이다; 단지 RGZ 84, 216; *Siebert* 337 f.; *Ratz* in RGR–Kommentar zum HGB 2 (1960) Rn. 3 a zu § 392; 흥미로운 근거 지움을 포함하여 *Nußbaum*, Tatsachen und Begriffe im deutschen Kommissionsrecht (1917) 39 f. 참조.

때 매매계약을 이행하기 위하여 *자기* 계산으로 활동하고 있는 것인지 그의 위임인을 위한 거래를 배려하여 *타인* 계산으로 행위하고 있는지를 결정하기 어려울 수 있다[177]. 또는: 누군가가 경매에서 놀데(Nolde)의 그림 10개를 매수할 것을 위임받고 그가 15개를 사는 경우 15개 중 가장 좋은 5개가, 그가 바로 이 5개를 *자기* 계산으로 취득하고자 하였다는 이유에서 그 자신을 위하여 취득한 것인지 여부가 문제될 수 있는데, 이는 물론 외부에서는 인식될 수 없는 것이다.

특정 대상에 대하여 환취 또는 제3자이의권(Interventionsrecht)이 발생하였는지 여부를 이 문제 및 비슷한 문제들에 대한 판단에 의존시키는 것은 독일법의 바람직하고 이유 있는 전통에 반한다.

통설은 철저하게 공평한 결론에 이르고 있기도 하다. 어떤 거래를 자신을 위하여 처리한 사람은 [149] 선취된 점유개정에 합의하거나 자기거래의 체결을 승낙하고 그를 위하여 취득된 대상이 그에게 물권적으로도 이전되도록 신경을 쓸 것이라는 전제에서 출발하여야 한다[178]. 따라서 그러한 약정을 하지 아니한 사안들이 문제적이다[179]. 이는 일

---

177) 마지막에 든 예에서 수임인은 토지를 타인의 계산으로 취득하였고 독일민법 제313조의 방식을 준수하지 아니한 채 그 취득 후 이를 그의 위임인에게 재양도할 의무를 지고 있었다. 따라서 이러한 맥락에서는 우리의 문제가 이미 현행법상 중요해진다; 그때 생기는 해석상의 어려움은 RGZ 54, 77; 77, 131; RG HRR 1932, 97; BGH WM 1961, 1080 (mit weiteren Entscheidungsnachweisen)에 잘 드러나 있다.

178) 재산대상을 *일정 기간* 관리수탁자에게 관리시키고 따라서 그에게 권리를 장기간 귀속시켜야 하는 사람은 이러한 가능성을 갖지 *못한다*. 때문에 관리신탁에서는 위탁자도 그 자체 수탁자에 대한 채권적 청구권만을 가짐에도 불구하고 위탁자에게 환취권을 부여하는 것이 정당화된다, 위 § 70 참조.

179) 그러한 취지로 또한 *Hartmann* (註 175) 105 (註 47의 말미). 반면 [점유]개정약정이 있음에도 사무관리자가 그의 계약상 의무에 위반하여 그가 그 대상을 자기 권리로 취득하는 것이고 재양도하지 아니할 것임을 인식할 수 있게 하여 사무주체가 취득하지 못한 경우, 사무관리자에 대한 신뢰를 배반당한 사무주체에게 같은 물권적 보호를 줄 이유는 존재하지 아니한다.

상생활의 거래에서는 종종 당사자들이 그에 상응하는 합의를 생각하지 못한 경우에 그러하다. 이때에는 통상 "그것이 관계된 자에 대한 양도"로 구제할 수 있다[180]. [점유]개정약정(Konstitutabrede)이 없을 때 누구의 부담이 되는가 하는 문제가 여전히 제기되는 것은 그 나머지 사안들에서이다. 이것이 ─ 사무관리자의 채권자가 아니라 ─ 사무주체에게 불이익이 될 때에는 그것만이 공평하다.

5. 흠 있는 재산처분의 청산

§ 75. 반환청구권의 물권화?

착오(mistake), 사기(fraud), 강박(duress) 기타 법에서 인정하지 아니하는 자유로운 의사형성의 침해(부당위압 undue influence)를 원인으로 급여를 한 사람은 영미법상 수령자에게, 그가 그것을 의제수탁자(constructive trustee)로 이용하고 있는 한, 흠 있게 급여된 대상의 반환을 구할 수 있다[181]. 그로부터 급여자는 수령자가 파산한 경우 그 대상이나 그에 갈음하여 수령자가 취득한 대상(代償)을 환취할 수 있다는 결론이 도출된다.

독일법에는 이와 비슷하게 흠 있게 이루어진 급여의 그 수령자에 대한 물권적 반환청구권을 부여하는 법제도가 알려져 있지 아니하다. 이는 일단 **[150]** 독일법상 착오, 사기, 강박이 ─ 보통법에서와 같이 ─ 직접 반환청구권을 발생시키는 구성요건이 아니라 우선은 계약에 대하여 교부

---

180) 물론 이러한 일상거래에서 행위자가 그의 위임인을 위한 소유권취득 의사를 명시적으로 드러내지 아니한 경우에는 자신 있게 일체의 심리주의를 무시하고 전적으로 명백히 이익상황에만 의하여야 할 것이다.

181) 개별적인 것은 위 §§ 47 이하 참조.

된 표시를 취소하는 구성요건으로 되어 있고, 그 결과 계약이 소급적으로(ex tunc) 무효가 될 뿐이라는 점에서 비롯한다. 반면 취소된 계약에 터 잡아 이루어진 처분은 원칙적으로 계속 유효하다. 계약이 특별히 취소될 필요 없이 선량한 풍속 위반으로 무효인 경우(독일민법 제138조)도 같다[182]. 따라서 물건을 그 뒤 취소되었거나 처음부터 무효인 채권계약에 터 잡아 양도받아 보유하는 자는 원칙적으로 그 소유권을 취득한다. 그러나 그는 그에게 그 물건을 계속하여 소유자로서 보유할 권한을 부여하는 원용할 만한 사정이 없으므로, 독일민법 제812조 이하의 기준에 따라 급여자에게 그것을 반환할 의무를 진다. 따라서 흠 있는 재산처분의 경우 독일법에서는 원칙적으로 채권적 반환청구권에 그친다.

그러나 보통법이 의제신탁(constructive trust)의 관점에서 반환청구권을 부여하는 대부분의 사안에서 독일법도 물권적 청구권에 이른다: 누군가가 기망 당하였거나 강박 당하였거나 그의 무경험 또는 궁박이 악용되어 물건을 양도하였다면, 채권계약뿐 아니라 통상은 물권행위도 무효가 된다[183]. 그 결과 급여자는 독일민법 제985조 이하에 따라 물권적 반환청구권(Vindikationsanspruch)을 갖는다. 그러나 물적 대위는 일어나지 아니한다[184]: 따라서 누군가가 기망으로 취득한 물건을 제3자에게 유상으로 처분하는 경우 피기망자는 취소한 뒤 기망자에게 독일민법 제816조에 따라 대가의 반환을 구할 수는 있으나; 기망자가 파산한 경우 피기망자는 안분배당을 받을 수밖에 없다.

그리하여 독일법이 제3자를 위하여 흠 있는 재산처분을 한 자에게 물권적 반환청구권을 부여하는 것도 제한된 범위에서뿐이다. 도대체

---

182) 영미의 "부당위압(undue influence)"의 사례들은 독일에서는 대부분 독일민법 제138조(특히 제2항)를 통하여 해결될 것이다.
183) *Wolff-Raiser* § 38 Anm. 11 참조.
184) 그러나 *베스터만(Westermann)*에 따라 금전에 대한 물권적 반환청구권(Geldvindikation)이 수령자의 재산에 있는 "금전가치"를 대상으로 한다고 보아야 한다, 위 § 73 참조.

그러한 청구권이 인정되는 한 이는 법기술적으로 흠 있는 처분이 물권적으로 무효라고 보아 급여자가 이전처럼 완전권의 보유자이고 여전히 그로부터 발생하는 제3자에 대한 청구권을 가지고 있다고 봄으로써 달성된다. 반면 보통법은 더 넓은 범위에서 물권적 청구권을 허용한다; [151] 법기술상 이는 반환청구권의 대상에 대한 완전한 권리를 형평[법]상 이익과 [보통]법상 권원(legal title)으로 분리하고 전자는 급여자에게, 후자는 급여수령자에게 각 귀속시킴으로써 달성된다.

독일의 해결과 보통법의 그것을 서로 비교하면 비교법적 관점에서도 추상성원칙에 대한 비판에 동의할 수밖에 없음이 드러난다[185]. 추상성원칙은 독일에서 무엇보다도 거래보호의 관점으로 정당화된다; 그러나 영미법은 추상성원칙 없이 선의취득의 가능성만으로도 거래안전이 침해되지 아니함을 보여준다. 그렇게 함으로써 법률행위적 취득의 보호를 배려한다면 흠 있는 재산처분의 청산에서도 흠 있게 처분한 자의 이익과 그 처분의 수령자의 채권자의 이익의 형량이 문제될 뿐이다. 여기에서는 처분자를 우선하여야 한다: 그는 착오, 사기, 강박 기타 흠 있는 의사형성으로 대상을 처분하였다; 수령자의 채권자가 그로부터 이익하는 것은 어떤 사유로도 정당화되지 아니한다.

물론 이러한 사고를 법기술적으로 관철시키는 방법에 관한 한 보통법의 해결은 우리에게 고려의 대상이 되지 아니한다. 추상성원칙을 현행법상(de lege lata) 제한하거나 장래의 법상/입법론적으로(de lege ferenda) 포기하는 것은 흠 있는 처분을 한 사람에게 완전권을 남겨두는 것을 뜻할 뿐이다. 수령자에게 [보통]법상 권원(legal title)을 부여하고 그로부터 처분자를 위한 형평[법] 이익을 떼어 내주는 보통법의 해결은 아마도 독일법에서는 적응/변형된(angepaßten) 형태로나 수용될

---

185) 문헌상의 전거(典據)를 포함하여 *Westermann* § 4 참조.

수 있을 것이다[186]. 그러나 그러한 법형성은 절박한 필요 없이 일어날 수 없다; 심지어 그것은 물권적 귀속관계의 명확한 규율의 이익과 관련하여서는 별로 바람직하여 보이지 아니하는 것이다.

§ 76. 흠 있는 사인처분(死因處分)

독일법은 착오, 사기, 강박으로 인한 재산처분이 종의처분(終意處分)인 경우 물권적 효력이 있는 반환청구권의 인정에서 더 대담해진다[187]. [152] 독일민법 제2078조에 따라 그것이 성공적으로 취소된 경우 진정한 상속인은 수유자에 대하여 물권적 반환청구권(Vindikationsanspruch) 뿐 아니라 독일민법 제2018조 이하에 따른 상속회복청구권(hereditatis petitio)도 갖는다. 그로부터 상속재산점유자가 파산한 경우 진정한 상속인의 환취권이 상속개시 당시 상속재산에 속하는 대상뿐 아니라 상속재산을 써 법률행위로 취득한 대상(代償)에도 미친다는 결론이 도출된다 (독일민법 제2019조). 이는 누군가가 상속결격임이 확정되는 경우에도 마찬가지이다: 그에 대하여도 상속회복청구권을 행사할 수 있는 것이다[188].

종의처분(終意處分)에 흠이 있는 경우 상속재산을 누릴 수 있는 진정한 상속인이 누구인가 하는 질문과 관련하여서는 독일법과 미국법 사이에 흥미로운 차이가 존재한다. 보통법은 흠 있는 유증을 받은 자를

---

186) *아스팔크(Assfalg)*가 이를 시도하였다: 그의 견해에 따르면 물건의 양도를 구하는 채권적 청구권을 가진 자는 이 물건에 대한 "수익자권(Benefiziarrecht)"을 부여받는데, 이는 환취권을 포함한다, 상세한 것은 아래 § 77 참조.

187) 여기에서 취소의 대상은 늘 처분행위이므로 추상성원칙은 여기에서 어떤 역할도 하지 아니한다. 취소권을 부여하는 근거도 여기에서는 살아 있는 사람들 사이에 교부된 의사표시의 취소에서보다 더 넓다, *Kipp – Coing* § 24 pr. 참조.

188) 독일민법 제2078조에 따른 유언의 취소와 독일민법 제2339조 제1항 제3호에 따른 기망자 또는 강박자의 상속결격은 경합할 수 있다.

피상속인이 기망 당하거나 강박 당하지 아니하였더라면 지정하였을 자를 위한 의제수탁자(constructive trustee)로 본다[189]. 독일법상으로는 유언취소는 피상속인이 표시한 흠 있는 의사를 무효화할 뿐이고 그의 표시되지 아니한 흠 없는 의사를 관철시키지는 아니한다. 그러므로 피상속인이 사기로 인하여 그의 친구 A를 단독상속인으로 지정하였다면 성공적인 취소 후[190] 상속재산은, 피상속인이 기망 당하지 아니하였다면 그의 친구 B에게 유증하였을 것임이 증명되는 때에도, 법정상속인들에게 돌아간다[191]: 독일의 유언취소는 파기하기만 하고 수정하지는 아니하는 것이다[192].

6. 채권적 청구권의 물권적 강화

§ 77. 아스팔크(Assfalg)의 조달채권자(Verschaffungsgläubiger)의 수익자권(Benefiziarrecht) 이론

흠 있는 처분의 반환청구권과 타인을 위한 사무관리에서 사무주체의 반환청구권 모두 독일법상 – 위 § 74 및 § 76에서 본 바와 같이 – 원칙적으로 채권적 성질을 가질 뿐이다. 그러나 최근에 [153] 영국, 프랑스 및 스위스법의 비교법적 연구에 터 잡아 이러한 청구권을 보통법처럼 물권적으로 강화하고 이러한 사상의 법기술적 관철에서도 의식적으로

---

189) 위 § 50 참조.
190) 친구 A의 상속결격이 확인되었을 때에도 마찬가지이다, 독일민법 제2344조.
191) *Brox*, Die Einschränkung der Irrtumsanfechtung (1960) 144 ff.는 그러한 사안에서 유언취소는, 이미 법관의 유언*해석*의 방법으로 친구 B가 단독상속인이라는 결론이 도출되므로, 허용되지 아니한다고 주장한다. (입법론적으로 de lege ferenda) 그러한 취지로 이미 *Fritz Schulz*, in: Gedächtnis für E. Seckel (1927) 70 ff.
192) *Siber* RG – Festschrift III (1928) 350, 378.

영미법을 모범으로 하는 규율이 제안된 바 있다.

아스팔크(*Assfalg*)는[193] 독일법에서도, 보통법에서와 같이[194], "어떤 사람이 특정 대상에 대하여 급여를 구할 청구권을 갖고 있는데, 그 대상을 청구 상대방의 소유라는 등의 사정이 있는 모든 법률관계를 신탁관계라고 보는 것"이 바람직하다는 견해를 주장하였다[195]. 그로부터 다음과 같은 결론이 도출된다: 신탁관계의 당사자는 특정 물건의 채권법적 양도청구권을 갖고 있는 자이고, 이와 관련하여 이 청구권이 매매

193) *Baur*, Zeitschrift für das Gesamte Handelsrecht und Wirtschaftsrecht 124 (1961) 51 ff.의 비판적인 서평 및 *Schima*, Zeitschrift für Rechtsvergleichung 2 (1961) 253 참조.

194) *Assfalg* 133 참조. 그곳에서 그는 우선 정당하게 영국법상 신탁관계는 "그 대상, 즉 신탁목적물이 특정된 것일 때에만" 인정된다고 설명하고 있다. "신탁은 수탁자가 관리하는 대상이 특정하여 표시될 수 있을 때에만 발생할 수 있다"는 것이다. 그러나 몇 줄 뒤 *아스팔크*(*Assfalg*)는 고민하지 아니하고 이 명제를 뒤집는다: "특정 재산대상의 급여의무를 지는 자는 수탁자이다; 불특정적 대상의 급여의무를 지는 자는 채무자이다." 이는 이렇게 일반적으로는 타당하지 아니하다. 영국법상 본인(principal)이 그의 대리인(agent)이 그를 위하여 취득한 것이 신탁재산(trust property)이라고 늘 주장할 수 있는 것은 결코 아니라는 점은 위 § 46에서 설명한 바 있다: "모든 대리인(agent)이 신인의무자(信認義務者 fiduciary)인 것은 아니다"(*Piddocke v. Burt* [1894] 1 Ch. 343). - 토지매매에서 매도인은 매매계약체결 후 그 토지를 아직 양도하지 아니하는 동안 이를 매수인을 위한 "의제신탁으로" 보유한다고 한 일이 몇 번 있었다. 그러나 이로써 해명된 것은 매수인이 소유권취득 전에 이미 그 토지의 물리적 훼손(Substanzverschlechterung)의 위험을 부담하고 매도인은 그 토지를 양도할 때까지 수탁자(trustee)의 주의를 기울여 다룰 의무가 있다는 점뿐이다; *Keeton* 213 ff.에 수록된 재판례 발췌 인용 참조. 매수인이 매도인 파산시 매매대상인 토지를 환취한 사례는 - *아스팔크*(*Assfalg*)에게 문제된 것은 그것뿐인데 - 나로서는 찾지 못하였다. - 동산매매에서 매도된 목적물에 대한 매수인을 위한 의제신탁(constructive trust)이 고려되는 일은 훨씬 드물다, *Underhill* 211 참조. - 영국법상 특정 재산대상의 급여를 구할 수 있는 자는 늘 이 대상을 신탁목적물로 환취할 수 있다는 명제는 확실히 지나치게 멀리 간 것이고 이미 그 때문에 *아스팔크*(*Assfalg*)가 이를 독일법으로 옮기려고 시도하는 것은 의심스러운 것이다.

195) *Assfalg* 159.

계약에 터 잡은 것인지 사무처리관계에 터 잡은 것인지 증여약속에 터 잡은 것인지 부당이득에 터 잡은 것인지 아니면 약정 또는 법정해제권의 행사 후 발생하는 채권적 반환관계에 터 잡은 것인지는 중요하지 아니하다. 권리자는 그 양도를 구할 수 있는 대상에 대하여 "수익자권(Benefiziarrecht)"을 갖고, 이에 터 잡아 그는 **[154]** "신탁자"가 파산하는 경우 환취하거나 그에 대한 압류가 이루어지는 경우 독일민사소송법 제771조에 따라 제3자이의할(intervenieren) 수 있다. 수익자권(Benefiziarrecht)은 제3자에의 처분에 대한 물권적 보호는 제공하지 아니한다[196]. 이러한 법적 파악은 *아스팔크(Assfalg)*에 따르면 현행법의 문언과 결코 모순되지 아니한다; 따라서 이미 현행법상(de lege lata) 이를 채택할 수 있을 것이라고 한다[197].

독일법에서 그 누구도 채권법적 조달청구권에 환취 및 제3자이의를 할 힘이 원칙적으로 없다고 명시적으로 말하지는 아니할지 모른다. 그러나 이러한 명제는 누구도 법률상 규정되어 있지 아니하다 하여 그 통용력을 과소평가할 수 없는 독일 집행 및 파산법의 결정적인 구조원칙이라는 데 의문이 없다. 일련의 규정들이 그에 터 잡고 있음은 명백하다. 그렇지 아니하다면 토지의 조달을 내용으로 하는 채권법적 청구권에는 그 청구권이 가등기에 의하여 물권화되어 있을 때에 한하여 환취력을 부여하는 독일파산법 제24조의 규정이 무슨 의미를 갖겠는가? 독일민법 제883조 제2항 제2문, 독일강제경매 및 강제관리법 제48조, 독일파산법 제193조 제2문, 독일상법 제392조 제2항과 같은 규정들을, 원칙적으로 채권법적 조달청구권이 특정, 분리된 대상의 양도를 내용으로 할 때에도 파산, 강제집행 및 강제화의(Zwangsvergleich)에서도 보통의 채권들처럼 다루어진다고 보지 아니하고 어떻게 설명할 수 있겠는가? 독일민법 제327조, 제347조에 따라 해제권을 행사한 뒤에 발

---

196) *Assfalg* 163.
197) *Assfalg* 164 f., 178 ff.

생하는 그 물건의 반환청구권이 이미 환취와 제3자이의(Intervention)를 근거 지운다면 독일민법 제455조에 따른 소유권유보부 물건 매도는 어떤 의미를 가지겠는가?

그러나 *아스팔크(Assfalg)*의 제안은 장래의 법/입법론(de lege ferenda)으로 보더라도 설득력이 없다. 조달청구권에 환취력을 인정하지 아니하는 현행법의 해결은 실무상 전적으로 지지받고 있고 지금까지 학설상으로도, 판례상으로도 진지한 비판에 직면한 바 없다[198].

모든 파산법은 환취력 있는 청구권을 보통의 채권과 구별할 수 있게 해주는 기준을 수립하여야 한다. 모든 개별 사안에서 관계자들이 정당하다고 여길 만한 해결은 결코 찾을 수 없다. 이러한 상황에서는 단순하고 명확하며 투명하게 구성되어 거래상 준수하기 쉬운 규율이 우선되어야 한다. 독일법은 이러한 요건을 *물권적*으로 [156] 제3자에게 귀속하는 것의 환취만을 허용하고 *채권법적*으로 제3자에게 *돌려져야 할 것*의 환취는 허용하지 아니함으로써 충족시킨다. 이러한 시민권을 얻고 각 방면에서 승인된 원칙에서 벗어날 이유가 없다; *아스팔크(Assfalg)*의 학설로 이를 대체할 만한 근거는 없다. 그것은 – *아스팔크(Assfalg)* 자신이 인정한 바와 같이 – "실천적으로 자주 파산채권자들에게 배당할 것을 더 적게 남기는" 결과를 초래할 것이어서 파산절차의 완전한 의미상실로 이어질 수 있다[199]. 무엇보다도 *아스팔크(Assfalg)*가 제안한 한정기준에는 내적 정당성이 없다. 현행법상으로는 종류물을 매도하여도 그 물건을 채무자의 책임재산에서 배제시키는 것은 소유권이전인데, *아스팔크(Assfalg)*의 견해에 따르면 특정 또는 분리(Absonderung), 즉 내부적인 운영과정으로 족하다고 하는바, 이는 통제할 수 없고 외부에 있는 사람에게는 거의 증명할 수도 없는 것이다. 그는 이를 다음과 같이 근

---

198) *Jaeger – Lent* (註 103) Einleitung IV (Reformprobleme des materiellen Konkursrechts) 참조.
199) *Assfalg* 155.

거 지운다:

"[파산]채무자가 급여하여야 할 재산대상이 이미 처음부터 또는 파산절차 개시 전 특정(Konkretisierung)을 통하여[200] 특정된(bestimmte) 경우 이는 경제적으로는 이미 [파산]채무자의 재산에서 분리된 것이다. [파산]채무자는 법적으로도 이 대상을 달리 처분할 수 없고 그렇게 하면 채권침해에 대한 책임을 지게 된다[201]. 그러나 급여대상이 여전히 특정되어 있지 아니하다면, [파산]채무자의 재산에 있음이 확인되는 때에도, 그의 선택에 맡겨져 있다. 급여하여야 할 대상은 경제적 및 법적으로 여전히 [파산]채무자의 재산과 확고하게 결부되어 있다. … 불특정이거나 단지 종류에 의하여 특정되었을 뿐인 경우 채무자에게 급여대상에 대한 고유한 경제적 이익을 부정하는 것은 불가능하다. 그는 그의 재산에서 어떤 대상을 그가 급여하게 될지도 전혀 모르는 것이다."[202]

그러나 이러한 근거 지움은 이해할 수 없다. 왜 분할되지 아니한 물품재고에 대한 "고유한 경제적 이익"이 소유자가 그것을 나누어 여러 매수인들에게 매도하였는지 전체 재고를 한 매수인에게 매도하였는지에 따라 그렇게 크게 달라지는지 설명하지 아니한다. 또한 왜 매도된 종류물이 [156] 특정 후보다도 *전에* 매도인의 재산에서 더 많은 정도

---

200) *아스팔크(Assfalg)*는 "특정"을 – 내가 바르게 보았다면 – 독일민법 제243조 제2항이 말하는 과정으로 이해하지 아니한다. 그러므로 매도인이 매도된 종류물을 송부하기 위하여 분리하여 포장하였다면 그 소유권을 아직 취득하지 못한 매수인은 추심채무인 경우에도 그것을 환취할 수 있다. 그에 따르면 의무의 대상이 된 종류물을 사실상 분리(Absonderung)해놓는 것으로, 그러니까 예컨대 "채권자의 이름을 적어 붙여 놓은 지폐 묶음"으로 충분하다 (*Assfalg* 156). *아스팔크(Assfalg)*가 종류물의 특정을 – 그러니까 사실행위를 – 독일파산법 제29조 이하에 따라 파산부인의 대상이 되는 법적 행위 (Rechtshandlung)로 볼 수밖에 없었던 이유이다 (*Assfalg* 156, 179 f.).

201) 왜 매도인이 그의 매수인 A가 추심할 수 있도록 준비한 다음 그렇게 특정된 재고를 더 먼저 온 B에게 양도한 모든 사안에서 채권침해를 인정하여야 하는가?

202) *Assfalg* 156 f.

로 "경제적으로 분리되는지"도 알 수 없다. 특정된 후에도 매도된 물건은 그 전처럼 매도인의 소유이다; 그는 그 전처럼 소유자로서 그것을 양도하고 그것에 [물적] 부담을 설정할 수 있다. 어떤 물건은 그것이 귀속하는 자의 책임재산이기도 하다: 이 [지금까지] 지켜져 온 중첩을 포기할 만한 설득력 있는 근거는 존재하지 아니한다[203].

---

203) 이러한 원칙에 대하여는 위 §§ 67 이하에서 상세하게 언급한 단 하나의 예외가 허용된다: 관리수탁자가 파산한 경우 위탁자는 신탁목적물이 그가 아니라 수탁자에게 물권적으로 귀속되어 있음에도 불구하고 이를 환취할 수 있는 것이다. 이러한 예외는 구성요건상 한정될 수 있다 (위 § 71 참조); 그 때문에 그 자체 건전한 원칙을 포기하는 일은 어떠한 경우에도 있어서는 안 된다. 관리신탁이 문제되는 한 우리는 직접성원칙과 대위금지에 대한 *아스팔크*(*Assfalg*)의 정당한 비판(*Assfalg* 166 ff.)에 전적으로 따른다.

제5장

계수문제

§ 78. 역사

[157] 이미 1930년 *에른스트 하이만(Ernst Heymann)*은 독일에서 신탁적 법률관계의 점차적 확산을 지적하면서, 이러한 "바람직한 발전은 아마 이후 수탁자법(Treuhändergesetz)"으로 완결될 것이라고 추측한 바 있다[1]. 사실 거듭하여 - 특히 제1차 세계대전 이후 강력하게 - 입법자에 대한 요청이 있었다. 도즈(Dawes)-계획*으로 독일에 외국자본 유입의 시기가 시작되었다. 독일제국뿐 아니라 여러 지방자치단체(Kommunalverbände) 및 제조업체가 외국 —특히 미국— 여신을 제공받기 위하여 노력하였다. 이때 미국 채권자들은 그들의 반환청구권을 익숙한 방식으로: 즉 담보목적물 내지는 담보권을 수탁자(trustee)에게 양도하는 방식으로 - 물권적으로 담보하고자 하였다[2]. 따라서 독일 법률가들이 신탁(trust)-형상을 독일법에 가능한 한 이식하여 "응용된" 비교법을 하려고 한 것은 내부적 동인(動因)보다는 외적 필요성에서 비롯한다. 곧 이 주제에 대하여 여러 논고와 논저가 나왔다; "수탁자"라는 표

---

1) *Heymann* (제1장 註 24) 537 f.

* (譯註) 1924년 미국 재무장관이었던 도즈(Charles G. Dawes)가 주재한 영미국의 재정전문가위원회가 베르사유 강화조약에서 결정된 독일의 전쟁배상금 문제에 대하여 작성한 보고서로서, 독일의 극심한 인플레이션 등을 고려하여 전쟁배상금의 지급을 감액 및 유예하고 차관을 제공하는 것을 내용으로 하였다.

2) *Siebert* 368 ff.; *Weiser* 71 ff.; *Roth* (서장 註 6) 272 ff. 참조.

현을 법률에서도 여러 곳에서 볼 수 있었고, 1930년 독일 법률가대회는 마침내 "수탁자관계"의 법률적 규율이 권할 만한 일인지 여부의 문제를 제기하였다[3]. 두 감정인, 즉 *해멀레*(Haemmerle)와 *프리드만*(Friedmann)은 영미법을 상세하게 검토한 뒤 이 문제에 긍정적인 답에 이르렀다; 그 법률가대회의 해당 분과도 그들의 의견에 동조하였다[4].

법률적 규율이 *있어야 한다*는 점에는 의견이 일치하였다; 그 방법에 대하여는 물론 의견이 크게 갈렸다. *해멀레*(Haemmerle)는 **[158]** 피두키아(Fiduzia)를 신탁관계의 기본유형으로 삼고 수익자의 법적 지위를 현행법상 달성할 수 있는 상태보다, 상응하는 법률규정을 통하여, 강화할 것을 제안하였다[5]. 반면 *프리드만*(Friedmann)은 위탁자에게 신탁목적물에 대한 완전한 권리를 부여하고자 하였다; 그의 제안에 따르면 수탁자는 - 유언집행자처럼 - 신탁목적물에 대한 배타적 관리처분권을 보유한다[6]. *로트*(Roth)와[7] *노르트*(Nord)도[8] 비슷한 법률적 규율을 지지하였다. 이에 대하여 *지버트*(Siebert)는, 지금까지 기본적인 그의 논저에서, 현행법은 결코 개혁을 강하게 원하는 비판자들이 여기는 것처럼 불만족스럽거나 흠이 있지는 아니하다는 결론에 이르렀다. 입법자는 신탁의 목적물에 적용될 대위조항을 넣을 수 있을 것이고[9] 독일민법 제137조의 규정을 변경 또는 폐지하는 것이 바람직하기는 하다[10]. 그러나 나머지 점에서는 현행 독일법이 피두키아(Fiduzia)와 독

---

3) "Empfiehlt sich eine gesetzliche Regelung des Treuhänderverhältnisses?", Gutachten von *Haemmerle* und *Friedmann* in: Verhandlungen des 36. Deutschen Juristentages (1931) I 631-715 und 805-1140.
4) 토론 (前註) II 9-79 참조.
5) *Haermmerle* (註 3) 697 ff.
6) *Friedmann* (註 3) 1009 ff. 및 1095 ff. (그곳에 자세한 법률안이 있음).
7) *Roth* (서장 註 6) 284 ff., 298 f.
8) *Nord* (제3장 註 121) 31 ff.
9) *Siebert* 410 f., 426.
10) *Siebert* 418 ff.

일법적 신탁이라는 법형상들을 이용하여 만족스러운 해결에 이를 수 있다고 한다. 포괄적인 법률적 규율은 어쨌든 필요하지 아니하는 것이다.

독일에서 입법적 조치는 오늘날까지도 이루어지지 아니하였다. *지버트(Siebert)*의 책이 나온 뒤에는 심지어 여기에서 다룬 문제에 대한 간단한 논의조차 소강상태에 들어갔다; 제2차 세계대전 뒤에는 독일 신탁법의 법률적 개혁은 다시 언급되지 아니하였다.

1954년 제66회 총회에서 스위스에 영미 신탁 제도를 도입할 필요가 있는지 여부의 문제를 다룬 스위스 법률가협회도 *레이몽(Reymond)*과 *구블러(Gubler)*의 두 자세한 감정에 터 잡아 입법조치에 의한 신탁 (trust)의 계수는 문제되지 아니한다는 결론에 이르렀다[11]. 신탁(trust)은 스위스법의 정신에 낯선 것이고[12] 스위스법의 도그마틱적 기초와 양립할 수 없으며[13]; 거래의 필요에 부응하기 위해서는 스위스법상 기능이 유사한 제도들로 충분하다고 한다.

[159] 사법통일에 관한 로마연구소 또한 신탁(trust)을 대륙법(Civil Law) 국가들이 계수하는 것이 가능하고 또 합리적인지 여부를 심사하였다. 그러나 *혼세이(Hornsey)*는 그의 보고, "대륙법 국가들에서 신탁의 몇몇 원칙들의 가능한 이용에 대하여(On Possible Uses of Certain Principles of the Trust in Civil Law Countries)"에서[14] 상당히 온건한 결론에 이르렀다: 재산구속을 목적으로 설정된 신탁(trusts)에 관한 한 그는 "이러한 유형의 신탁(trusts)을 대륙법 체계에 일반적으로 도입하려는

---

11) Verhandlungen des Schweizerischen Juristenvereins 1954, Referate von *Reymond*, Le trust et le droit Suisse, und von *Gubler*, Besteht in der Schweiz ein Bedürfnis nach Einführung des Instituts der angelsächsischen Treuhand (trust)?, in: ZSchwR 73 (1954) 121 a – 469 a (Diskussion ebd. 504 a – 551 a).
12) *Reymond* (前註) 209 a ff.
13) *Gubler* (註 11) 349 a ff., 469 a.
14) Unidroit 1957, 45 ff.

어떠한 시도도 실패할 수밖에 없을"것이라고 보았다[15]. 계수할 수 있는 것은 기껏해야 영업적 거래에 쓰이는 신탁(trust)형태들, 특히 투자신탁(investment trusts), 추심위임신탁(trust receipt)[16], 사채신탁(deventure trusts) 및 의결권신탁(voting trusts)이라고[17] 한다.

지금까지가 신탁(trust)을 자기 법질서에 도입하는 것을 고려한 대륙의 법률가들뿐이었다면[18] 최근 오스트레일리아의 *라이언(Ryan)*은 보통법 법률가의 입장에서 신탁(trust)의 "수출가능성"을 연구하였다[19]. 대륙법(Civil Law)의 기초에 대한 놀랄 만한 이해를 보여주는 그의 논저는 신탁(trust)-계수에는 어떤 법체계적 의심도 없을 뿐 아니라 심지어는 절박한 필요성마저 있다는 결론에 이른다. 이러한 목적에서 *라이언(Ryan)*은 "법률초안(Draft Statute)"을 마련하여 신탁(trust)-법의 법전화로 대륙법(Civil Law) 국가들에게 [그 채택을] 권하고 있다.

§ 79. 법률에 의한 계수

신탁(trust)을 독일법에 계수하는 것이 합리적인지 살펴보기에 앞서 도대체 생각할 수 있는 계수의 형태로 어떤 것이 있는지를 밝힐 필요

---

15) *Hornsey* (前註) 95.
16) 그에 대하여는 위 § 67의 註 99 참조.
17) 따라서 로마연구소의 이사회는 이른바 신탁(trust)-형태의 계수를 고려할 것인지 여부로 문제를 제한하기로 결정하였다; Unidroit 1957, 38 참조. 추가적인 보고를 들은 뒤 이사회는 결국 작업범위를 더 제한하였다; Unidroit 1959, 40 참조.
18) 네덜란드의 *우니크 페이네마(Uniken Venema)*의 논저, Trustrecht en Bewind (1954)도 참조. 그는 신탁(trust)을 그 미국적 형태로 계수하는 것을 지지하고 따라서 - 네덜란드의 법제도인 "bewind"에 연결하여 - 낭비자신탁(spendthrift trust)도 도입하고자 한다(a.a.O. S. 247 f.). 또한 *메이어 (Meijer)*의 네덜란드 민법 초안 제3권 제6장도 참조.
19) *Ryan*, The Reception of the Trust in the Civil Law (출판되지 아니한 학위논문, Cambridge 1959).

가 있다. 이때에는 이런저런 방식으로 이미 신탁(trust)-계수가 이루어진 다른 나라들에 눈길을 돌려보면 배울 바가 있을 것이다.

우선 고려되는 것은 입법자의 행위에 의한 계수일 것이다. 단지 계수하는 법질서에서 **[160]** 이미 쓰이고 있는 법형상들이 드러낸 흠을 교정하는 데 제한된 규율을 생각할 수 있다. 가령 *지버트(Siebert)*의 제안이 이러한 방향이다[20]. 그러나 가령 "수탁자법(Treuhändergesetz)"의 형태의 포괄적인 법률적 규율을 제정하는 것도 있을 수 있다. 그러한 법률은 신탁관계의 설정, 최장기간 및 종료에 대한 상세한 규정들을 포함할 것이고 수탁자의 선임과 해임, 그의 권리의무 및 위탁자 내지 제3수익자의 자격을 개별적으로 규정할 것이다. *프리드만(Friedmann)*과[21] *해멀레(Haemmerle)*[22], 그리고 최근 *르폴(Lepaulle)*이[23] 그러한 포괄적인 법률적 규율을 지지하였고, 영미법에 특히 기운 *라이언(Ryan)*의 "대륙법에서 신탁법 초안(Draft of a Trust Statute in the Civil Law)"도[24] 40개 조문으로 상당히 상세한 규율을 하고 있다.

그러한 신탁(trust)의 완전계수가 이루어진 곳이 리히텐슈타인이다. 리히텐슈타인의 1926. 1. 20.자 인법(人法) 및 회사법은[25] 제897조부터 제932조까지 사이에서 "수탁자 지위"에 관하여 보통법과 광범위하게 일치하는 규율을 하고 있다. 이 법률은 "외국에 알려져 있고 유지되어 온 외국 입법에 있는 모든 회사 형태를 체계적으로 종합하여 실무상 활용할 수 있는 형태로 리히텐슈타인에 도입하는 것"을 목표로 하였다[26]. 2년 뒤에는 사업신탁(business trust)을 법전화한 1928. 4. 10.자

---

20) 위 註 9 및 註 10 참조.
21) *Friedmann* (註 3) 1094 f. 참조.
22) *Haemmerle* (註 3) 697 ff. 참조.
23) *Lepaulle* Actes du Congrès International de Droit privé (1951) 197, 205 f.
24) *Ryan* 409 ff.
25) Lichtensteinisches GBl Nr. 4.
26) 그러한 취지로, 법률제정자의 리히텐슈타인 의회에의 보고. *Straub*, Über das Treuhandrecht (1940) 27에서 인용.

"신탁기업"에 관한 법률이 제정되었다27); 이에는 1920년 미국에서 나온 톰슨(*Thompson*)의 책, Business Trusts as Substitutes for Business Corporations의 번역이 모범의 역할을 하였다28).

비교법적 관점에서는 파나마29), 푸에르토리코30), 멕시코31) 및 베네수엘라의32) 법전화(法典化)를 보다 진지하게 고려하여야 한다. [161] 이 모든 법률들은 대부분 미국과의 상거래 및 경제교류가 늘던 시기에 미국 측 거래 상대방과 자본투자가에게 익숙한 법적 형식을 이용하게 해 주는 데 그 연원이 있다33). 따라서 이들은 많은 점에서 보통법의 신탁

---

27) Lichtensteinisches GBl Nr. 6. 그에 대하여는 *Serick* RabelsZ 23 (1958) 624 ff. mit weiteren Nachweisen 참조. 그는 리히텐슈타인 신탁기업이 독일민법시행법 제30조 위반으로 독일에서는 승인이 거부될 것인지 여부의 문제를 제기한다.

28) *Wyler* ZSchwR 56 (1937) 293, 309 참조.

29) 1941. 2. 19.자 법률 제17호 (Gaceta Oficial No. 8465).

30) 민법전(Código Civil) (1930) 제834조 내지 제874조. 푸에르토리코법에 대하여 상세한 것은 *Sánchez−Villela* Tulane L. Rev. 19 (1944/45) 374 ff. 참조.

31) 1932. 9. 15.자 담보와 신용작용에 관한 일반법률(Ley General de Títulos y Operaciones de Crédito) 제346조 내지 제359조. − 파나마, 푸에르토리코 및 멕스코의 법률은 *Alfaro*, El Fideicomiso (1920)의 사적 작업으로 거슬러올라간다. 또한 *Alfaro* J. Comp. Leg. 33 (1951) Parts III and IV 25 ff. 참조.

32) 1956. 8. 17.자 신탁유증법(Ley de Fideicomiso) (Gazeta Oficial No. 496). 이 법률은 로베르트 골트슈미트(*Robert Goldschmidt*)의 작품이다. 그의 논저, "El Fideicomiso en los países de América Latina) (1961) 참조. − 라틴아메리카의 신탁(trust)−계수에 관하여 상세한 것은 *Ryan* 307 ff.; *ders.* Int. Comp. L. Q. 10 (1961) 265 ff.; 라틴아메리카의 신탁법 입법을 수록하고 있는 *R. Goldschmidt−Eder*, El Fideicomiso (Trust) en el Derecho Comparado (especialmente americano) (1955); *Patton* Tulane L. Rev. 19 (1944/45) 398 ff. 참조.

33) *R. Goldschmidt* (前註) 6 참조: "신탁과 유사한 제도를 도입하려는 이유는 다른 성질의 것이다. 무엇보다 미국의 경제적 및 재정적 영향을 지적하지 아니할 수 없다. ⋯ 사실 영국과 북아메리카는 심지어는 외국에서도 그들에게 친숙한 법적 형태들을 사용하고자 하는 희망을 가지고 있다."

(trust)규율에 닿아 있다. 도처에서 신탁(trust)에 대응하는 것은 "신탁유증(fideiconmmiso)"이라는 법형상으로[34], 그 배후에는 피두키아(Fiduzia)가 숨어 있고, 수익자의 권리가 물권처럼 강화된 것이다[35].

신탁(trust)법이 보통법의 법역(法域)의 두 대륙법 영역, 즉 퀘벡(Québec)과 루이지애나(Louisiana)에 특히 강하게 영향을 미친 것은 놀랄 일이 아니다. 퀘벡(Québec) 민법전(Code Civil)은 1879년 이래 신탁(trust) 유사의 법률관계의 설정을 "fiducie"라는 이름으로 허용하는 규정들을 포함하고 있다[36]. 루이지애나(Louisiana)에서도 일련의 법률에 의하여 신탁(trust)이 점점 더 넓은 범위에서 계수되어 마침내 1938년 루이지애나(Louisiana) 신탁재산법(Trust Estates Act)이 발효하였는데, 이는 포괄적인 – 리스테이트먼트(Restatement)를 모범으로 한 – 규율을 포함하고 있다[37].

§ 80. 법관의 법형성에 의한 계수

그러나 신탁(trust)의 계수 또는 신탁(trust)법의 개별 원칙들의 계수가 반드시 다소간 상세한 내용의 입법행위에 의하여 이루어질 필요는

---

34) 이러한 설명에는 오해의 소지가 있다, *Ryan* 216 ff. 참조.
35) 그에 대하여는 *Ryan* (註 32) 277 ff. 참조.
36) 물론 fiducie에서 누가 신탁목적물의 소유자가 되는지가 아직 완전히 명확한 것은 아니다, *Ryan* (註 32) 276 f.; *Patton* (註 32) 410 f.; *Mankiewicz* Actes du Congrès International de Droit privé (1951) 210 ff.; *ders.*, Rev. du Barreau de la Province de Québec 12 (1952) 16 ff.; *Curran v. Davies* [1933] S.C.R. 305 f. 상세한 것은 *Mignault*, La Fiducie en Québec, in: Travaux de la Semaine Internationale de Droit (1937) V 35 ff.
37) 상세한 것은 *Dainow* Can. B. Rev. 39 (1961) 396 ff.; *Stone* Int. Comp. L. Q. 1 (1952) 368 ff.; *Oppenheim* Tulane L. Rev. 27 (1952/53) 41 ff.; *Pascal* La. L. Rev. 13 (1952/53) 555 ff. 참조.

없다. 판례가 특정 외국법이 자국법의 발전에 참고하기 좋은 해결들의 보고(寶庫)를 포함하고 있고, [162] 이러한 방식으로 비교법적 해석방법을 동원하여 독일 신탁법을 영미 신탁(trust)법의 법사상을 이용하여 구성하고 발전시킬 수 있다고 확신한다면, 일정한 - 물론 정확하게 특정할 수는 없는 - 정도라도 보통법에 가까워지는 한도에서는 이러한 과정을 계수과정이라고 부르기에 충분하다38). 그와 같은 신탁(trust)의 사법적(司法的) 계수는 여러 강도로 이루어질 수 있다. 그 정도는 계수하는 법질서에서 기능이 유사한 제도들이 드러낸 개별적인 흠을 조심스럽게 메우는 데서부터 신탁(trust)-기능을 수행하기 위하여 별 관계가 없음에도 이용된 거리가 먼 법형상들을 대담하게 적응시키는 것에 이르기까지 미칠 수 있다.

남아프리카법에서 신탁(trust)의 계수가 이러한 방법으로 이루어졌다39). 보통법 적용지역에서 이주해온 연방(Union) 주민들은* 특히 전래된 유언관행을 결코 포기하지 아니하였다. 판례는 그 결과 로마-네덜란드법(Roman Dutch Law)에 익숙하지 아니한 법개념을 도그마틱적으로 정서(定序)하는 데서 생기는 어려움을, 입법자의 개입 없이, 극복하여야 했다. 판례는 영국 신탁(trust)법이 로마-네덜란드법의 구성부분이 된 것은 아니라는 입장은 고수하였다: "신탁(trust) 형태들에 관한 영국법은 물론 우리 법학(jurisprudence)의 일부가 아니다; 또한 … 우리 법원이 그것을 채택한 바도 없다, 그러나 그로부터 신탁(trust) 형태

---

38) 츠바이게르트(*Zweigert*)의 논고, "Rechtsvergleichung als universal Interp-retationsmethode", in: RabelZ 15 (1949/50) 10 ff. 참조.

39) *Hahlo* Inter-American L. Rev. 2 (1960) 229 ff. = 상세한 문헌 및 재판례 전거(典據)를 포함하여 South African L. J. 78 (1961) 195 ff.

* (譯註) 남아프리카연방(Union of South Africa)은 영국에서 독립한 주권국가로 캐나다나 오스트레일리아처럼 영연방에 속하고 있었다. 오늘날의 남아프리카공화국(Republic of South Africa)은 이 책 출간 몇 년 전인 1961년 영연방에서 탈퇴하여 성립한다.

로 표현된 유언적 처분이 우리 고유 법의 관점에서 완전한 효력을 부여받지 못한다는 결론이 도출되지는 아니한다."[40] 그리하여 판례는 상속재산의 구속을 위한 신탁(trust)의 설정이 문제되는 한 로마의 신탁유증(fideicommissum)을 이용함으로써 사실상 보통법이 유언신탁(testa-mentary trust)으로 이른 것과 같은 결과에 이르렀다[41]. 살아 있는 사람들 사이에 법률행위에 의하여 설정된 신탁(trusts)을 모방하는 데는 제3자를 위한 계약(stipulatio alteri)이 이용되었다[42]; 그리고 자**[163]**선신탁(charitable trusts)은 통상 부담부증여(donation sub modo), 자선을 위한 증여(donations ad pias causa), 부담부신탁유증(fideicommissa sub modo)로 표시되었다[43].

§ 81. 독일법에서 계수의 필요성

독일법에서 영미 신탁(trust)의 계수가 어떻게 이루어질 수 있고 또 이루어져야 하는가 하는 문제에 대한 입장을 취하기에 앞서 중요한 선결문제, 즉 도대체 신탁(trust)-원칙들을 계수할 필요가 있는가 하는 점이 해명되어야 한다. 최근까지도 이 문제에 대하여는 긍정적인 답도, 열정적으로 부정적인 답도 있었다.

지금까지 검토과정에서 발견된 결과들을 종합하면 보통법에서 신탁(trust)을 적용하여 대응한 법적 수요는 독일법에서도 대체로 그의 기능

---

40) *Estate Kemp v. McDonald's Trustee*, 1915 A.D. 491, 499.
41) 그에 대하여 타당한 것으로 *Ryan* 216 ff. 참조.
42) 도그마틱적 구성에 대하여는 *Hahlo* (註 39) 203; *Commissioner for Inland Revenue v. Estate Crewe*, 1943 A.D. 656 ff.; *Commissioner for Inland Revenue v. Estate Merensky*, 1959 (2) S.A. 600 (A.D.) 참조. *In Ex parte Milton*, 1959 (3) S.A. 347 (S.R.)에서는 제3자를 위한 약정에 출연된 대상은 특별재산을 이루어 낙약자의 채권자의 집행 공취에서 벗어나게 된다고 인정하였다.
43) 개별적인 것은 *Hahlo* (註 39) 199 ff. 참조.

이 유사한 법형상들을 도구로 완전히 적절하고 합리적으로 만족시킬 수 있다고 주저 없이 말할 수 있다[43a]. 아무리 수 세기에 걸쳐 대법관 (Chancellor)의 형평과 품위의 윤리(ethos)를 확고한 법규칙으로 주조 (鑄造)해내고 실행할 수 있는 제도들로 굳건히 한 영국 법률가들의 "법적 천재성"을[44] 존중하여도, 아무리 신탁(trust)이라는 형상의 분할된 권리귀속이라는 사상을 대담하게 법적으로 제도화한 법적 형성력 (Formkraft)을 높이 평가하여도, 또 아무리 이 사고를 - 상속법에서 주식법에 이르기까지 - 사법(私法)의 극히 다양한 영역에서 유용하게 쓸 수 있었던 상상력에 찬탄한다 하더라도, 독일법이 만족스럽지 아니하다고, 그의 기능이 유사한 법제도들이 흠이 있고 부적절하다고 할 이유는 존재하지 아니한다.

후속세대를 위한 재산구속에 관한 한 독일법에는 복수의 다양한 방식으로 결합될 수 있는 법형상들이 보통법에서 신탁(trust)의 설정으로만 실현될 수 있는 결과와 정도만 다른 결과를 달성할 수 있게 해준다는 사실을 보았다[45]. 보통법과 일치하는 **[164]** 법적 형태를 만들어낼 수

43a) 그리하여 *Patton* L. L. Rev. 13 (1953) 555, 557은 - 어쨌든 독일법에 관한 한 - 원칙적으로 타당하게도 다음과 같이 확인한다: "여러 목적을 달성하는 단 하나의 수단으로서 신탁(trust)에 비할 만한 것은 없지만 신탁(trust)이 달성하는 거의 모든 것은 대륙법 체계 내에서도 법의 정책이 허용하는 한 달성될 수 있다. 신탁(trust)에 의하여 달성될 수 있는 무엇인가가 현행 대륙법에서 달성될 수 없다면 그것은 통상 그러한 결과가 사회정책적 이유에서 금지되어 있기 때문이다." 이는 물론 현저한 제한 하에서만 타당하다. 그에 대하여는 아래 본문 참조.

44) "신탁(trust)은 … 영국인의 법적 천재성의 가장 특징적인 산물이다" (*Keeton* [제3장 註 50] 1).

45) 위 § 61 참조. - *라이언(Ryan)*도 독일법은 후상속인(後相續人)지정제도에 터잡은 비교적 만족스러운 규율을 포함하고 있다는 견해이다 (212면 이하). 따라서 신탁(trust)을 계수할 필요성은 무엇보다도 - 프랑스처럼 - 후상속인지정이 원칙적으로 허용되지 아니하는 대륙법(Civil Law) 국가들에 있다 (227면). 그럼에도 *라이언(Ryan)*의 견해에 따르면 신탁(trust)은 독일 상속법에서도 유익한 역할을 할 수 있다: "그러므로 독일적 대체물에서 일시적 상속

없는 경우 - 가령 상속재산구속의 시간적 확장과 같은 경우46) -, 또는 그러한 형성이 허용되는지 의심스러운 경우 - 가령 집행 공취로부터 수익권을 보호하는 경우47) -, 이는 대부분 독일법의 형식적 도그마가 아니라 건전한 법정책적 평가에 근거하고 있고, 따라서 보통법과 다르다는 이유로 이를 포기할 수 없다. 유언자유를 의무분권(Pflichtteilsrecht)으로 제한하는 것도, 국가/민족(nationale) 정체성을48) 구성하고 처음부터 - 신탁(trust)과 같이 - 무엇보다도 유증을 받은 사람에게서 상속재산 원본(Substanz)에 대한 처분자격을 배제하는 것을 목적으로 하는 법형상을 만들어 내는 데 불리한 공기(Klima)를 만들어 내는, 우리 상속법의 기본관념에 속한다. 따라서 독일 상속법상 기능이 유사한 제도들이 유언신탁(testamentary trust)에서 발전된 규칙과 차별성을 보이는 경우, 이것이 독일 판례가 부적절한 법전 또는 이론적으로 경직된 학설이 전래된 도그마에 얽매여 있고 때문에 실무상 필요에 부응하지 못하고 있음을 보여주는 것이라고 할 수는 없다49). 그러한 형태들이 발전할 수 없었던 것은 오히려 피상속인의 직계비속, 부모 및 배우자가 피상속인의 정함이 지나치게 부담이 되거나 제한적이라고 느끼는 경우 독일민법 제2306조의 여전히 매우 기교적인 상속재산구속이 그들에 의하여 무효화

인이 한 관리의 감독책임을 지고 무엇보다도 승계적 재산설정(settlement)에 따라 발생하는 원본의 수령자 겸 관리자가 될 수탁자(trustee)를 두는 것이 바람직하다"(216면). 그러나 *라이언(Ryan)*이 이러한 결론에 이른 이유는 단지 유언자가 신탁(trust)-유사의 법적 형태를 의도한 경우 후상속인지정을 유언집행과 결합할 수 있다는 점을 그가 간과하였기 때문일 뿐이다.

46) 위 § 58 참조.
47) 위 § 55 참조.
48) *Zweigert* RabelsZ 15 (1949/50) 5, 12; 또한 *ders.*, RabelsZ 16 (1951) 387, 390도 참조.
49) 어떤 내용이든 이념적으로 기초된 또는 도그마에 충실한 대륙법(Civil Law)의 원칙들이 신탁(trust)-계수를 막고 있다는 위 널리 퍼져 있지만 잘못된 관념에 대하여는 아래 § 82 및 *Mayda* U. of P. L. Rev. 103 (1954/55) 1041 ff. 참조. 또한 *Newman* Inter-American L. Rev. 3 (1961) 379 ff.도 참조.

될 수 있기 때문인 것이다[50].

[165] 그러나 의무분권(Pflichtteilsrecht)은 상속재산관리를 중립적 제3자에게 이전하고 상속재산의 수익을 여러 사람들에게 동시에 그리고/또는 시간적으로 연속하여 출연하는 내용의 종의(終意)의 정함을 할 여지를 여전히 허용한다. 그러한 법적 형태는 물론 살아 있는 사람들 사이의 법률행위를 통하여서는 달성될 수 없다. 독일법에서는 사인처분(死因處分)을 통해서만 유언집행자가 지정되거나(ernannt) 후상속인(後相續人)이 지정될(eingesetzt) 수 있기 때문이다. 이미 살아 있는 사람들 사이에서 재산대상을 관리인에게 이전하고 그가 – 양도인이 사망한 뒤에도 – 그것을 제3자를 위하여 보유하게 할 필요가 있다면, 그 대상을 수탁자에게 출연하고 그에게 그 수익을 수익자에게 전달할 채권적 의무를 지울 가능성이 있을 뿐이다. 그러한 피두키아적(fiduziarischen) 관리신탁에서 수익자는 물론, 통설 및 판례에 따르면 유언집행의 부담을 지는 상속인이나 수유자만큼 유리한 지위는 아니다: 물적 대위는 "상속재산"이라는 특별재산에서만 일어나고 "신탁목적물"이라는 특별재산에

---

50) 상속재산구속이 독일 세법상으로도 영미의 그것보다 더 엄격하게 다루어지고 있는지는 여기에서는 검토하지 아니하였다. – 여기에서는 또한 영미 법권(法圈)에서 하는 것과 같이 수탁자(trustee)에 의하여 상속재산을 장기간 관리하는 것이 사회 및 국민경제적 이유에서 바람직하지 아니한 것은 아닌지 여부라는 흥미로운 문제에도 들어가지 아니하였다. Comment in U. of Chic. L. Rev. 18 (1950/51) 92 ff. 참조. 같은 곳은 매우 풍부하고 전거(典據)로 잘 뒷받침된 설명을 거쳐 다음과 같은 결론에 이르고 있다: "신탁(trusts)의 위험자본공급에 대한 역효과와 그것이, 바람직하지 아니하게도, 부(富)의 관리에 있어서 개인책임을 감소시키는 정도는 사적 신탁의 이용의 극적 감소를 정당화하기에 충분하다. 그러한 신탁(trusts)이 만들어지는 목적의 대부분은 비교적 단기간 내에 달성될 수 있다; 다른 것들은 다른 수단들에 의하여 전적으로 만족스럽게 충족될 수 있다. 영구[구속]금지의 원칙(rule against perpetuities)[은] 오늘날의 경제적 조건과 전혀 무관하다. 무능력자, 고령자 및 미성년자를 돕기 위하여 사적 신탁을 사용하는 것을 제한하는 입법이 매우 바람직해 보인다; 적어도 그러한 개혁은 그 가장 쓸모 없고 혼란스러운 규칙들 중 하나를 제거할 것이다."

서는 일어나지 아니한다[51]; 유언집행자가 신의에 반하여(treuwidrig) 처분하면 악의의 제3자는 권리를 취득하지 못하나, 수탁자의 처분에서는 그러하지 아니하다[52].

자선신탁(charitable trust)이라는 형상을 독일법의 기능이 유사한 제도와 비교할 때에도 비슷한 상(像)을 얻게 된다. 여기에서도 권리능력 있는 재단과 자선신탁(charitable trust)의 모든 법구성상의 차이에도 불구하고 실천적으로는 완전히 비슷한 결과에 이른다는 사실이 드러난다[53]. 여기에서도 독일에 공익시설이 부족하다는 점에 근거하여 재단법이 도그마틱적으로 부적절하다고 여긴다면 이는 오류이다[54]. **[166]** 사적 자금지원을 받는 공익사업이 이 나라에서 영미 법권(法圈)의 영역에서와 같은 범위에 이르지 못하는 것이 현실일 때, 그 이유는 독일의 정치사 또는 사회학적 및 경제적 영역에서 찾아야 할 것이다[55]; 이를 독일법의 형식적 흠으로 돌릴 수는 없다. 따라서 신탁(trust)규칙을 계수할 필요는 존재하지 아니한다[56].

---

51) 위 § 71 참조.
52) 위 § 72 참조.
53) 위 § 63 참조.
54) *Arminjon – Nolde – Wolff* (제3장 註 47) 363이 다음과 같이 쓸 때 그는 이러한 입장인 것으로 보인다: « 영국법이 적용되는 곳에서 신탁(trust)이라는 제도는 그 설정자의 의도를 완전히 만족시켜준다. 그 덕에 좋은 발상이 나오고 바람직한 결과가 별다른 불편 없이 달성된다. 영국이나 미국에 여행하는 프랑스의 법률가들은 대학, 병원, 요양원을 방문하면 이 메커니즘 덕분에 수많은 사회사업이 자유롭게 번성하는 것을 보고 자기 나라를 생각하면서 질투심을 느끼지 않을 수 없다. » *Mayda* (註 49) 1053는 그에 대하여 다음과 같이 지적한다: "이 차이를 만드는 것이 정말로 신탁(trusts)이라는 법기술인지 아니면 오히려 – 그 가장 넓은 경제적-재정적 의미에서 – 더 큰 자금력인지 묻고 싶을 것이다."
55) 우리의 고려는 위 § 63 참조.
56) *라이언(Ryan)*은 타당하게도, 재단의 구성과 감독 및 가급적-가깝게(cy – près) – 사고가 독일법과 보통법에서 널리 같게 규율되고 있다는 점을 확인하였다 (257면 이하). 그럼에도 그는 다음과 같은 결론에 이른다: "신탁(trust)의 계

그럼에도 불구하고 여기에도 다시 제한이 있다. 피두키아적(fiduziarische) 재단에 대하여는 위 관리신탁에 대하여 말한 바가 타당하다: 여기에서는 일반공중(Allgemeinheit)이 개별적으로 특정될 수 있는 수익자를 대신하는데, 그는 신탁목적물: 그러므로 여기에서는 재단재산의 보유에 대한 이익을 불충분하게만 보호받는 것이다. 여기에서도 특히 직접성원칙과 대위금지가 적용된다. 그럼에도 - 알려진 바로는 - 이 영역에서 아직 어려움에 이르지 아니하였다면 이는 재단법에서 수탁자가 통상은 공법상 사단(Körperschaften des öffentlichen Rechts)으로, 드물게만 무자력이 되어 그에 대하여는 *물권적* 청구권을 가질 필요가 없다는 점 때문이다.

끝으로 여러 사람을 위한 재산관리를 목적으로 하는 신탁(trusts)에 관한 한, 바로 여기에서 기능이 유사한 제도로 가장 자주 문제되는 것이 피두키아적(fiduziarische) 관리신탁으로서, 이는 - 위에서 이미 다룬 바와 같이 - 신탁(trust)에 대하여 현저한 흠을 드러내고 있다[57]. 직접성[167]원칙, 대위금지, 취득자문제 및 혼화문제의 불완전한 해결[58] -

---

수가 대륙법에서 자선목적의 증여의 규율에서 수행할 유용한 기능이 있다" (263면). 그러나 그의 근거 지움은 전혀 설득력이 없다. 그는 한편으로는 자선신탁(charitable trust)에서 수탁자(trustee)의 권리의무와 따라서 그의 개인적 이익이 대륙법(Civil Law)의 재단 이사회에서보다 더 광범위하고 강력하다고 설명한다. 그러나 재단정관도 어떤 개인에게 단독 사무처리를 맡기고 그에게 완전한 자유재량을 부여할 수 있다. 다른 한편 *라이언(Ryan)*은 자선 목적으로 기부자들로부터 돈을 모으는 사람의 법적 지위를 부적절하게 규율한다고 불평한다. 독일민법 제1914조의 규정이 여러 의심스러운 문제들을 남겨두고 있다는 것은 옳다 (단지 *Staudinger-Coing* Rn. 26 vor § 80만 참조). 모인 금액과 관련하여 그 모금자를 피두키아적(fiduziarische) 수탁자로 본다면, 이미 위 註 51과 52에서 든 어려움이 생긴다. 그럼에도 그때에는 피두키아(Fiduzia)의 흠이 문제되는 것이지 재단제도의 흠이 문제되는 것은 아니다.

57) 위 §§ 66 및 67 참조.
58) 위 §§ 69-73 참조.

이들은 [영미법상] 신탁/트러스트(trust)과 비교할 때 피두키아적 신탁/트로이한트(fiduziarischen Treuhand)에 존재하는 본질적인 약점들이다. 이러한 흠을 메울 필요가 존재한다는 점은 판례상 무수한 별로 정당하지 아니하게 결정된 사례들과 그에 따른 문헌상의 비판이 증명하는 바이다.

이는 *라이언(Ryan)*의 결과에 의하여 충분히 확인된다. 그는 그의 논저 여러 곳에서 보통법 법률가들이라면 신탁/트러스트(trust)를 이용하였을 만한 경우 독일법상 기능이 유사한 피두키아적 신탁/트로이한트(fiduziarischen Treuhand)를 이용하는 일을 맞닥뜨리게 된다고 하였다; 그러나 *라이언(Ryan)*은 불충분한 수익자 보호가 피두키아(Fiduzia)의 더 중대한 흠이라는 점도 마찬가지로 자주 강조하였다[59].

*구블러(Gubler)*도 비슷한 결론에 이르렀다. 그는 스위스의 상업, 은행, 산업영역 약 40개의 지도적 기업 및 국제적으로 업무를 하는 몇몇 변호사들에게 신탁(trust)을 스위스에 도입할 필요가 있다고 생각하는지를 물었다. 다수는 이 질문에 단호하게 부정적으로 답하였다[60]. 그러나 답변에서 이러한 거부가 오직 법률에 의한 신탁(trust)의 완전계수에 국한된 것임이 드러난다; "매우 많은 회답서에서" 그러나 "신탁행위(fiduzia-rischen Geschäft)에서 피두키아 수익자(Fiduzianten) (또는 제3수익자)의 보호의 확장 필요성이 열정적으로 지적된 것이다"[61].

§ 82. 체계적 의심?

신탁(trust)법에 대한 비교법 문헌에서는 신탁(trust)의 계수가 - 그 필요성이 존재함에도 - 대륙법(Civil Law)의 특정 도그마틱적 기본개념들

---

59) 예컨대 *Ryan* 175, 376; *Weiser* 23 ff. 참조.
60) *Gubler* (註 11) 445 a ff. 참조.
61) *Gubler* (註 11) 454 a.

과 양립 가능하지 아니하여 좌절되는 것은 아닌가 하는 문제를 특히 상세하게 설명하는 일이 흔하다. 가령 *바이저*(*Weiser*), *레이몽*(*Reymond*) 및 *구블러*(*Gubler*)가 무엇보다도 대륙법의 소유권개념, 물권법정주의(numerus clausus) 및 공시원칙을 근거로 신탁(trust)을 대륙법(Civil Law)에 계수하는 데 큰 어려움이 있거나 계수가 아예 불가능할 것이라고 설명하였다[62]. 그에 비하여 *라이언*(*Ryan*)은 "신탁(trust)의 계수가 그들 체계의 '개념조화'를 파괴할 것임을 이유로 하는 대륙법학자들(civilians)의 신탁계수에 대한 반대에는 근거가 없다"는 결론에 이르렀다[63].

[168] 포괄적인 법률에 의한 신탁(trust)의 완전계수가 앞서 든 이유들로 인하여 독일법에서는 고려되지 아니하는 것인가 하는 문제는 여기에서 더 다루지 아니한다. 그러나 든 물권법의 원칙들이 결코 피두키아적(fiduziarische) 관리신탁을 여기에서 제안한 범위에서 – 법률에 의해서든 법관의 법창조에 의해서든[64] – 확대하고 계속 형성하는 것을 막지 아니한다는 데는 어떠한 의심도 없다.

신탁(trust)이 "대륙 물권법의 근본원칙들"과 양립 가능한지의 문제에 대한 대부분의 설명은 – 본 바와 같이 – 그러한 원칙들이 절대적으로 강행적인 법규범이어서 그 위반은 대륙법(Civil Law)의 정신과 체계에 반하는 중대한 죄악임을 전제한다. 독일법에서 물권법의 저 "근본원칙들"은 실은 단지 입법자가 법관이 법창조와 법적용에서 다른 이익들과 함께 평가적으로 고려하여야 할 특정 이익을 별로 섬세하지 아니한 형태로 지시하고 있다. 가령 물권법정주의원칙은 명확성과 투명성을 이유로 물권의 수(數)를 개관할 수 있는 정도로 유지함으로써 제3자가 알지 못하는 물적 부담을 고려할 필요가 없게 해주는 데 일정한 이익이

---

62) *Weiser* 7 ff., *Reymond* (註 11) 202 a ff.; *Gubler* (註 11) 349 a ff. 참조.
63) *Ryan* 126. 또한, *Ryan* 70 ff.가 그의 결론을 근거 지우는 타당한 설명도 참조.
64) 여기에서 법률의 제정과 법관의 법형성 중 어느 것이 우선하여야 하는가 하는 문제에 대하여는 아래 § 83 참조.

존재한다는 의미일 뿐 그 이상의 무엇은 아니다[65]. 따라서 - *라이언*(*Ryan*)이 보인 바와 같이[66] - 보통법에서도 새로운 종류의 물권을 만들어 내는 것은 당사자 자치의 대상이 되지 아니하고 심지어는 판례도 매우 제한적인 정도로만 이러한 권한을 갖고 있다는, 기능이 유사한 규칙이 타당하다는 점은 놀랄 일이 아니다[67]. 그러므로 *베라 볼가*(*Vera Bolgár*)가 "물권법정주의는 … 실천적 가치가 없어 개념법학의 박물관에 넣어두어도 될 것"이라고 썼을 때 그녀는 너무 많이 간 것이다[68]. 오히려 제한된 수의 물권을 인정하는 원칙은 완전히 합리적이다; 그러나 그것이 법관이나 입법자가 이익형량의 결과 새로운 종류의 물권을 만드는 것이 절박한 거래상 수요에 의하여 요청되는 바이고, 이에 법률의 제정이나 법관법의 규칙의 형성을 통하여 대응하여야 한다는 결론에 이르는 것을 막지는 아니한다[69].

바이저(*Weiser*)가 신탁(trust)의 계수의 "공적(公敵)"이라고 한 공시원칙도 마찬가지이다[70]. **[169]** 독일민법전의 많은 규정이 물권적 법상태는 점유나 부동산등기부에의 등기에 의하여 공시되어야 하고 이 법상태의 변경은 점유의 변경이나 부동산등기부의 기재변경에 의하여 공표되어야 한다는 점을 기초로 한다는 데는 의문이 없다. 그러나 그렇다고 하여 그것이 판례가 넓은 범위의 경제영역의 정당한 신용담보의 필요 때문에 동산양도담보를 승인하고 그럼으로써 그것이 입법자가 담보목적으로 예정한 법형상, 특히 점유질권에 기초가 된 공시원칙을 그 한도에서 뒤로 물리는 것을 막지는 아니한다[71]. 여기에서 제안한 관리신탁

---

65) *Wolff-Raiser* § 2 II 1 참조.
66) *Ryan* 79 ff.
67) *Wade* L. Q. Rev. 68 (1952) 337, 349 ff.; *Cheshire* Mod. L. Rev. 16 (1953) 1 ff. 참조.
68) *Vera Bolgár* Am. J. Comp. L. 2 (1953) 204, 214.
69) 같은 취지로 *Raiser*, Dingliche Anwartschaften (1961) 54 ff. 참조.
70) *Weiser* 8.
71) *Wolff-Raiser* § 179 I 참조.

에서 피두키아적 수익자(Fiduzianten)의 지위강화도 같다: 그로 인하여 공시원칙이 건드려지는 한도에서 이는 – 위에서 설명한 바와 같이72) – 피두키아적 수익자(Fiduzianten)의 압도적 이익으로 정당화되는 것이다.

이러한 고려로부터 이른바 독일법의 "소유권개념"도 우리가 주장하는 피두키아(Fiduzia)의 강화를 처음부터 배제하지 아니한다는 결론이 도출된다73). 오히려 역으로 문제를 제기하여야 한다: 관리신탁의 개별 문제들의 정당한 해결을 위한 노력이 수익자의 지위를 보통법의 원칙들에 따를 때와 같이 강화하는 결론으로 이끄는 경우에 비로소 그렇게 발전된 법적 지위를 독일 물권법 체계에 편입시키는 문제가 생기는 것이다74). 이때 통용되는 체계개념에 비추어 만족스러운 편입이 불가능함이 드러난다면 그 체계를 이에 맞추어 재구축하는 일이 남을 뿐이다.

첫번째 해결책으로 고려되는 것은 관리신탁이 그의 이익을 위하여 설정된 자의 법적 지위를 신탁목적물에 대한 제한물권으로 보는 것이다75). 파산과 개별강제집행에서 그는 특히 – 설명한 바와 같이76) – 신탁목적물에 대한 압류의 해소를 구할 수 있다. 이때에는 신탁목적물과 관련하여 물적 대위가 일어난다는 점이 고려되어야 한다77). 아울러 수익자는 신탁목적물에 대하여 신탁에 반하는 처분이 이루어진 경우 일정 범위에서 제3자에 대하여 승계보호를 누린다78).

---

72) 위 § 70 참조.
73) 그러나 *Vera Bolgár* (註 68) 210의 "신탁(trusts)을 계수하는 데 첫째의, 그리고 실로 기본적인 장애는 독자적이고 분할할 수 없는 소유권 개념이다" 그리고 *Gubler* (註 11) 351 a의 "신탁(trust)을 우리 법에 계수하는 것은 우리 법질서의 소유권개념 때문에 좌절된다" 참조. 이에 반하여 타당한 것으로 *Ryan* 48 ff.
74) 이러한 체계에의 편입 문제가 중요하지 아니하다는 점에 대하여는 *Raiser* (註 69) 45 f. 참조.
75) *Reinhardt – Erlinghagen* JuS 1962, 41, 49 f.가 제안.
76) 위 § 68 참조.
77) 위 § 71 참조.
78) 위 § 72 참조.

[170] 그러나 신탁수익자를 제한물권자 집단에 편입시키고자 한다면 이는 그의 법적 지위에 맞지 아니할 것이다. 제한물권은 특히 포괄적인, "소유권"이라고 불리는 물건에 대한 지배의 날카롭게 한정된 일부를 그 보유자에게 부여한다. 그리하여 용익권자는 그 부담이 지워진 물건을 점유하고 관리 및 수익하며, 저당채권자와 질권채권자는 그로부터 채권을 만족시킬 수 있는 것이다. 그러나 여기에서는 그러한 소유권의 내용에서 구획된 자격이 확인될 수 없다. 오히려 신탁수익자는 신탁목적물에 대한 그의 권리에 터 잡아 신탁목적물을 그의 범위와 물권적 귀속에 있어 신탁목적에 부합하는 수익자의 이익을 위한 관리를 가능하게 할 상태로 보유하는 데 필요한 것은 누구에게든 구할 수 있다.

피두키아적(fiduziarische) 관리신탁은, 우리가 제안한 방향으로 발전시키는 경우, 종국에는 아마도 수탁자와 신탁수익자의 법적 지위를, 합쳐서 "소유권"이라고 불리는 자격을 기능적으로 분할하는 것으로 법체계적으로 정서(定序)할 때에 그 의미상 타당하게 파악될 수 있을 것이다. 따라서 우리는 관리신탁이 계속되는 동안 수탁자와 신탁수익자가 병존적으로 소유자라고 보고 그들의 법적 지위가 서로 보충하여 완전한 소유권이 된다고 볼 것을 제안한다. 이때 수탁자에게는 소유권에 상응하는 지위가 그에게 신탁목적물이 이전된 그 목적상: 즉 통상 실제로 요구되는 처분을 포함하는, 적절한 관리를 위하여 필요한 한도에서 부여된다. 반면 신탁수익자는 소유자의 자격이 신탁목적물이 계속 적절한 관리를 받고 신탁목적물의 수익의 배분을 구할 그의 권리가 축소되지 아니하도록 배려하는 데 필요한 한도에서 부여된다[79].

---

79) 마틴 볼프(Martin Wolff) (Wolff-Raiser § 88 IV)도 마찬가지로 신탁수익자와 수탁자 모두를 소유자로 보나, 전자는 단지 수탁자에 대하여만 소유자이고 후자가 그 밖의 모든 사람에 대한 소유자라고 본다. 이러한 학설은 수익자가 수탁자 파산시 환취권을 갖는 것을 설명할 수는 있으나 신탁에 반하는 악의의 제3자에 대한 처분이 일정 요건하에 무효가 되는 것은 설명하지 못한다 (그에 대하여는 위 § 72 참조).

§ 83. 독일법에서 계수의 형태

신탁(trust)규칙의 계수의 필요성은 - 위에서 설명한 바와 같이[80] - 독일법에서는 **[171]** 피두키아(Fiduzia)의 계속발전이 필요한 한도에서 존재한다. [여기에서는] 그러한 계속발전이 독일 물권법의 "근본원칙들"에 좌절되지 아니할 뿐 아니라 이러한 계속발전 중 변화하는 당사자의 법적 지위가 그에 맞추어 적응된 물권법 체계에 만족스럽게 편입될 수 있어야 한다는 점을 보이고자 하였다. 그리하여 이제 마지막 문제, 즉 어떤 형태로 - 법률로 아니면 판례로 - 그러한 계수가 행해져야 하는가 하는 문제가 제기된다.

신탁(trust)법의 개별 원칙들을 법관이 계수하여 피두키아적(fiduzia-rischen) 관리신탁법을 조심스레 계속 형성하는 것이 어떤 입법자의 활동보다도 광범위하게 우월하다고 보인다. 그러므로 우리는 법률 제정이 필요하다고 보고 스스로 법률안을 마련한 *라이언(Ryan)*의 견해도, *구블러(Gubler)*의 견해도 따르지 아니한다.

*구블러(Gubler)*는 신탁(trust)의 "계수"와 "모방"을 구분하면서, 둘 다 입법자의 개입 없이 이루어질 수 없다고 한다. "계수"는 리스테이트먼트(Restatement)처럼 신탁(trust)법 전체를 법전화하여 스위스법에 들여오는 것이다; "모방"은 보통법에서 신탁(trust)에 터 잡아 이룩한 것과 같은 법적 결과에 이르도록 새로운 종류의 법적 형태를 만들어 내는 것이다. *구블러(Gubler)*에 따르면 스위스법에서는 "계수"도 "모방"도 고려되지 아니한다; 오직 현존하는 법제도들이 신탁(trust)법에 가깝게 변경되고 계속 발전될 수 있는지, 그리하여 신탁(trust)에의 "기능적 근접"이 이루어질 수 있는지 여부가 심사될 수 있을 뿐이다. 그러한 한 우리는 *구블러(Gubler)*에 완전히 동의한다; 물론 어느 범위에서 그러한

---

80) 위 § 81 참조.

"기능적 근접"이 바람직하고 법관의 법형성을 통하여 이루어질 수 있는가 하는 문제에 대하여 우리는 그보다 훨씬 더 간다.

가령 *구블러*(*Gubler*)는 위탁자가 – 독일법에서와 달리 – 수탁자 파산시 신탁목적물을 환취할 수 없다는 스위스의 학설을 고수하고자 한다[81]. 그는 해결책으로 위탁자에게 수탁자를 여러 명 지정하고 한 사람이 파산한 경우 다른 사람의 신탁재산에 대한 몫이 증가하도록 정할 것을 조언한다. 그는 그러한 정함이 유효하다고 보나[82], 위탁자는 수탁[172]자의 채권자가 "구체적 사안에서 공동수탁자의 외관상 소유권 또는 수탁자의 합유재산에 대한 지분을 통하여 외견상 확인된 적극재산을 신뢰하고 신용을 제공하였음을 소명한 경우" 환취권을 갖지 아니한다고 함으로써 그 활용성을 다시 제한한다[83]. 이것이 *구블러*(*Gubler*)는가 피두키아(Fiduzia)의 계속형성을 위하여 "기능적 근접"을 제안한 전부이다[84].

이에 비하여 우리의 직접성원칙, 대위금지 및 취득자문제와 혼화문

---

81) *Gubler* (註 11) 456 a ff.
82) [스위스]연방대법원은 BGE 78 [1952] II 445에서 보통법의 규율을 명시적으로 참조하여 복수의 수탁자 중 한 사람이 사망한 경우 그의 신탁목적물에 대한 합유지분은 상속재산에 속하지 아니하고 나머지 수탁자의 몫이 증가한다고 함으로써 그로 통하는 길을 지시한 바 있다.
83) *Gubler* (註 11) 459 a ff. 또한 위 제4장 註 129 참조.
84) 우리는 스위스 연방대법원이 *구블러*(*Gubler*)의 제안을 넘어설 것이라고 감히 예상한다. 이는 연방대법원이 BGE 78 [1952] II 451에서 이미, 피두키아적 수익자(Fiduziant)를 신탁목적물에 관하여 채권적 청구권으로 제한한 지금까지의 판례가 "더 커진 경제적 거래의 필요성에 여전히 부응하는지"를 의심하였기 때문만은 아니다. 무엇보다도 연방대법원은 비교법적 고려에 대한 환영할 만한 개방성을 보이고 있는데 (*Uyterhoeven*, Richterliche Rechtsfindung und Rechtsvergleichung [1959] 83 ff.), 이것이 독일에서 수십년 간 판례에 의하여 일반적으로 승인받았고 (위 § 68 참조) 절박한 거래상 필요에 부응하였던 (위 註 61 참조) 피두키아적 수익자(Fiduziant)의 환취권과 같은 법형상을 강한 어조로 받아들일 수 없다고 보는 (그러나 그러한 취지로 *Gubler* a.a.O. S. 457 s ff.) 것을 방지할 것이다.

제에 대한 설명으로부터[85] 우리가 *구블러*(*Gubler*)가 생각한 것보다 더 넓은 범위에서 관리신탁의 강화가 필요하다고 보고 있음이 드러난다; 그러나 입법자의 활동이 필요하다고 보는 *라이언*(*Ryan*)의 입장에는 동의하지 아니한다[86].

라이언(*Ryan*)은 물론 대륙법(Civil Law)에서 신탁(trust)규정을 법관의 법형성의 방법으로 계수할 수 있는지의 문제를 명시적으로 다루지는 아니하였다[87]. 그는 제한된 수의 물권 원칙에 따라, 그리고 공시원칙 때문에 신탁(trust) 유사의 법률관계를 단순한 당사자 합의로 만들어 내는 것은 배제될 것이라고 하였을 뿐이다. 그는 그로부터 "입법적 계수(statutory reception)"가 적절하다는 결론을 끌어냈다.

확실히 당장 사적 법률행위로 곧바로 우리가 피두키아(Fiduzia)를 계속 발전시키기 위하여 신탁(trust)법에서 적응된 형태로 **[173]** 받아들일 것을 제안한 모든 특성들을 보이는 신탁관계를 설정할 수는 없다는 점에서는 *라이언*(*Ryan*)이 옳다. 그러나 이러한 사실은 입법자의 활동에 의하여 계수가 이루어져야 한다고 하기에는 충분하지 아니하다.

독일의 상황은 신탁(trust)법이 제정된 나라들과 다르다. 북아메리카의 남쪽 주변국들과 퀘벡(Québec) 및 루이지애나(Louisiana)에서는 주변 및 인접 지역 영미 법권(法圈)의 집중적인 정신적, 경제적 및 문화적 영향력에 터 잡아 신탁(trust)의 계수가 일어났다. 특히 멕시코, 파나마, 푸에르토리코 및 베네수엘라에서는 미국 자본투자자의 익숙한 보장방식에 대한 희망에 매일 같이 부응하려면 입법자의 대대적 활동을 통하

---

85) 위 §§ 69-73 참조.
86) *Ryan* 71 f., 126, 175 f. 참조.
87) 물론 이를 이유로 *라이언*(*Ryan*)을 비난할 수는 없다. 독일법학이 아직 널리 법관의 법창조적 역할을 차단하는 전래되어온 법원론(法源論)에 머물러 있기 때문이다. 예컨대 *Enneccerus-Nipperdey* § 42 및 그에 반대하는 최근의 근본적인 것으로 *Esser*, Grundsatz und Norm in der richterlichen Fortbildung des Privatrechts (1956) 119 ff., 137 ff., 287 f. 참조.

여 신탁(trust)을 계수하는 수밖에 없었다; 조심스럽고 시간이 드는 법관에 의한 법형성 방식의 계수는 그들에게는 고려의 대상이 아니었다. 반면 독일에서는 신탁(trust)의 계수가 오직 질적 고려에 근거한다[88]. 관리신탁의 강화 필요성도 결코 입법자의 즉각적인 개입에 의하여 독일법상 형성가능성을 그에 따라 확대하도록 배려하여야 할 만큼 절박한 것은 아니다.

그러나 입법자의 활동은 필요하지 아니할 뿐 아니라 심지어는 - 여기에서 그러한 것처럼 - 규율의 대상이 되는 소재(素材)가 민법의 중요한 근본문제들, 즉 신탁과 사무처리의 경계획정[89], 신탁 위반의 수탁자로부터의 선의취득의 요건[90] 및 신탁목적물대위의 범위와[91] 관계되어 있을 때에는, 위험하기까지 하다. 입법자는 그러한 사안에서 민사법의 제도들 하에서 법률규정들과 그 해석 및 수십 년간의 판례에 의한 계속발전에 터 잡아 점진적으로 확립되어 온 구조적 균형이 그가 개입한 결과 어떤 식으로 무너질지 예견할 수 없다. 그리하여 우리는 제정될 법률에 의하여 일련의 이미 알려진 신탁법의 문제들이 결정될 수 있을 것이나 훨씬 더 많은 수의 새로운 의심스러운 문제들이 제기되지 않을 수 없으리라고 감히 예상한다.

독일 신탁법의 오늘날의 상황은 전적으로 판례의 작품이다. [174] 입법자가 처음 개입하는 시점이 왜 바로 지금이어야 하는지를 묻는 것은 무의미하다. 이미 신탁법에 대한 기본결정에서 자유로운 법창조를 하여 특히 신탁목적물의 환취를 허용한 것이 법원이라면, 신탁법을 계속하여 형성하는 데도 가장 적합한 것은 법원이다. 이러한 목적에 신탁

---

88) 다른 나라의 법제도의 계수가 언제 계수된 법의 우월적 지위의 영향이고 언제 질적 문제인지에 대하여는 *Koschaker*, Europa und das römische Recht (1947) 137 f. 참조.
89) 위 § 70 참조.
90) 위 § 72 참조.
91) 위 § 71 참조.

(trust)법의 원칙들을 비교하여 참조하는 것이 도움이 된다는 점을 보이
는 것이 이 연구의 목표였다.

역자 해설 및 후기

1.

우리 민법이 대륙법계에 속한다는 데는 별 의문이 없다. 그러나 판례는 오래 전부터 이른바 명의신탁을 인정하고, 시간이 지나면서 양도담보도 승인하여 관련 법리를 발전시켰다. 이들 법률관계는 기본적으로 - 독일에서 말하는 - 신탁행위(Treuhandgeschäft)의 일종으로 이해되었고, 이후 이러한 이해를 전제하는 법률규정도 곳곳에 마련되었다. 다른 한편, 우리는 - 일본의 영향을 받아 - 이미 1961년부터 별도의 '신탁법'을 갖고 있었다. 이 법이 규율하는 신탁관계는 영미 신탁(trust)을 모범으로 한 것으로서, 과거에는 사실상 일정범위의 상사신탁에만 쓰였으나 금융의 발전과 함께 그 활용범위가 빠르게 넓어졌다. 2012년 전면개정 이후에는 이른바 민사신탁으로서의 활용이 도모되고 있기도 하다. 그와 함께 '신탁법'상의 신탁관계에 대한 본격적인 연구, 특히 이것이 대륙법의 체계에서 어떻게 이해되고 조화되며 규율될 수 있는가 하는 점에 대한 관심이 높아졌다. 신탁은 영미법의 대륙법에의 침투 중 가장 두드러진 예이다.

이러한 상황은 우리나 일본에 국한되지 아니한다. 근래 다른 대륙법계 국가에서도 영미 신탁에 관심을 기울이지 아니할 수 없는 현실적인 변화 내지 사정이 있었다. 독일 법권에서는 스위스가 최근 영미식의 신탁을 민법에 도입하려는 시도를 하고 있다. 스위스는 과거 신탁행위가 인정되는 한 영미 신탁을 도입할 필요가 없다고 결론 지은 바 있으나, 이번에는 설득력이 별로 크지 아니한 몇몇 이유를 들어 채무법(Obligationenrecht) 제529조의a 내지 제529조의w, 민법(Zivilgesetzbuch) 제493조, 제528조 제3항, 제962조의b 등을 신설, 신탁(Trust)을 도입하는 취지의 법안을 연방의회에 제출하였다. 이 법안은 세법상 취급에 합의하지 못하여 일단 좌절되었으나 논의가 종결되었다고 말하기는 어렵다. 스위스가 신탁(Trust)을 도입한다면 일본이나 우리처럼 신탁행위와 신탁을 동시에 인정하는 또 하나의 대륙법 국가가 된다. 물론 독일법에는 신탁은 존재하지 아니한다. 그러나 신탁행위의 법리가 확립되어 있고, 기능적 관점에서 양자 사이에 상당한 유사성이 있다는 점은 부정하기 어렵다. 그 밖에 이미 민법에 영미에서 신탁이 하는 것과 비슷한 기능을 하는 제도(재단법인, 선상속인/후상속인 지정, 상속재산관리집행 등)가 있을 뿐 아니라, 신탁계정이나 투자신탁이 거래관행이나 특별법의 형태로 정착되어 있다. 오스트리아의 상황도 비슷하다.

프랑스 법권 중에는 미국의 루이지애나주와 캐나다의 퀘벡주가 일찍부터 신탁법을 갖고 있었고, 주로 금융담보 및 기업거래 관련 몇몇 예외를 제외하면 신탁이든 신탁행위든 적대적인 태도를 취하던 프랑스가 2007년 민법(Code civil)을 개정하여 제2011조 내지 제2031조를 신설, 'fiducie'를 도입하는 한편, 2008년 개정으로 담보신탁(fiducie-sûreté)에 관한 규율을 보충하였다. 그 전인 2006년에는 제1048조 내지 제1056조로 순차적 무상양여(libéralité graduelle)를 신설하여 재산승계와 관련하여 비슷한 기능을 담당하게 한 바도 있다. 룩셈부르크도 2003년 법률로 신탁(fiducie)을 도입하였다. 이러한 제도가 독일 신탁행위와 더 유사한지, 영미 신탁과 더 유사한지에 대하여는 따져볼 점이 있다. 그러나 일련의 변화가 대륙법계에서도 넓은 의미의 신탁의 수용이 불가피한 상황임을 시사한다는 점은 부정하기 어렵다.

이 책이 잘 정리한 바와 같이 영미 신탁은 – 타인사무의 처리와 부당이득의 청산 같은, 신탁에 가탁(假託)한 법리를 잠시 무시한다면 –

주로 복잡하게 통제된 재산승계, 공익목적의 출연, 다수를 위한 투자수단으로 활용되고 있다. 반면 담보 목적으로는 활용되지 아니한다. 이역할은 별도의 담보권이 담당한다. 반면 독일에서 신탁은 주로 다수를위한 투자수단, 상사/금융 영역에 국한되어 있고, 양도담보가 신탁행위의 법리에 터 잡아 인정된다. 프랑스법에서 신탁은 다수를 위한 투자수단, 상사/금융 영역과 담보에 국한된다. 독일과 프랑스 모두 복잡하게통제된 재산승계에 대하여는 상속법에 별도의 규정을 두고, 공익목적의 출연 수요는 재단법인법으로 대응한다.

중요한 점은, 기능적으로 이들 사이에 별 차이가 없거나, 차이가 있다 하더라도 '신탁'이라는 법 기술의 인정 여부 내지 법 형식이 아닌 '죽은 자의 통제(dead hand control)'를 인정할 것인가, 인정한다면 어느 범위에서 인정할 것인가, 일정한 범위의 가족에게 남겨야 할 최소한의 상속재산을 인정할 것인가, 공익목적의 출연을 통하여 출연자의의사가 계속 영향력을 발휘하는 것을 인정할 것인가, 인정한다면 어느범위에서 인정하고 국가개입은 어느 정도로 허용할 것인가에 대한 전체 법질서의 평가에서 비롯한다는 발견이다. 이는 같은 것은 같게 취급하여야 한다는 정의(正義)의 요청에 비추어보면 당연한 일이나, 충분히 의식되고 있지 아니하다. 이러한 발견은 이른바 계속적 유증의 허용 여부, 신탁에 대한 유류분의 적용 여부, 공익신탁 기타 목적신탁과재단법인의 통제, 담보신탁의 법적 성질 및 세부적 규율 등과 관련하여 의미를 가진다. 민법 등 다른 법률의 평가는 신탁법의 입법과 해석에, 신탁법이 새로 도입한 실질적 평가는 민법 등 다른 법률의 입법과해석에, 원칙적으로, 영향을 주어야 하고, 양자는 서로 조율되어야 한다. 다른 대륙법계 국가에서 신탁의 도입이 논란이 된 가장 큰 이유가자금세탁방지 및 탈세라는 점은 시사적이다. 법 형식과 관계없이 규율의 실질을 일관되게 유지하는, 즉 법 형식에 중립적이게 하는 것이 원칙이다.

2.

우리나라에서 영미 신탁(trust)이 대륙법계 민법과 조화되기 어렵다는, 한때 제기된 바 있는, 주장은 주로 물권법정주의(numerus clausus), 단일하고 포괄적이며 절대적인 소유권 관념, 단일한 (책임)재산 개념을 언급한다. 또 신탁수익권의 법적 성질을 둘러싼 논의는 물권과 채권의 준별을 문제 삼는다.

이 책이 적절하게 지적하듯, 이처럼 영미의 재산권 이해와 대륙법의 재산권 이해의 차이를 강조하는 것은 이 맥락에서는 큰 설득력이 없다. 아마도 하나의 사고양식으로서, 일정한 경향성으로서 양자 사이에 어떤 차이가 존재한다는 점은 사실일 것이다. 그러나 영미에서도 물권의 종류에는 사실상 제한이 있고, 소유권의 단일성/포괄성이 어느 정도 의식되고 있다. 대륙법에서도 물권법정주의에는 예외가 있고, 소유권 내지 그 기능, 특히 책임재산 기능의 분리는 신탁행위 등에서 일찍부터 확고하게 승인되어 있었다. 물권과 채권의 준별, 채권의 상대성에도 이미 여러 예외가 인정되고 있다. 요컨대 대륙법계의 법도그마틱과 법실무는 이미 위 논의가 상정하는 것처럼 개념적, 교조적이지 아니하다. 신탁의 법적 구성에 관한 논의가 해결하고자 하는 문제가 과연 문제였는지 되돌아 볼 필요가 있다.

영미에서 신탁이 담당한 광범위한 기능 중에는 보통법의 틈을 메우기 위한 현실적 필요에서 비롯한 것이 여럿 있다. 그중 상당수의 수요는, 우리를 포함한 대륙법에서는, 다른 제도가 담당하고, 또 적절히 해결하고 있다. 프랑스가 fiducie를 도입하면서 그 적용범위를 엄격히 제한한 것은 이들 제도 사이의 중첩을 피하기 위함이었다. 물론 프랑스에서도 종종 비판받는 바와 같이, 적용영역 자체를 구별함으로써 문제를 회피하는 것만이 유일한 해결책은 아니다. 종래의 법제도와 신탁의 중첩을 인정하되 문제되는 실질적 규율이 일관성을 갖고 유지될 방법을 찾는 것이 더 나은 길일 수도 있다. 그러나 이러한 중첩을 인정하는 경우 무엇이 '신탁법'상의 '신탁'이고, 무엇이 유사한 기능을 하는 다른 장치의 결합인가 하는 법적 성질결정(Qualifikation) 문제가 제기된다. 제3자를 위한 계약과 신탁의 구별, 목적신탁과 비법인재단의 구별 등이 그 예에 해당한다. 이러한 문제는 거의 비슷한 결과를 끌어낼 수 있는 제도를 여럿 두지 아니한 대부분의 대륙법계 국가들에서는 아직까지 정면에서 제기되지 아니하고 있다. 그러나 우리나 일본에게는 이미 현안이다.

다른 한편, 신탁은 대륙법계 국가들에서 잘 인정하지 아니하는 몇몇 혁신도 도입하였다. 독일에서는 이른바 직접성 원칙 때문에 달성하기 어려운 광범위한 대위, 매우 유연하고 특히 금전가치에도 적용되는 추급권 등이 그 예이다. 영미에서는 신탁이 계약, 유언뿐 아니라 타인 사무처리 및 부당이득에도 널리 활용되는 바람에 이들이 일반적 제도로 기능할 수 있었다. 물론, 역시 이 책이 잘 지적하고 있듯, 이러한 혁신은 신탁이라는 법 형식 자체의 장점이 아니라 법 형식을 뛰어넘는 내용의 장점이다. 이를 '신탁법'의 범위를 벗어나 일반적으로 수용하는 것을 검토할 필요가 있는 이유이다. 타인 사무의 처리의 경우 사무관리를 포함한 대륙법 내의 대응하는 제도가 규율대상을 충분히 잘 파악하고 있는지 단정하기 어렵다. 영미 신탁법리가 규율대상을 파악하는 방식이 보다 합리적이라고 여겨지는 장면들이 있다. 그중 일부는 – 회사기회유용금지 등 회사법상 충실의무를 전제한 몇몇 구제처럼 – 이미 우리 법질서에 들어와 있고, 앞으로도 영미법의 입법 및 법실무에의 영향, 국제거래/투자 관련 수요 때문에라도 그러한 예는 늘어날 것이다. 이들은 모두 신탁법의 본령과는 무관하나, 사법 내지 민법 일반의 관점에서는 주목할 만한 부분이다. 신탁비교법의 가치는 '신탁법'과 '신탁업'을 뛰어넘는다.

3.

이 책의 저자 *하인 쾨츠*(*Hein Kötz*)는 콘스탄츠(Konstanz) 대학 교수, 함부르크(Hamburg) 대학 교수, 부체리우스 로스쿨(Bucerius Law School) 초대학장, 막스−플랑크 외국 및 국제사법 연구소(Max−Planck−Institut für ausländisches und internationales Privatrecht) 소장을 역임한 독일의 저명한 민법, 비교사법 학자이다. 이 책은 1963년 'Trust und Treuhand. Eine rechtsvergleichende Darstellung des anglo−amerikanischen trust und funktionsverwandter Institute des deutschen Rechts'라는 제목으로 출판되었는데, 그 서문에서 밝힌 바와 같이 1962년 독일 함부르크 대학교에 제출된 법학박사학위논문(당시 주제목은 'Die Rezeption des Trusts im deutschen Recht'이었다. 부제목은 이 책의 그것과 같다)에 기초한, 보다 정확히는 그것을 거의 그대로 출판한 것이었다. 논문지도교수는 역시 저명한 비교사법 학자인 *콘라트 츠바이게르트*(*Konrad Zweigert*)였다.

대륙법계 국가에서 교육받은 법학자/법률가는 자신의 문제해결을 위하여 영미법 문헌을 뒤적일 때 관련 문제가 어느 곳에서 다루어지는지 얼른 파악하기 어렵거나 심지어 다 읽어 보아도 관련 문제를 찾지 못하는 일을 심심치 않게 경험하곤 한다. 연구조사가 불성실한 탓도 있겠지만, 체계개념과 문제관심이 서로 다른 탓이기도 하다. 이러한 차이가 문헌을 구성하는 방식과 통상적인 문헌이 집중하는 부분/생략하는 부분의 차이를 낳곤 하는 것이다. 영미법을 공부하기 위하여 대륙법학자의 비교사법 문헌을 경유하는 것이 종종 도움이 되는 이유이다.

역자(譯者)가 이 책을 읽게 된 동기도 전적으로 그러한 것이었다. 우리 민법에서 부당이득과 관련하여 제기되는 여러 기초적인 문제들에 대한 영미법의 해결을 파악하는 손쉬운 수단이자, 영미법을 공부하는 과정에서 막연히 느낀, 형평[법](equity) 및 신탁(trust)을 그 체계를 따라, 그러나 동시에 그것이 관계하는 재산권법, 계약법, 부당이득법, 가족법, 상속법 등 여러 관련 법리와의 접점을 의식하면서 공부할 필요를 잘 충족시켜 줄 수 있으리라고 기대하였다. 당시만 해도 신탁법 자체에 대한 관심은 거의 없었다. 신탁업과 무관한, 상사신탁이 아닌 신탁은 별로 문제되지 아니할 때이기도 하였다.

이 책을 읽은 뒤 얻은 바는 그보다 훨씬 컸다. 위 목적에 잘 부합하였을 뿐 아니라 영미 신탁법과 나아가 독일법 중 비교적 관심이 덜하였던 제도들, 가령 재단법인, 상속 등에 대하여도 배운 바가 적지 아니하였다. 영미 신탁이라는 특히 까다로운 주제를 불과 본문 160여 쪽만으로 소화해 낸 요령 있는 서술은 이른바 비교법적 기능주의의 실천으로도 매우 모범적이었다. 법계수의 방법에 대한 간략한 서술 또한 다른 곳에서 흔히 찾아볼 수 없는 내용이고, 시사하는 바가 풍부하였다.

일본에서는 이미 1999년 미쓰비시신탁은행(三菱信託銀行) 신탁연구회에서 이 책을 번역하고 저명한 민법/신탁법 학자인 *아라이 마코토*(新井誠) 당시 지바(千葉) 대학 교수가 이를 감수하여 'トラストとトロイハント – イギリス·アメリカとドイシの信託機能の比較 –'라는 제목으로 일본어 번역본을 출간한 바 있다. 일본어판 서문에서 하인 쾨츠는 원저 출간 후 30여 년이 지난 그 당시까지도 여전히 이 책이 현재성을 갖고 있다는 믿음을 밝혔다. 그로부터 다시 20년이 지난 지금 한국어 번역을 허락하면서 그는 여전히 같은 믿음을 밝히고 있다. 역자(譯者)의 생각도 같다. 비교사법학적 관점에서 흥미를 끄는 지점에 관한 한 이 책의 서술은 영미법에 대하여도, 독일법에 대하여도 여전히 대체로 타당할 뿐 아니라 대체 불가능하다. 이 책을 굳이 한국어로 번역한 것은 이 책이 대륙법에서 영미식 신탁의 계수와 이해(영미법은 물론 대륙법에 대하여도 상당한 이해가 있어야 가능한데, 자주 볼 수 있는 자질은 아니다)는 물론 대륙법의 어떤 주변부의, 더러는 몇몇 중심부의 이해, 나아가 영미법 전반, 끝으로 비교사법의 방법론의 이해에도 기여하는 바가 있고, 그런 만큼 좀 더 많은 국내 연구자들에게 읽히면 좋겠다는 희망을 갖고 있기 때문이었다.

번역에 있어서는 본문, 각주는 물론 편집에 이르기까지 가급적 원문을 유지하는 것을 원칙으로 하였다. 어순도 가능한 한 원문에 가깝게 하려고 노력하였으나, 가독성을 위하여 불가피하게 수정된 경우도 있다. 원문이 워낙 명쾌하여 보탬이나 뺌 없이 번역하는 것으로 충분하였다. 역주는 불가피한 경우에 한하여 넣었다. 원문의 쪽수는 굵은 꺾쇠(예: [32])로 표시하였는데, 독일어와 우리 말의 어순 차이로 인하여 두어 단어 차이가 생기는 것은 피할 수 없었다. 번역 중 꺾쇠(예: 형평[법]) 안은 원문에는 없으나 이해를 위하여 역자가 추가해 넣은 것이다. 가령 '형평법'이라고 번역하는 'equity'는 '형평[법]'으로 번역하고, 종종 보통법을 뜻하는 'law'는 '[보통]법'으로 번역하는 식이다. 다만, 원문 각주에 드물게 나오는 꺾쇠(대개 역자와 같은 의도에서 쾨츠 교수가 원문이해를 위해 삽입한 것이다)는 그대로 꺾쇠로 처리하였다. 구별하기에 어렵지 아니하리라고 생각한다.

영미법상 신탁(trust)과 피두키아적 신탁(Treuhand)은 모두 '신탁'으로 번역하되 괄호 안에 원어를 병기하였고, 양자가 대비되어 쓰일 때에는 신탁/트러스트, 신탁/트로이한트로 표기하였다. 그러다 보니 'Trust und Treuhand'로 되어 있는 원서의 주제목 번역이 곤란해졌는데, 다소간의 부정확성을 감수하고 제목에서만 '신탁(TRUST)과 신탁행위(TREUHAND)'로 하였다. 무엇에 관한 책인지 잠재적 독자들이 알기 쉽게 하기 위함이다.

이 책의 번역을 허락해 준 *하인 쾨츠(Hein Kötz)* 교수와 재정 기타 지원을 해 준 서울대학교 법학연구소 송옥렬 소장 및 서울대학교 법학발전재단, 그리고 출판을 맡아준 박영사 관계자들께 감사드린다.

2024. 11. 26.
이 동 진

역자 약력

이동진 譯
서울대학교 법과대학 졸업
서울대학교 법학박사
現 서울대학교 법학전문대학원 교수
前 서울중앙지방법원, 서울북부지방법원 판사

서울법대 법학총서 21
영미 신탁과 독일법상 유사한 기능을 가진 제도의 비교법적 해명
신탁(TRUST)과 신탁행위(TREUHAND)

초판발행   2025년 3월 20일

지은이   HEIN KÖTZ
옮긴이   이동진
펴낸이   안종만·안상준

편 집   윤혜경
기획/마케팅   조성호
표지디자인   BEN STORY
제 작   고철민·김원표

펴낸곳   (주) **박영사**
               서울특별시 금천구 가산디지털2로 53, 210호(가산동, 한라시그마밸리)
               등록 1959. 3. 11. 제300-1959-1호(倫)

전 화   02)733-6771
f a x   02)736-4818
e-mail   pys@pybook.co.kr
homepage   www.pybook.co.kr
ISBN   979-11-303-4552-9   94360
                979-11-303-2631-3   (세트)

* 파본은 구입하신 곳에서 교환해 드립니다. 본서의 무단복제행위를 금합니다.

정 가   23,000원